LATERALISATION ET LATERALITE CHEZ L'ENFANT

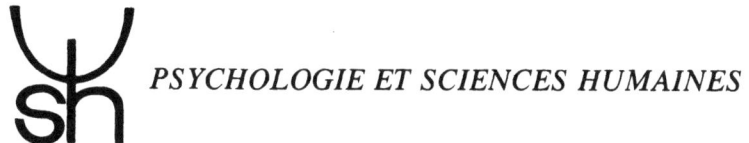
PSYCHOLOGIE ET SCIENCES HUMAINES

R. Dailly et M. Moscato

latéralisation et latéralité chez l'enfant

Préface de Cyrille Koupernik
Avant-propos de Jean Costentin

PIERRE MARDAGA, EDITEUR
2, GALERIE DES PRINCES, BRUXELLES

© Pierre Mardaga, éditeur
37, rue de la Province, 4020 Liège
2, Galerie des Princes, 1000 Bruxelles
D.1984-0024-12

Avec la collaboration de:

J. BERGES, Neuropsychiatre, Chargé de la section de bio-psychopathologie de l'enfant à l'Hôpital Henri-Rousselle, Paris.

F. BRESSON, Directeur du Centre d'Etudes des Processus cognitifs et du Langage, Ecole des Hautes études en Sciences sociales, CNRS, Paris.

J.F. CAILLARD, Professeur Agrégé de Médecine du Travail, C.H.U., Rouen.

R. DAILLY, Professeur Honoraire de Clinique de Pédiatrie et de Puériculture au C.H.U. de Rouen; ancien Directeur de l'U.E.R. des Sciences du Comportement et de l'Education de l'Université de Rouen.

J. FAGARD, Laboratoire de Psycho-biologie de l'enfant, Ecole Pratique des Hautes Etudes, Paris.

H. LEHALLE, Maître-Assistant de Psychologie de l'enfant, Université de Rouen.

M. MOSCATO, Maître-Assitant de Psychologie Expérimentale; Ad. Professor of Psychology, University of Winnipeg, Canada.

D. PARAIN, Ancien Chef de Clinique de Neurologie du C.H.U. de Rouen; Médecin Adjoint du Service d'Explorations Fonctionnelles Neurologiques du C.H.U. de Rouen.

M.A. DU PASQUIER, Psychologue-Psychanalyste, Hôpital Henri-Rousselle, Paris.

S. de SCHONEN, Maître de Recherche, Département de Psychologie Expérimentale, Institut de Neurophysiologie et de Psychologie, C.N.R.S., Marseille.

H. WINTREBERT, Psychiatre, CMPP (Tours) et Centre Claude Bernard (Paris).

Préface

Rien ne devrait être plus clair, plus tranché que l'opposition entre la droite et la gauche. On en retrouve la trace dans les témoignages des civilisations antiques ainsi que le rappellent les directeurs de ce passionnant ouvrage collectif — R. Dailly et M. Moscato — dans le premier chapitre.

Il paraît probable que depuis l'origine sinon des temps du moins celle de l'expression écrite de la pensée, la majorité des hommes étaient conscients d'une inégalité, d'une différence entre leur côté droit et leur côté gauche (j'irai volontiers jusqu'à dire : entre leur membre supérieur droit et leur membre supérieur gauche, mais de cela, il sera question plus loin), le côté droit étant à l'évidence mieux équipé en force et en adresse que la gauche.

Je conçois combien il pourrait être périlleux d'extrapoler à rebours, selon la méthode que Freud a utilisée à propos de la horde primitive et du meurtre du père. Néanmoins, d'une comparaison des divers textes antiques se dégage la notion que le côté le plus fort est aussi le bon côté. La force indique le droit. Chacun de nous est de façon permanente renseigné sur les potentialités de son équipement musculaire, le téléphone rouge est aussi proprioceptif : le côté sur lequel nous pouvons compter est, pour la majorité d'entre nous, le droit.

Cette dichotomie est évidemment quelque peu sommaire. Elle l'est dans deux perspectives : l'une est celle des autres systèmes binaires (le haut et le bas, l'avant et l'arrière) que développe avec beaucoup de pertinence H. Lehalle. L'autre est celle de la conception même du couple binaire. Notre pensée occidentale (un Occident qui en fait englobe le Proche-Orient) n'est-elle pas géométrique à l'excès, pour ne pas dire jusqu'à la caricature. Nous opposons ce qui se fond naturellement dans le mouvement, le temps, la vie. Le Yang et le Yin chinois nous donnent à réfléchir en proposant une complémentarité dialectique, sans doute plus vraie que l'éternel et stérile affrontement des extrêmes.

J'ai parlé de mouvement. De fait s'agissant de l'espace proche qui est celui du corps en action, la droite et la gauche n'ont que faire de ce qui les oppose; elles collaborent. Sans doute, leurs rôles sont-ils distincts dans la plupart des activités, sans doute la droite a-t-elle la part déterminante et la gauche ne fait que l'assister humblement: elle tient l'aiguille et la pince pouce index droite dirige le fil, elle jette la balle et c'est le bras droit qui délivre le service au tennis. En fait que ferait l'une sans l'autre? Cette brève remarque, cette note de clinique cinétique, souligne deux aspects: l'un déjà évoqué, est celui de la praxie du corps, l'autre, celui de la hiérarchie. Une hiérarchie fondée sur la statistique et sur la différence fonctionnelle des hémisphères cérébraux. Les données statistiques varient d'un auteur à l'autre, mais mise à part une brève notation de J. Bergès et M.A. du Pasquier concernant la «gaucherie spontanée», toutes sont d'accord pour dire qu'il y a dans toute population une large majorité de droitiers.

Il se produit dès lors un glissement sémantique (devrais-je dire un «gauchissement» au risque de contaminer le lecteur?): de la «norma» latine, la verticale de l'équerre qui trace une frontière impitoyable entre les champs de la courbe de Gauss, on passe à l'anomalie, à l'aberration, la monstruosité, celle qui stigmatise la minorité. Le gaucher qu'on croit être (à tort) l'image en miroir du droitier devient sinon un hors-la-loi, du moins un hors-la-norme.

Voici que le débat s'élargit aux dimensions du cosmos qu'on identifie l'Orient, source de vie, lieu de naissance du soleil à la droite et le fatal, le létal Occident, tombeau de la lumière, à la gauche. Ces aspects symboliques sont parfaitement exposés par R. Dailly et M. Moscato: qu'il s'agisse des Hindouïstes, des Hébreux, des Grecs ou des Romains. La droite est la bien-aimée et la bienvenue, et la gauche évoque la maladresse et le malheur, n'est-elle pas la «sinistre»?

Ne convient-il pas cependant de noter que dans ce domaine comme dans tant d'autres la Révolution française soulève une vague de fond dont les retombées ne sont pas prêtes de s'apaiser. La gauche et la droite font leur apparition en politique. Au début, on désigne sous le nom de « gauche » les groupes de représentants du peuple qui siègent à gauche du Président de l'Assemblée, les autres devenant la droite. Il se trouve que la gauche porte l'espoir, que son message enflamme les opprimés de l'Europe entière et qu'elle devient à partir de 1789 le parti de la générosité et du renouveau. C'est cette auréole qui pare la gauche jusqu'à son avatar le plus durable et, parlant de liberté, le moins convaincant, la Révolution russe d'octobre 1917. Désormais, flux et reflux se succèdent parfois dans l'horreur, ailleurs dans la lassitude. Le millénaire réduit à douze ans, du Troisième Reich, a laissé de tels souvenirs que personne ne veut plus siéger à droite dans un hémicycle français. Puis vient la vérité sur le génocide et on frissonne de lui avoir donné la caution de la gauche.

Il n'est nullement question ici de raviver d'inévitables querelles, mais de rappeler cette acception moderne, impérieuse, envahissante et finalement vide de sens, que le devenir politique a imposé aux vocables jumeaux.

Revenons à la sérénité de la science. On avait tort de penser que l'hémisphère « mineur » ou « dominé », le droit chez le droitier, puisque les voies du Seigneur sont croisées, n'est que la pâle réplique de l'hémisphère majeur, « le dominant », la gauche du droitier, une sorte de chien fidèle à qui il ne manquerait que la parole. L'hémisphère droit du droitier constitue un ensemble original qui a sa part dans le langage (et notamment la commande de la prosodie); il tient aussi sous sa coupe la maîtrise du corps et celle de l'espace. On commence à entrevoir qu'il y a une atteinte plus marquée de l'hémisphère dit « dominant » dans les schizophrénies; de l'autre dans la maniaco-dépressive.

Mais quid du gauche ? Il n'est pas lui non plus, l'image du miroir, d'un droitier idéal. A cet égard, il faut probablement distinguer les gauchers intégraux qui répartissent (ou pour qui un obscur destin répartit les dons et les valeurs à gauche et à droite, de part et d'autre de cette ligne médiane que de toutes les façons traversent les commissures). Aussi un vrai gaucher sera-t-il atteint en cas d'aphasie par le malheur qui frappe son hémisphère dominant : pour lui le droit. Il a mis du bien à gauche.

Bien plus, à l'instar du divin Leonardo da Vinci, il semble avoir une commande exceptionnelle de ses deux côtés. Il est ambimane, il peut peindre à gauche, écrire en miroir, il est maître de son corps et de l'espace où celui-ci se meut. D'où sans doute cette étonnante profusion de gauchers miraculeux dans un sport en principe unilatéral — le tennis.

De Laver à Mac Enroe et à la Navratilova, l'histoire de la petite balle apporte un démenti irréfutable à ceux qui voudraient plier l'exception à la règle.

Mais entre la légion disciplinée des droitiers et la poignée de gauchers intégraux, se situe une population incertaine de sujets mal latéralisés et qu'il ne convient pas d'assigner à demeure d'un côté ou l'autre de la «norma» de l'équerre sans les avoir soigneusement étudiés. Nous voici loin de l'Orient et de l'Occident des auspices, voire des hémisphères. Nous sommes revenus sur les bancs de l'école, J. Bergès et M.A. du Pasquier, H. Wintrebert, J.F. Caillard acceptent de nous faire bénéficier de leur inégalable expérience.

Un dernier mot, enfin, ou plutôt un clin d'œil. Depuis des lustres, je clame dans le désert qu'il ne saurait y avoir d'œil dominant, puisque les mouvements des yeux sont conjugués. Quelle autorité aurait un œil désigné pour être dominant et que frapperait un vice de réfraction ?

En revanche, je me range à la sage terminologie de M. Vouzelaud, armurier de Brou en Sologne, que l'émission de 22 h 55 de T.F.1 le jeudi 28 juin 1984, a fait connaître des Français, et qui parle d'œil directeur. Ce qui s'inscrit dans cette conception de la stratégie du corps dans un espace proche dont il a été question.

J'en ai fini de cette préface écrite de la main droite mais ressentie de tout mon être, tous côté confondus. Elle n'a d'autre but que d'inciter à lire la plume à la main (laquelle?) un livre passionnant écrit par les meilleurs spécialistes français et qui traite d'un sujet quotidien et éternel, un livre qui rendra l'espoir aux mauvais larrons placés à la gauche du Seigneur.

Dr C. Koupernik

Avant-propos

*CONSIDERATIONS NEUROBIOLOGIQUES SUR
LES FONCTIONS HEMISPHERIQUES ET LEURS APPROCHES
EXPERIMENTALES*

La latéralisation constitue, particulièrement quand on la considère à la période de la vie où se révèle une grande part de l'inné et où l'acquis influera de façon majeure la suite de l'existence, un problème fascinant. L'intérêt qu'on lui porte est ancien, mais l'avènement d'éléments analytiques nouveaux justifie un regain d'attention que ce livre illustre.

Si « le comment? » de cette latéralisation s'éclaire, les chapitres qui suivent le montrent, son « pourquoi? » demeure largement méconnu. Peut-être est-ce dans le dessein d'en voir ici restituées les données neurobiologiques récentes que Robert Dailly et Michel Moscato m'ont confié la rédaction de cet avant-propos. Celles-ci me paraissant relativement peu nombreuses, je cèderai à la facilité d'un survol des fonctions hémisphériques et de leurs approches expérimentales.

Le cerveau, en dépit d'une apparente symétrie anatomique, est le siège d'une nette asymétrie fonctionnelle. Chaque hémisphère n'est pas en effet l'image spéculaire de l'autre. Les aires anatomiquement homologues, droites et gauches, au lieu de gérer en double les mêmes fonctions semblent fréquemment se les répartir. Il y a dans une telle organisation fonctionnelle source de vulnérabilité puisqu'une lésion unilatérale peut compromettre une fonction. Cependant, à défaut de redondances, il y a extension des capacités fonctionnelles de la machinerie cérébrale. Un tel mode d'organisation paraît donc marqué d'un accroissement, voire même d'un doublement, des performances. Ceci étant, une vision très dichotomique des fonctions hémisphériques a longtemps prévalu. Elle accordait à l'hémisphère contrôlant le langage et la dominance des membres la dignité d'hémisphère dominant; assignant implicitement à l'autre hémisphère une fonction subalterne et subordonnée. Quand est apparue une possible indépendance chez les gauchers entre la dominance des membres et celle du langage, on est arrivé à une vision moins tranchée et hiérarchisée des fonctions hémisphériques. Une représentation bilatérale et complémentaire des différentes fonctions, dont celles du langage, s'est alors imposée. Il est apparu également que l'enfance offre certaines latitudes d'implantation d'une fonction dans un hémisphère ou dans l'autre. Ainsi, par exemple, l'ablation de l'hémisphère gauche, avant l'acquisition du langage chez le nourrisson, n'aboutit pas à l'aphasie grave qui serait la règle dans cette circonstance chez l'adulte. La spécialisation relative des hémisphères ne comporterait dans l'enfance que des préférences, qui en s'organisant se stabiliseraient.

L'asymétrie fonctionnelle hémisphérique ne se limite pas au cortex, elle paraît concerner les deux hippocampes qui semblent jouer des rôles différents dans la mémoire, le thalamus dont le gauche paraît participer aux fonctions du langage, le neostriatum qui influence diverses activités motrices, l'hypothalamus qui module diverses fonctions endocrines...

L'asymétrie de la réception, de l'intégration et de la commande hémisphérique a pour corollaire l'utilisation prévalente de l'hémicorps controlatéral. La main sert habituellement de référence, mais des équivalents existent au niveau du pied ou des organes sensoriels. La dominance des membres ne serait selon Geschwind (1983), intervenue qu'à un stade tardif de l'évolution, longtemps après la dominance de l'hémisphère droit quant à l'émotion, l'attention et l'appréhension de l'espace.

L'analyse de cette asymétrie fonctionnelle a vu naître de nombreux travaux portant notamment sur le rôle du *planum temporale* et sur l'étude des spécialisations hémisphériques. On trouvera dans les chapitres IV et V du présent ouvrage de nombreuses données sur ces différents points.

Il demeure que d'autres approches ont été développées. Ainsi, le débit sanguin cérébral s'accroît durant l'activité cognitive. Chez le droitier il s'accroît davantage dans l'hémisphère gauche au cours d'activités verbales et davantage dans l'hémisphère droit lors de tâches spatiales. Ce débit peut être mesuré par inhalation d'un émetteur gamma, le ^{133}Xénon, avec comptage céphalique externe. Par cette méthode, Gur et coll. (1982) ont montré que contrairement à l'idée qui prévalait, stipulant que les femmes présentent, comme les gauchers, un plus faible degré de spécialisation hémisphérique cognitive dans les fonctions verbales et spatiales, les femmes droitières ont une latéralisation plus grande du débit sanguin cérébral que les hommes.

Les techniques faisant appel à la tomographie d'émission de positrons se mettent également au service de cette étude. Elles font appel à certains isotopes tel que le ^{195m}Au (dont la demi-vie est de 30 secondes) qu'on injecte par voie intraveineuse, ou à des gaz marqués par un isotope de l'oxygène, le ^{150}O, dont la demi-vie est de 124 secondes. Avec ces isotopes on peut mesurer les débits sanguins locaux et leurs variations suscitées par telle ou telle fonction. La tomographie d'émission de positrons peut également être mise en œuvre pour étudier les variations locales du métabolisme cérébral, au travers de la vitesse d'utilisation du glucose. Il est fait appel au désoxyglucose qui est capturé par les neurones en lieu et place du glucose (principal substrat énergétique du neurone), mais à la différence de ce dernier, faute d'être métabolisé, il s'accumule dans les cellules qui l'ont capturé. Son marquage par un isotope du fluor, le ^{18}F, en fait un émetteur de positrons. Par cette technique, Reivich et coll. (1984) ont montré que, par exemple, l'anxiété induit une plus grande utilisation de glucose dans l'hémisphère droit que dans l'hémisphère gauche. Au cours de l'intégration de différents types de stimulations, l'intensité de la capture du désoxyglucose peut être exprimée en une cartographie colorée, chacune des teintes étant reliée à cette intensité (Mazziota et Phelps, 1984).

Parmi les multiples questions que pose la latéralisation, celle de son déterminisme est évidemment majeure. La répartition droitiers-gauchers dans la population générale en constitue la clé de voute. Pourquoi y a-t-il des gauchers ? ou pourquoi n'y a-t-il que 10 % environ de gauchers ? Rappelons qu'on distingue parmi ceux-ci deux sous-groupes : l'un, le plus important quantitativement puisqu'il rassemble trois gauchers sur quatre, correspond à ceux ayant une organisation cérébrale de droitiers ; l'autre, le dernier quart des gauchers, correspond à ceux ayant un hémisphère droit qui paraît grossièrement constituer l'image spéculaire de l'hémisphère gauche du droitier. Ainsi donc la majorité des gauchers aurait une organisation corticale de droitier. Le partage des fonctions entre les deux hémisphères serait moins tranché que chez les droitiers. Cette situation présenterait quelque analogie avec ce qui a été entrevu dans le sexe féminin. Chez les femmes en effet, les fonctions du langage se développeraient non seulement dans l'hémisphère gauche mais aussi dans le droit; occupant là en partie des structures imparties aux fonctions visuo-spatiales (Mc Glone, 1980). Ceci pourrait expliquer la supériorité que l'on reconnaît parfois aux femmes dans les tâches verbales et les moindres performances que certains croient déceler chez elles dans certaines tâches spatiales (Bakan et Putman, 1974). Avant de quitter ces différences intersexuelles on doit rappeler que les hommes sont, relativement aux femmes, plus fréquemment gauchers, présenteraient plus fréquemment des anomalies de la dominance pour le langage, du bégaiement, de la dyslexie, des troubles de l'apprentissage du langage, des anomalies du développement émotionnel et cognitif. Ajoutons enfin que chez les gauchers la fréquence des maladies auto-immunes et des états migraineux serait également plus grande (Marx, 1982). Quant aux tentatives d'explication du caractère très minoritaire (10 %) des gauchers, comme habituellement lorsqu'il n'existe pas une raison indiscutable, une large diversité d'hypothèses monte à l'assaut du problème. Beaucoup d'ailleurs faute de se contredire pourraient très bien se compléter : fait d'apprentissage, que certains présentent sous le trait d'une véritable répression socio-culturelle venue du fond des âges (cf. chapitre I) ?; effort individuel pour vaincre ce qui peut être perçu comme un handicap ?; sélection naturelle opérée lors des multiples empoignades de l'humanité, les gauchers tenant le bouclier à droite laissaient leur cœur exposé à la lance ou à l'épée de l'adversaire ?; fait acquis in utero, ce qui est suggéré par le grand pourcentage de gauchers chez les jumeaux uni- ou bi-ovulaires; lors de la cohabitation in utero la compression réciproque ou des microtraumatismes pourraient être en cause ?; fait génétiquement conditionné puisque l'on connaît des familles de gauchers ?; pourtant l'héritabilité est loin d'être absolue puisqu'on trouve environ 45 % de droitiers chez les enfants issus de parents tous deux gauchers.

Etre gaucher constitue-t-il un handicap ? certains chapitres de ce livre abordent ce problème. A l'heure où les championnats internationaux de tennis battent leur plein, on se souvient que sur les 24 premiers champions classés, un sur quatre est gaucher. On trouve également une proportion significativement plus élevée de gauchers que dans la population générale dans d'autres disciplines sportives telles que le ping-pong ou le fleuret. Dans tous ces sports les gauchers à cerveau de droitiers seraient spécialement favorisés. Chez eux l'appréhension de la situation instantanée s'opère, comme chez le droitier, dans l'hémisphère droit; l'initiation des mouvements en réponse à cette situation s'effectue dans ce même hémisphère (alors que chez le droitier elle s'opère dans l'hémisphère gauche). Ainsi le circuit perception-effection serait court chez le gaucher à cerveau de droitier (circuit intrahémisphérique droit) relativement à celui du droitier (circuit interhémisphérique droit-gauche) avec pour corollaire un temps de réaction abrégé.

La latéralisation est-elle spécifiquement humaine? L'attention s'est portée vers des espèces animales autorisant au plan neurobiologique des expérimentations plus aisées. Le rat est ainsi apparu comme très intéressant à cet égard. Certaines souches de rats ne présentent pas de latéralisation décelable dans leur mode d'exploration d'une enceinte nouvelle, à moins qu'ils n'aient été manipulés pendant la période qui s'étend entre la naissance et le sevrage (Denenberg et coll., 1978). Couplant la manipulation de ces ratons avec des lésions unilatérales (droite ou gauche) du cortex quand ces animaux ont atteint l'âge adulte, Sherman et coll. (1980) arrivent aux conclusions suivantes: chez l'animal non manipulé et partant non latéralisé, l'absence de choix directionnel serait due au fait que si l'hémisphère droit incite l'animal à tourner vers la gauche, l'hémisphère gauche inhibe efficacement cette tendance. Chez l'animal manipulé surviendrait une diminution de l'influence inhibitrice exercée par l'hémisphère gauche sur l'hémisphère droit. En l'absence de ces manipulations périnatales, Jerussi et Glick (1974, 1976), Glick et coll. (1977) ont montré que les rats d'une autre souche présentaient un sens préférentiel de rotations dans diverses situations expérimentales telles que l'exploration d'une enceinte nouvelle. Certains rats tournaient de façon prédominante vers la droite, d'autres vers la gauche. Cette prédominance individuelle se retrouvait lors de toutes les sessions expérimentales. Ce sens de rotation était corrélé avec le choix d'une pédale (à droite ou à gauche) sur laquelle le rat assoiffé devait appuyer pour obtenir de l'eau. En d'autres termes, le rat tournant préférentiellement vers la droite par exemple appuyait préférentiellement sur la pédale de droite dans la deuxième épreuve (Glick et Jerussi, 1974). Ces mêmes auteurs ont encore expérimenté avec un labyrinthe en T, comportant un plancher électrifiable aux fins de délivrer des stimulations nociceptives dans les pattes de l'animal déposé dans l'allée médiane, jusqu'à ce qu'il se résolve à quitter celle-ci pour pénétrer dans la branche de droite ou de gauche. Ils ont montré que la plupart des rats (90 %) choisissaient de façon répétitive la même branche (droite pour les uns, gauche pour les autres). A partir de ces observations les auteurs ont été tentés de rechercher des substrata neurochimiques à ces asymétries comportementales. Leur attention s'est focalisée sur la voie dopaminergique nigro-striatale. Les raisons de cette focalisation sont nombreuses. Elles sont tout d'abord d'ordre fonctionnel. On sait que cette voie constitue la pierre angulaire du système extra-pyramidal, qui régule et harmonise le fonctionnement du sytème pyramidal. Les expériences d'Ungerstedt et coll. (1970, 1971) consistant en la lésion unilatérale et sélective de cette voie ont souligné l'intense asymétrie attachée à un déséquilibre fonctionnel entre les voies droites et gauches. Cette voie a une origine très concentrée; les quelques dizaines de milliers de somas neuronaux, à son origine, sont groupés dans une très petite structure, la substance noire; les axones qui en émanent ont un trajet groupé, homolatéral, au sein du faisceau médian du téléencéphale, à direction rostrale. Enfin, ces axones se résolvent en une riche arborisation dont les terminaisons vont, dans le neostriatum (ensemble formé par le noyau caudé et le putamen) établir de nombreux contacts synaptiques. Dix pour cent des synapses neostriatales seraient des synapses dopaminergiques (i.e. dont le médiateur est la dopamine).

Les rats qui dans l'épreuve du labyrinthe s'engageaient régulièrement dans le bras droit de l'appareil présentent un taux plus élevé de dopamine dans le striatum gauche que dans le striatum droit (Ziemmerberg et coll., 1984). Ceci est à rapprocher du fait que chez l'homme la concentration de dopamine est plus élevée dans le striatum du côté opposé à la main directrice. Mais revenons aux rats; dans ce striatum gauche le taux des métabolites de la dopamine que sont l'acide homovanillique (H.V.A.) et l'acide dihÿdroxyphénylacétique (D.O.P.A.C.) sont plus bas que dans le striatum droit; ce qui exprime une moindre vitesse de renouvellement de la dopamine, synonyme d'une moindre activité présynaptique. Par contre, en regard de ces terminaisons dopaminergiques du striatum gauche, les récepteurs dopaminergiques post-synaptiques couplés à un enzyme, l'adénylate cyclase, dont ils modulent l'activité (l'accroissant quand ils sont stimulés), ces récepteurs dits D_1, seraient hypersensibles relativement à ceux du striatum droit (Jerussi et coll., 1977). L'administration à ces rats d'un agoniste dopaminergique indirect, l'amphétamine, qui agit en libérant la dopamine endogène, exacerbe les rotations de l'animal dans son sens préférentiel (Glick et coll., 1977). Ceci s'explique par le fait que le striatum gauche, «dominant», contenant davantage de dopamine, en libérera davantage et que de surcroît cette dopamine agira sur les récepteurs D_1 post-synaptiques hypersensibles. Pourtant, l'administration à ces rats d'un agoniste dopaminergique direct, l'apomorphine, suscite chez ces rats des rotations plus nombreuses dans le sens opposé au sens de rotation préférentiel. Cette action pourrait exprimer l'effet de l'apomorphine sur les autorécepteurs dopaminergiques, effet qui serait plus marqué dans le striatum gauche («dominant»), où les autorécepteurs seraient hypersensibles relativement à ceux du striatum droit. La sensibilité de ces autorécepteurs dopaminergiques pourrait même être le primum movens de l'asymétrie dopaminergique striatale comme on va le suggérer maintenant; les modifications de la sensibilité des récepteurs de la dopamine semblant constituer des paramètres importants de l'adaptation synaptique (Costentin, 1980). Les autorécepteurs portés par les terminaisons dopaminergiques neostriatales seraient stimulés par la dopamine libérée par ces mêmes terminaisons. S'agissant par exemple des rats tournant préférentiellement vers la droite, leur striatum gauche comporterait des autorécepteurs hypersensibles qui seraient plus efficaces qu'à droite pour réprimer la libération de dopamine (d'où l'accroissement de son taux) et partant la formation de ses métabolites l'acide homovanillique et l'acide dihydroxyphénylacétique (dont la concentration diminue). Pour s'adapter à cette relativement faible activité présynaptique les neurones cibles de la stimulation dopaminergique accroîtraient le nombre des récepteurs dopaminergiques présents sur leurs dendrites et leur membrane somatique et l'efficience du couplage entre le site récepteur (D_1) et le système effecteur (adénylate cyclase). L'apomorphine qui manifeste une plus grande affinité pour les autorécepteurs que pour les récepteurs post-synaptiques stimulerait plus intensément les autorécepteurs hypersensibles du striatum gauche «dominant». La libération de dopamine serait davantage réprimée dans ce striatum que dans le striatum droit, d'où l'inversion du sens de rotation des rats puisque, en dépit de l'hypersensibilité post-synaptique, l'inhibition de l'activité présynaptique confinerait, à gauche, à une interruption complète de la transmission dopaminergique.

Des différences interhémisphériques des taux de dopamine et d'autres neuromédiateurs ont été recherchées en dehors du striatum. Chez les rats manipulés pendant leur enfance et qui présentent de ce fait des rotations préférentiellement orientées vers la gauche, Rosen et coll. (1984) ont trouvé une teneur plus élevée en dopamine dans le cortex et le noyau accumbens de l'hémisphère droit. Chez ces rats a été également notée une plus grande concentration de sérotonine dans le striatum gauche et le noyau accumbens droit, et une plus grande concentration de son métabolite l'acide 5 hydroxy-indol acétique (5-H.I.A.A.) dans le cortex de l'hémisphère gauche.

Ces éléments neurochimiques présentés complaisamment comme des causes potentielles de l'asymétrie pourraient n'être en fait que des conséquences de celle-ci. Si leur connaissance n'est pas dénuée d'intérêt, elle ne paraît pas, ou pas encore, décisive. Dès lors, il paraît très important que les chapitres qui suivent soient connus des neurobiologistes afin de stimuler plus encore leurs recherches.

Docteur Jean Costentin,
Professeur de Pharmacologie à l'U.E.R. de Médecine
et Pharmacie de l'Université de Rouen.

Bibliographie

BAKAN, P. et PUTMAN, W., Right-left discrimination and brain lateralization. *Arch. Neurol.*, 1974, *30*, 334-335.

COSTENTIN, J., Les modifications de sensibilité des récepteurs dopaminergiques dans le système nerveux central : des paramètres importants dans la régularisation de la fonction synaptique. *L'Encéphale*, 1979, *V*, 121-149.

DENENBERG, V.H., GARBANATI, J., SHERMAN, G., YUTZEY, D.A. et KAPLAN, R., Infantile stimulation induces brain lateralization in rats. *Science*, 1978, *201*, 1150-1152.

GESCHWIND, N., Fondements biologiques de la spécialisation hémisphérique. *Rev. Neurol.* (Paris) 1983, *139*, 11-14.

GLICK, S.D., JERUSSI, T.P., WATERS, D.H. et GREEN, J.P., Amphetamine-induced changes in striatal dopamine and acetylcholine levels and relationship to rotation (circling behaviour) in rats. *Biochem. Pharmacol.*, 1974, *23*, 3223-3225.

GLICK, S.D. et JERUSSI, T.P., Spatial and paw preferences in rats: their relationship to rate-dependent effects of d-amphetamine. *J. Pharmacol. exp. Ther.*, 1974, *188*, 714-725.

GLICK, S.D., COX, R.D., JERUSSI, T.P. et GREENSTEIN, S., Normal and amphetamine-induced rotation of rats on a flat surface. *J. Pharm. Pharmacol.*, 1977, *29*, 51-52.

GLICK, S.D., JERUSSI, T.P., COX, R.D. et FLEISHER, L.N., Pre- and post-synaptic actions of apomorphine : differentiation by rotatory effects in normal rats. *Arch. int. Pharmacodyn.*, 1977, *225*, 303-307.

GUR, R.C., GUR, R.E., OBRIST, W., HUNGERBUHLER, J.P., YOUNKIN, D., ROSEN, A., SKOLNICK, B. et REIVICH, M., Sex and handedness differences in cerebral blood flow during rest and cognitive activity. *Science*, 1982, *217*, 659-661.

HANNAY, H.J., LELI, D.A., FALGOUT, J.C., KATHOLI, C.R. et HALSEY, J.H., r-CBF, for middle-aged males and females during right-left discrimination. *Cortex*, 1983, *19*, 465-474.

JERUSSI, T.P. et GLICK, S.D., Amphetamine-induced rotation in rats without lesions, *Neuropharmacology*, 1974, *13*, 283-286.

JERUSSI, T.P. et GLICK, S.D., Drug-induced rotation in rats without lesions: behavioral and neurochemical indices of a normal asymmetry in nigrostriatal function. *Psychopharmacology*, 1976, *47*, 249-260.

Mc GLONE, J., Sex differences in human brain asymmetry: A critical survey. *Behav. Brain Sciences*, 1980, *3*, 215-263.

MARX, J.L., Autoimmunity in left-handers. *Science*, 1982, *217*, 141-144.

MARX, J.L., How the brain controls birdsong. *Science*, 1982, *217*, 1125-1126.

MAZZIOTTA, J.C. and PHELPS, M.E., Human sensory stimulation and deprivation: positron emission tomographic results and strategies. *Annals of Neurology*, 1984, *15 Suppl.* 50-60.

REIVICH, M., ALAVI, A. et GUR, R.C., Positron emission tomographic studies of perceptual tasks. *Annals of Neurology*, 1984, *15 Supp.* 61-65.

ROSEN, G., FINKLESTEIN, S., STOLL, A., YUTZEY, D. et DENENBERG, V., Neurochemical asymetrics in the albino rat's cortex, striatum and nucleus accumbens. *Life Sci.*, 1984, *34*, 1143-1148.

SHERMAN, G.F., GARBANATI, J.A., ROZEN, G.D., YUTZEY, D.A. et DENENBERG, V.H., Brain and behavioral asymmetrics for spatial preference in rats. *Brain Research*, 1980, *192*, 61-67.

SLOPSEMA, J., VAN DER GUGTEN, J. et DE BRUIN, J.P., Regional concentration of Noradrenaline and dopamine in the frontal cortex of the rat; dopaminergic innervation of the prefrontal subareas and lateralization of prefrontal dopamine. *Brain Research*, 1982, *250*, 197-200.

UNGERSTEDT, U. et ARBUTHNOTT, G.W., Quantitative recording of rotational behavior in rats after 6-hydroxydopamine lesions of the nigro-striatal dopamine system, *Brain Research*, 1970, *24*, 485-493.

UNGERSTEDT, U., Striatal dopamine release after amphetamine or nerve degeneration revealed by rotational behavior. *Acta Physiol. Scand.*, 1971, *367 suppl.*, 49-68.

ZIMMERBERG, B., GLICK, S.D. et JERUSSI, T.P., Neurochemical correlate of a spatial preference in rats. *Science*, 1974, *185*, 623-625.

Introduction
R. DAILLY et MOSCATO

I. UNE DISCORDANCE TROUBLANTE

L'approche du problème de la latéralisation de l'être humain est gênée de prime abord par la discordance des pourcentages de droitiers et de gauchers qu'indiquent la plupart des études qui l'ont en vue.

Le tableau I — dû à H. Hécaen et J. de Ajuriaguerra (1963) — révèle en particulier l'extrême variation de la gaucherie que l'on observerait de par le monde. Mais on doit se demander si les auteurs cités parlent de la même chose! Car il faut faire remarquer que dans ces études: les populations de gauchers utilisées sont parfois en nombre insuffisant, trop souvent hétérogènes (écoliers, adultes, débiles mentaux, épileptiques...) et que la gaucherie n'a pas été observée aux mêmes âges. Bref les chiffres indiqués ne sont pas comparables et l'on peut reprocher à beaucoup de ces études une méthodologie disparate, un manque de rigueur scientifique.

II. SUR QUELQUES PRINCIPES METHODOLOGIQUES

On connaît depuis Bachelard (1972) la nature des obstacles épistémologiques que rencontrent la formation de l'esprit scientifique et la

Tableau I
Variation du pourcentage de gauchers (d'après Hécaen et Ajuriaguerra, 1963)

Auteurs	%	Auteurs	%	Auteurs	%
Hasse et Dehner	1	Bersot (1951)	5,5	Masini (1907)	10
Baldwin	2	Lombrosso	5,8	Moutier	10
Hyrth	2	Conrad	5,8	Arnstein	11,07
Brinton	2,4	Gould	6	Schott-Esslinger	11,49
Wallin (1916)	2,8	Bloede	6	Hecht et Langstein (1900)	12
Masson	3	Jasper	6	Ramaley	15,7
Kapustin	3,8	Marro	6,2	Daniels (1940)	16
Jones	4	Quinan (1930)	7	Van Biervliet	18
Wisely	4	Souques	7	Rose (1935)	20,1
Ballard (1911)	4,1	Pyle et Drouin (1932)	7	Dubar (1939)	21,1
Schaeffer	4,1	Gordon (1921)	7,3	Mac Naughton-Jones	22
Ogle	4,2	Rife (1940)	7,45	Bryngelson	25
Chamberlin (1928)	4,34	Schiller	7,74	Woo et Pearson	28,8
Stier	4,6	Schwartz	7,9	Parson	29,7
Burt (1936)	4,8	Malgaigne (1859)	8 à 10	Wile	25 à 30
Smith	5	Trankell	8,2		
Burt (1921)	5,1				

connaissance « objective » dans un domaine donné (l'expérience première, l'extension abusive des images familières, la tentation unitaire pragmatique de la connaissance, l'obstacle substantialiste ou réaliste, l'obstacle animiste et les obstacles libidino-affectifs). Ce n'est pas ici le lieu d'y insister; à plus forte raison nous n'avons pas à revenir sur les « principes de médecine expérimentale » de Claude Bernard (1966) dont Paul Fraisse (1963a, 1963b) n'a cessé de montrer l'importance dans l'édification d'une psychologie scientifique.

Qui, d'ailleurs, ignore encore les exigences trinitaires de l'épistémologie bernardienne: observation rigoureuse, place essentielle de ou des hypothèses qu'elle suggère, place essentielle de l'expérimentation qui en apporte la confirmation... la preuve? Mais on oublie plus facilement: qu'« un fait n'est rien en lui-même »; que « tant vaut l'hypothèse, tant vaut l'expérience »; qu'il n'est pas toujours possible de « passer ensuite au stade de l'expérience »; qu'« une expérience bien conçue n'est possible qu'à un stade avancé de la recherche ». A son défaut, Cl. Bernard admettait lui-même que « la constatation rigoureuse d'un fait à l'aide de moyens d'investigation appropriés à cette constatation » est déjà une démarche expérimentale et que « la comparaison du fait d'observation et d'un autre fait constitue à proprement parler une expérience »; une expérience « réalisée normalement ou accidentellement par la nature, sans qu'intervienne d'une manière active l'expérimentateur ». P. Fraisse (1963b) qui rappelle ou tient ces propos est alors amené à revaloriser l'importance du raisonnement par analogie qui « permet là où l'expérience est difficile, d'avoir recours à d'autres expériences analogues ».

Sous cet éclairage, qui fait apparaître le caractère fondamental de l'hypothèse dans un travail de recherche, on conçoit l'importance du recueil des faits qui la fondent. De plus, il autorise que des faits — recueillis avec minutie et rigueur — puissent être empruntés à des expériences analogues, en vue d'hypothèse plus larges que celles qu'autoriserait une observation à « échelle réduite ».

C'est alors que prendra son véritable sens l'étude historique des expressions symboliques de la latéralité par laquelle va débuter notre ouvrage. Comme l'a si merveilleusement montré H.I. Marrou (1964) l'histoire est cette connaissance qui nous apprend « ce que nous ne savions pas et qu'il serait pratiquement impossible de découvrir tout seul »; autrement dit, elle apprend à l'homme à élargir son horizon, à prendre conscience de la complexité des problèmes et de leurs implications, lui propose des solutions — et des objections — qu'il n'aurait peut-être pas imaginées ni prévues ». Même si comme on l'a dit: il n'y a «d'histoire que dans et par l'historicité de l'historien», elle fait comprendre que «rien n'est simple et réalise une extension pratiquement indéfinie... de notre expérience».

A partir de cette expérience étendue indéfiniment nous formerons des hypothèses que l'expérience surtout clinique viendra infirmer ou confirmer. Est-ce à dire que nous pourrons ainsi découvrir des critères fiables dans ce domaine de la latéralisation qui est remarquable par son «manque de critères absolus» (Hécaen et Ajuriaguerra, 1963)? Nous verrons cette relativité à l'œuvre dès la fin du premier chapitre dans une conclusion qui d'avance se veut ouverte à la «casuistique».

C'est là en effet une condition que doit accepter toute étude qui — comme la nôtre — cherche à préciser simultanément dans un comportement les notions de «compétence»[1] et de «performance»[2], donc à concilier «la logique du modèle» et la «logique du sujet» en vue d'aboutir à une connaissance génétique soucieuse des différences non seulement inter-individuelles mais également intra-individuelles (M. Moscato, 1983).

III. SUR LE SENS DES MOTS[3]

Par contre nous ne pouvons aborder notre thème sans préciser le sens de latéralité et de latéralisation dont la différence sémantique est trop souvent minimisée.

a) *Le substantif «latéralité»* vient du latin classique: latus, lateris qui signifie «le côté». Lateralis: adjectif dérivé qui signifie «ce qui est relatif au côté» appartient aussi au latin classique, mais celui-ci n'en a fait qu'un usage limité au signe qui annonce la mort (le point de côté peut en effet exprimer soit une embolie pulmonaire, soit un infarctus du myocarde; la mort peut être exprimée par l'expression triviale: «passer l'arme à gauche»).

---

[1] La compétence désigne la connaissance qu'a un sujet des règles fondamentales d'un système.
[2] La performance désigne l'actualisation de la connaissance en fonction des caractéristiques réelles du sujet en situation.
[3] Dont nous sommes redevables au Professeur P. Jay de l'Institut de Latin de l'Université de Rouen.

Au Moyen-Age le sens de « lateralis » s'enrichit en désignant les gens de l'entourage d'un prince, d'un notable. Mais ce n'est qu'en 1315 qu'apparaît en France le mot « latéral » pour exprimer « ce qui est relatif au côté »; son usage restera d'ailleurs très rare jusqu'au 17ᵉ siècle.

Le terme latéralité n'appartient ni au latin classique ni au latin médiéval; il est absent du dictionnaire de l'Académie et n'apparaît pas dans le Littré. Par contre on le trouve dans le supplément du Grand Robert (édition 1973) et dans le Petit Robert (édition 1978) qui signale son emploi en 1846 dans le Dictionnaire Universel d'Histoire Naturelle de Ch. d'Orbigny. Le « Petit Larousse en couleurs » (édition 1972) mentionne ce mot pour désigner la dominance fonctionnelle d'un côté du corps sur l'autre. *Latéralité* est donc un mot technique récent formé sur le modèle des mots en « té » (comme qualité, liberté); il exprime par conséquent un état.

b) *L'adjectif moderne « latéralisé »* que l'on trouve non plus ni dans le Littré, ni dans le Robert, figure également dans le Petit Larousse; il se dit d'un enfant dont l'activité motrice correspond bien ou mal à la dominance d'un hémisphère cérébral sur l'autre. Il correspond donc encore à un *état*.

c) *Quant au verbe « latéraliser »* il est absent du Robert ainsi que du Dictionnaire de l'Académie; dans le Littré il est utilisé dans sa forme adjective « latéralisée » qui est seulement définie comme « Terme de chirurgie, méthode latéralisée, cystotomie périnéale dans laquelle l'incision partant de la ligne médiane se porte sur le côté de cette ligne ». Et cela paraît être son seul emploi!

d) *Latéralisation,* qui dérive de « latéraliser », n'existe pas dans le latin classique ni médiéval et ne vient pas du grec; il ne figure ni dans le Littré ni dans le dictionnaire de l'Académie mais trouve sa place dans le Petit Robert (édition 1978) qui indique 1968 comme date d'apparition. Ce terme très moderne a été formé avec:
1. « iser » qui a valeur de « rendre conforme à... » (exemples: « libéraliser », « normaliser »);
2. le suffixe « io » qui sert à former « action » (act — io = le fait d'agir). Sa formation indique donc qu'il a valeur d'action.

En résumé si la *latéralité* exprime un état, la *latéralisation* exprime une action. On passe donc avec le temps d'un état « statique » à un « processus dynamique », c'est-à-dire d'une « configuration » à une « transformation », autrement dit d'un système constitué à un système en voie de se constituer.

Et finalement on peut accepter pour ces deux mots les définitions suivantes suggérées par G. Azmar (1975) :

- on appelle « latéralité » les caractères et les états des asymétries fonctionnelles observées au niveau des éléments corporels (main, œil, pied) et qui se traduisent par une prévalence d'un élément sur son homologue lors de conduites spontanées ou dirigées;

- on appelle « latéralisation » les processus sur lesquels reposent l'orientation et l'organisation de la prévalence, que ces processus soient d'origine « interne » (facteurs maturationnels, neurobiologiques et neuropathologiques) ou qu'ils soient d'origine externe (expériences motrices du sujet, pressions socioculturelles).

Nous verrons chemin faisant qu'un sujet doit au terme de son développement être « franchement latéralisé » (à droite ou à gauche) et que ce sont les « mal latéralisés » (droitiers contrariés ou gauchers contrariés, immatures moteurs) qui alimentent bon gré mal gré une certaine psychopathologie. Mais il n'empêche que la latéralisation n'est pas « en soi » un terme du développement. Le sujet latéralisé doit s'efforcer de faire mieux en acquérant une « dextérité » des deux mains, une « bimanualité » dont Platon (1950) a jadis dans « Les Lois » (sous le vocable d'Ambidextrie et d'Ambimanie) célébré les mérites : « Il n'est pas douteux — dit-il — que dans tout acte où la chose est sans importance, ainsi, de tenir, la lyre dans la main gauche et dans la main droite l'archet, cela ne fait absolument rien, et de même dans tout ce qui est analogue; mais user de ces exemples pour étendre à d'autres, sans nécessité, la conclusion qu'on en tire, cela est quasiment de la déraison! Voilà ce que fait voir la coutume des Scythes, qui n'est pas d'employer exclusivement la main gauche pour tendre l'arc, tandis que la droite servirait seulement à tirer à soi la corde et la flèche; mais elle est d'employer pareillement l'une ou l'autre main pour l'un ou l'autre usage. Et l'on pourrait alléguer toute une foule d'autres exemples, dans la tenue des rênes pour conduire un attelage, ailleurs encore, qui permettraient de se rendre compte que c'est prendre un parti contraire à la nature, de prendre parti pour une soi-disant faiblesse de la main gauche comparativement à la droite. Or, c'est précisément ce que j'ai dit, cela est sans grande importance quand il s'agit d'un archet de lyre en corne ou d'instruments analogues, tandis que cela est d'une grande importance quand on doit manier des instruments de fer destinés à la guerre, des arcs, des javelots et chacun des instruments de ce genre; de l'importance la plus grande, infiniment, quand il s'agit de combattre effectivement, armes contre armes. D'un autre côté, entre un qui sait son affaire et un qui ne la sait pas, la différence est énorme, comme entre celui qui s'y est entraîné et celui qui ne s'y est pas entraîné : l'homme, en effet, qui s'est parfaitement exercé, soit au pancrace, soit au pugilat seul ou seulement à la lutte, n'est point impuissant à recourir dans le combat à sa main gauche, au lieu d'agir en estropié et de contorsionner maladroitement quand l'adversaire, en y portant son attaque, le force à faire travailler l'autre côté ».

IV. DES PRINCIPES A UN PROGRAMME

Une introduction n'est pas seulement un énoncé de principes. Elle doit être un préambule (du latin pralambulare = marcher devant) ou prologue (du grec prologos = partie de la pièce antique qui précède l'entrée du chœur) qui introduit ce qui va être dit; bref, un liminaire (du latin limen = seuil). Elle se doit donc d'énoncer des propositions (du latin propositum = ce qu'on fixe comme but, plan, dessein, thème) qui présentent un programme (du grec programma = ce qui est écrit à l'avance) annonçant les diverses parties de ce qui va être décrit.

En limitant notre étude à l'enfant, c'est naturellement de la latéralisation dont nous parlerons. Encore nous faut-il préciser la manière dont nous développerons ce concept. Nous aurons surtout en vue l'analyse de la prévalence manuelle sans oublier que les tests psychologiques de latéralisation nous conduiront presque malgré nous à évoquer l'importance d'un « œil directeur » et d'une latéralisation des pieds. De toute manière nous aurons le souci pressant d'envisager les relations de la prévalence manuelle et du langage dans le cadre de la dominance hémisphérique, laquelle nous amènera au cadre encore plus large des dissymétries cérébrales et comportementales du jeune enfant.

Après l'aide que nous apportera une approche diachronique des expressions symboliques de la dissymétrie corporelle, dans l'histoire de l'humanité, et qui occupera notre premier chapitre, nous pourrons alors aborder avec le maximum d'éclairage les problèmes psychopédagogiques, psychopathologiques, socio-professionnels que posent les retards et les troubles de la latéralisation entendue dans sa plus grande extension.

Nous nous dispenserons de faire une place « à part » aux facteurs héréditaires de la prévalence manuelle que P. Messerschmitt et Quentin Debray ont envisagé si magistralement en 1983 dans le revue « La

Médecine Infantile »[4] et en 1980 dans un symposium organisé par le G.R.A.P.S. au C.H.U. de Créteil dans le service du Pr. Barbizet.[5]

V. D'UNE EXPLICATION « MECANICISTE » DE LA LATERALITE A UNE EXPLICATION « CONSTRUCTIVISTE »

Depuis les travaux de Brazelton (1973), de Trevarthen (1979), de Bower (1978) on ne peut plus douter de la précocité « insoupçonnée » du nouveau-né humain. Et cependant F. Bresson et S. de Schonen nous montreront (cf. infra) qu'en dépit de cette précocité s'exprime, chez la plupart des bébés, tout au long de leur première année, une variation des asymétries qui sont observées dans leur comportement. A telle enseigne que beaucoup d'auteurs — dont F. Flament (1975) — admettent qu'on ne peut parler d'achèvement de la latéralisation qu'au-delà de la première année.

Il en sera débattu dans les chapitres qui vont suivre, mais dès maintenant n'est-on pas en droit d'avancer que si la latéralisation a un terme éventuellement tardif, son « explication causale » doit comporter non seulement des facteurs génétiques, embryologiques et anatomo-physiologiques, mais des facteurs relationnels qui supposent des influences parentales et pédagogiques (J. Barbizet et Ph. Duizabo, 1977).

Du même coup il paraît difficile d'admettre qu'on puisse recourir à une « explication causale » de la latéralité par réduction organiciste. Certes on ne peut nier qu'il existe dans le phénomène de la latéralisation une « explication en amont » car on ne peut nier les relations déterminées qui existent entre structures et fonctions (M. Jeannerod, 1977, 1980). Et la thèse de la « causalité ascendante » sera de plus en plus alimentée par les faits nouveaux et les conceptions nouvelles que la recherche neurobiologique ne manquera pas de découvrir dans les années à venir. Déjà on peut faire valoir qu'à côté de l'information fournie par les gènes intervient une épigénèse dont la notion est aussi chère à Piaget (1979) qu'à J.P. Changeux (1983) et qui montre l'écart

---

[4] Numéro de mars 1983, p. 333-338.
[5] On trouvera l'écho de ce Symposium dans un polycopié qu'il est possible de se procurer en s'adressant au Dr H. Wintrebert, Président du G.R.A.S.P. (Groupe de recherche sur l'approche somatique de la personnalité), 20, rue A. Bollier - 94100 Saint-Maur-des-Fossés, France.

dont il faut tenir compte — en biologie — entre l'inné et l'acquis. Il justifie et explique la citation de Lamarck que J.P. Changeux met en exergue au chapitre VII de son remarquable ouvrage, *L'homme neuronal* (1983) : « On peut sans doute apporter en naissant les dispositions particulières pour des penchants que les parents transmettent par l'organisation, mais certes, si l'on n'a pas exercé fortement et habituellement les facultés que ces dispositions favorisent, l'organe particulier qui en exécute les actes, ne se serait pas développé » (J.P. Lamarck, *Philosophie Zootique,* 1809).

Mais le « comment » de la latéralité ne peut être limité « au possible » que lui offrent les structures neurologiques. Il requiert aussi — comme tout phénomène neuropsychique — une « explication en aval », du fait que la latéralisation ne peut être assimilée au résultat mécanique — à un fonctionnement — d'un système neurologique préformé. Il faut donc que l'explication causale en aval débouche sur une perspective psycho-sociologique et à la limite dans la sphère immatérielle de la subjectivité ; ce qui restreint la portée de l'explication biologique en amont.

Selon J. de Ajuriaguerra et G. Bouvelot-Soubiran (1959), la latéralisation façonne chez chaque sujet un ajustement au réel par l'union de l'objectif au subjectif, en un tout (de corps et d'esprit) « qui vit sa vie propre et totale ».

La latéralisaion individualise ainsi un outil « qui permet de faire non seulement un mouvement mais un geste, un acte » qui est autre chose qu'une simple addition de mouvements musculaires.

La génèse de la latéralité à travers le psycho-social et le subjectif n'est pas aisée à expliquer. Elle ne peut emprunter :

- ni le modèle de la réduction psychogénétique qu'utilisent aussi bien les freudiens que les classiques de la psychologie « dualiste » pour qui une action se ramène à l'activité d'un « esprit » désincarné ;

- ni le modèle de la réduction psychosociologique qui ramène un acte au phénomène de l'identification. A cet égard il faut remarquer avec Piaget (1979) qu'un tel modèle a la valeur d'un « constructivisme interne » qui n'est critiquable que par ses limites (que l'on rencontre dans les œuvres de Baldwin, de P. Janet, de Vigotsky, de Luria et de Cl. Lévi-Strauss) ;

- ni l'explication par le comportement des « spécialistes » de l'apprentissage (surtout C. Hull) qui font appel à une construction psychologique s'appuyant sur les lois du seul comportement.

Par contre l'explication par une construction génétique — qui reconnaît une place de choix à l'exercie fonctionnel et à des mécanismes de régulation (assimilation, accommodation) — respecte les rôles conjugués de la biologie et de la psychologie. Avec ce constructivisme par paliers successifs — que Piaget (1963) a édifié au cours d'une vie consacrée à la recherche — la latéralisation «se fait en faisant» et n'apparaît plus comme un «donné» à la façon du mécanisme classique.

VI. EXPLICATION OU COMPREHENSION

Piaget (1965) a rejeté cette opposition «phénoménologique» de K. Jaspers[6] dont D. Lagache (1977) nous a laissé une très pénétrante analyse.

La même opposition a été développée par des auteurs aussi différents que Raymond Aron[7] (1983) et Maurice Reuchlin (1980).

K. Jaspers la tenait de trois grands maîtres de la pensée allemande au XIXe siècle: un historien, Wilhelm Dilthey[8], deux philosophes néokantiens, Heinrich Rickert et Max Weber qui dans cette opposition ont voulu exprimer la différence épistémologique qui sépare les «sciences de la culture» des «sciences de la nature».

Que vaut pareille opposition pour notre sujet?

Comme y insiste Ajuriaguerra (1974), on doit lui accorder un intérêt marqué dans le domaine de la psychopathologie — qui fut celui de Jaspers — dont la méthodologie a des rapports avec la méthodologie de l'Histoire (où cette opposition a d'abord été conçue). Si bien que la compréhension reste une démarche clinique pour appréhender le «pourquoi» qui personnalise[9] le «comment». En particulier elle rend mieux compte que l'explication, des possibilités que la «rééducation psychomotrice» est capable d'offrir aux troubles de la latéralisation de l'enfant.

---

[6] Psychiatre et philosophe allemand qui a eu une grande influence sur la psychiatrie française après la guerre de 1940-1945.
[7] Philosophe et sociologue de la même promotion que D. Lagache à l'E.N.S. de la rue d'Ulm.
[8] Né en 1831, deux ans après la mort de Hegel.
[9] «La compréhension se rapporte au sujet, l'explication se rapporte à l'objet».

Il est facile, par contre, d'admettre avec M. Reuchlin (1980) que l'opposition «explication-compréhension», — formulée par cet auteur: «explication-interprétation» — apparaît de moins en moins valable en psychologie expérimentale où «la méthodologie de Claude Bernard reste ... une référence respectée».

Nous touchons là à la dialectique du «pouvoir» et du «savoir» qui est impliquée dans toute pratique de soins (F. Dagognet, 1964).

Bibliographie

AZEMAR, G., Latéralisation et différenciation qualitative des conduites motrices. *Revue de Psychiatrie Infantile et d'Hygiène Mentale*, 1975, *I*, 13-21.
ARON, R., *Mémoires*. Paris, Julliard, 1983.
AJURIAGUERRA, J. de, *Manuel de Psychiatrie de l'Enfant*. Paris, Masson, 1974
AJURIAGUERRA, J. de & BOUVELLOT-SOUBIRAN, G., Indications et techniques de la rééducation psychomotrice en psychiatrie. *Psychiatrie de l'Enfant*, 1959, *II* (1), 433-494.
BACHELARD, G., *La Formation de l'Esprit Scientifique*. Paris, J. Vrin, 1972.
BARBIZET, J. & DUIZABO, P., *Neuropsychologie*. Paris, Masson, 1977, 24-25.
BERNARD, C., *Introduction à l'Etude de la Médecine Expérimentale*. Paris, Garnier Flammarion, 1966.
BOWER, T.C.R., *Le Développement Psychologique de la Première Enfance*. Bruxelles, Mardaga, 1978.
BRAZELTON, T.B., *Neonatal Behavioral Assessment Scale*. London, Heinemann, 1973.
CHANGEUX, J.P., *L'Homme Neuronal*. Paris, Fayard, 1983.
DAGOGNET, F., *La raison et les remèdes*. Paris, Presses Universitaires de France, 1964.
FLAMENT, F., *Coordination et prévalence manuelle chez le Nourisson*. Aix-Marseille, Edition du C.N.R.S., 1975, 182-220.
FRAISSE, P., La Méthode Expérimentale. In P. Fraisse & J. Piaget, *Traité de Psychologie Expérimentale*, Tome I. Paris, Presses Universitaires de France, 1963a.
FRAISSE, P., *Manuel Pratique de Psychologie Expérimentale* (Avant-propos). Paris, Presses Universitaires de France, 1963b.
HECAEN, H. & AJURIAGUERRA, J. de, *Les gauchers*. Paris, Presses Universitaires de France, 1963.

HECAEN, H. & JEANNEROD, M., *Du contrôle moteur à l'organisation du geste*. Paris, Masson, 1977 (on retiendra spécialement pour notre sujet les contributions de Jeannerod et Prablanc «Organisation et plasticité de la coordination œil-main», de Bower «La notion d'objet, les yeux, la main et la parole», de Paillard et Blanbason» «De la coordination motrice à l'organisation de la saisie manuelle», de Jeannerod «Motricité automatique et motricité volontaire», mais ce livre essentiel est à lire en entier).

JEANNEROD, M., Relation entre structures et fonctions. Explication limitée ou limites de l'explication en psychologie? In : *L'Explication en Psychologie*, publié sous la direction de Marc Richelle et Xavier Seron. Paris, Presses Universitaires de France, 1980.

LAGACHE, D., *Œuvres*, Tome I. Paris, Presses Universitaires de France, 1977, 322-335.

MARROU, H.I., *De la Connaissance Historique*. Paris, Le Seuil, 1964.

MOSCATO, M., A propos de l'expression «pensée naturelle» en psychologie cognitive. In: Groupe de Recherche sur l'Ontogenèse des Processus Psychologiques (Ed.), *La Pensée Naturelle: Structures, Procédures et Logique du Sujet*. Paris, Presses Universitaires de France, 1983, 17-21.

PIAGET, J., L'explication en psychologie. In: P. Fraisse & J. Piaget, *Traité de Psychologie Expérimentale*, Tome I. Paris, Presses Universitaires de France, 1963, 121-152.

PIAGET, J., *Sagesse et illusions de la philosophie*. Paris, Presses Universitaires de France, 1965.

PIAGET, J., In *Théorie du langage et théorie de l'apprentissage*. Le débat entre J. Piaget et N. Chomsky, Centre de Royaumont. Paris, Le Seuil, 1979 (Il est question de l'épigenèse dans les pages 55, 61, 89, 98, 113, 242, 276, 289, 294, 406, 408, 410, 507, 511).

PLATON. *Œuvres Complètes*, Paris, Edition de la Pléiade, 1950. Traduction et notes de L. Robin et J. Moreau. Tome II, Les Lois, VII, p. 871-872.

REUCHLIN, M., Explication et interprétation psychologiques. In: *L'explication en psychologie*, publié sous la direction de Marc Richelle & Xavier Seron. Paris, Presses Universitaires de France, 1980.

TREVARTHEN, C., The behaviour and psychology of the newborn. *Communication au Congrès de la Société de Neurologie Infantile*, Marseille, 1979.

Chapitre I
Latéralité et expressions symboliques : aspects historiques

R. DAILLY et M. MOSCATO

I. NIVEAUX DE VALEURS DANS LA LATERALISATION DU CORPS

A. Impératifs auguraux et religieux

Les impératifs auguraux et religieux ont joué un rôle considérable dans l'opposition de la droite et de la gauche. Selon D. Charpin (1982), l'affranchissement d'un esclave en Babylonie ancienne comportait une cérémonie sur laquelle quelques rares textes fournissent des éléments : « Après avoir purifié son esclave (lustration) l'ex-maître tournait la face de l'affranchi vers le soleil levant. Sans doute s'agit-il de marquer une sorte de nouvelle naissance, l'occident étant à l'inverse la direction de la mort, comme l'illustre l'itinéraire de Gilgamesh ». Mais c'est surtout le rôle conjugué des points cardinaux et de l'augure du prêtre ou du combattant qui a joué jadis le plus grand rôle dans le statut de la gauche et de la droite. J. Cuillandre (1943) s'est attaché à dépister dans l'Iliade et l'Odyssée les traditions grecques qui privilégiaient la droite sur la gauche au combat ou dans le rituel et a montré que dans Homère l'oiseau volant à droite est toujours de bonne augure.

Dans la civilisation hindoue, A. Barreau (1968) indique que bien des siècles avant notre ère c'est vers l'est que l'on se tourne pour accomplir la plupart des rites : la préparation de l'eau lustrale, le sacrifice journalier aux dieux domestiques, l'invocation au soleil, l'adoration d'un dieu, l'investiture du cordon brahmanique en diverses phases de la cérémonie du mariage. Le prêtre qui reçoit une donation est face au soleil levant; il a le sud à droite et le nord à gauche. Pour lui, comme pour tout indien, apparaissent impurs, douteux, non seulement la main gauche et toute la moitié gauche du corps, mais tout ce qui est dirigé vers la gauche.

Un même type de « latéralisation sociale » résultant de la position de l'augure vis-à-vis des points cardinaux a existé à Rome où c'est le côté du levant qu'indiquaient comme favorable les augures preneurs d'auspices qui observaient le vol des « oiseaux ». Mais rapporté au corps, ce côté « favorable » a varié avec le rituel adopté. Avec le rituel étrusque l'officiant faisait face au sud et avait sa gauche du côté favorable, tandis qu'avec le rituel grec il faisait face au nord et avait sa droite du côté favorable. De là vient que la main gauche après avoir été appelée « la bonne main » soit devenue pour les Romains la « sinistre » (F. Martin, 1978). Tellement sinistre que Pline le Jeune (cité par Metellus, 1974) raconte que : le jour où Auguste manqua d'être la victime d'une sédition militaire il avait chaussé son soulier gauche avant le droit. A l'inverse la droite était si honorable que dans la Rome classique, comme à Athènes (Platon, 1950a), l'invité de marque était placé à la droite du Maître.

Le judaïsme a utilisé très tôt cette opposition de la droite et de la gauche avec valorisation de la droite. On connaît le psaume de David (La Bible, 1956) composé vers l'an 1000 av. J.-C. prophétisant les gloires du Messie Sauveur qui s'asseoit à la droite de Dieu.

> « Oracle de Iahvé à mon Seigneur »
> « Assieds-toi à ma droite »

Pouvons-nous encore ajouter parmi les nombreux témoignages que le judaïsme donne de la primauté qu'il accorde à la droite :

- que celle-ci est spécialement illustrée dans la disposition du Tarbernacle — symbole de toute la vie juive — qui est telle (fig. 1) que ce qui est tourné vers la droite et le sud symbolise la richesse spirituelle, tandis que ce qui est tourné vers la gauche et le nord symbolise la richesse matérielle. Les mêmes symboles sont utilisés par Rabbi Itzak (Baba Batra 25 B), Job (37-22), Jérémie (1-14) et les Proverbes (3-16);

- que dans le cantique de la Mer Rouge, dans Maïmonide et dans le Talmud, la droite représente la miséricorde alors que la gauche représente la justice et la rigueur;

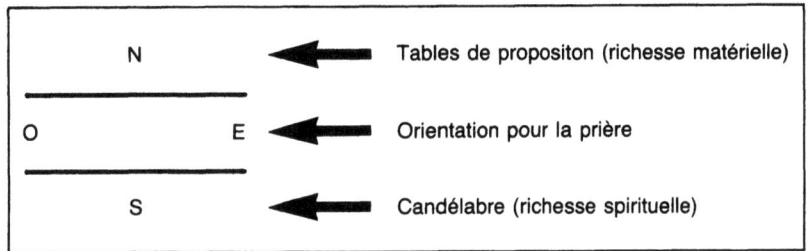

Fig. 1. - Disposition du Tabernacle dans le Judaïsme

- que la vie quotidienne du Juif pratiquant lui indique à tout moment la primauté de la droite : on se lève du pied droit ; on chausse son pied droit puis son pied gauche ; on se lave la main droite avant la main gauche ; pendant la prière la main droite recouvre la main gauche ; le prêtre, bénissant le peuple, lève la main droite plus haut que la gauche ; en priant on se tourne vers la droite et le sud ; les parchemins sont posés sur le linteau droit de la porte,...[1].

Le christianisme semble n'avoir éprouvé aucune difficulté à être fidèle à la priorité de la droite postulée par le judaïsme[2].

On sait que la prophétie de David (Assieds-toi à ma droite...) s'est réalisée le jour de l'Ascension dont Marc (La Bible, 1971) rend compte par cette phrase lapidaire : « Le Seigneur donc après leur avoir parlé (à ses apôtres) fut élevé dans le Ciel et il s'assit à la droite de Dieu ». On connaît ce passage de Mathieu (La Bible, 1971) selon lequel : « quand le fils de l'homme viendra en sa gloire... il s'assoiera sur son trône... on rassemblera devant lui toutes les nations et il les séparera les unes des autres comme le berger sépare les brebis d'avec les boucs... il placera les brebis à sa droite et les boucs à sa gauche. Alors le roi dira à ceux de sa droite : ici les bénis de mon père, héritez de ce

---

[1] Ces précisions ont été données par M. le Rabin E. Chouchena au Docteur R. Sion que nous remercions vivement de nous les avoir transmises.
[2] Bien que le Christ lui-même ait exhorté ses apôtres à renoncer à la hiérarchie du pouvoir symbolisée par la droite et la gauche : Marc (chap. X, versets 35 à 45). La Bible, Nouveau Testament, éd. de la Pléiade, p. 142) raconte par exemple que : Jacques et Jean ayant demandé au Christ de les asseoir dans sa gloire, l'un à sa droite, l'autre à sa gauche, celui-ci dit aux autres apôtres indignés d'une telle prétention : « vous savez que ceux qui semblent régenter les nations exercent sur elles leur seigneurie et les grands leur pouvoir. Il n'en est pas ainsi parmi vous... quiconque veut être grand parmi vous sera votre serviteur et quiconque veut être premier parmi vous sera l'esclave de tous ».

règne... il dira à ceux de sa gauche: allez loin de moi maudits au feu éternel...».

Dans le récit du «bon larron» (Luc, La Bible, 1971) auquel Jésus promet qu'il sera aujourd'hui avec lui au Paradis, il est sous-entendu que ce malfaiteur bouleversé de compassion devant l'innocence du Christ sera placé à sa droite. Il est effectivement placé à la droite de la croix sur les belles enluminures du «Hortus Deliciarum» (cité par Fritsch, 1967). Le christianisme restera si longtemps fidèle à la priorité de la droite (côté du soleil levant):

- que la construction d'une église commençait jusqu'à date récente par celle de l'abside dirigée vers l'Orient[3];

- que jusqu'à Vatican II le prêtre venait lire l'Evangile à gauche du Tabernacle et non à droite (où il lisait l'Epître), mais qu'il était dos au public, si bien que dans une lecture de face au public, comme cela se faisait à Rome déjà, il se serait situé à droite du Tabernacle[4];

- qu'après Vatican II l'Eglise catholique continue à chanter au Credo: que le Christ après sa résurrection s'est «assis à la droite du Père».

La même prévalence de la droite se retrouve dans la religion musulmane (descendante elle aussi d'Abraham) mais à la prévalence de la main droite elle associe celle du pied gauche. Comme l'indique le Coran (1967), ce sont en effet la main droite et le pied gauche qui sont coupés chez ceux «qui font la guerre contre Dieu et contre son Prophète» (Sourate V, verset 33), «qui exercent la violence sur la terre» (Sourate V, verset 33) ou qui pratiquant la magie se mettent à

---

[3] - Orient vient du latin «oriens»: participe présent de orior qui est un verbe deponens (orior, oriris, oriri) signifiant: «s'élancer hors de» puis par extension «tirer son origine de», «naître». De là vient origo, originis auquel le langage de la gnose islamique a donné le sens de «origine de l'être comme de la lumière» (H. Corbin). La racine «or» se retrouve dans le grec «ornumai» = se lever, s'élancer, qui vient de «ornumi» = faire lever, se lever, qui dans Homère a donné «ernos»: jeune pousse. La racine «or» se retrouve dans «orme» qui veut dire élan.
- Occident vient du latin «occidens»: participe présent de «occido» qui est un verbe actif (occido, occides, occidere, occidi, occicasum) signifiant: «tomber à terre», «succomber», «se coucher» (Cicéron nomme: occidente sole, le coucher du soleil). Le verbe occido vient de *ob* (à cause de, pour, devant) et de *cado* (choir). La racine «cad» a donné «cadaveris» (cadavre: corps tombé à terre) et caduc (chose qui est sujette à tomber). Dans le langage de la gnose islamique «occident» a le sens de «ténèbres» (H. Corbin, *L'imagination créatrice dans le sonfisme d'Ibn Arabi*, Paris, 1958).
[4] Il n'est donc pas nécessaire, comme le fait Fritsch (1967, p. 55 et 57) pour expliquer la lecture de l'Evangile à gauche du Tabernacle, d'invoquer la tradition juive du Zohar (qui donnait à la tradition orale la place de gauche et assimilait la Thora à la droite).

croire au Dieu d'Aaron avant que Pharaon ne le leur permette (Sourate VII, verset 124; Sourate XX, verset 71; Sourate XXVI, verset 49).

Pareille amputation simultanée de la main droite et du pied gauche mérite d'être remarquée car elle a sûrement un sens! Ce sens est-il à rapprocher de celui du balancement automatique croisé des membres supérieurs au cours de la marche humaine normale, et à celui des mouvements alternés des membres antérieurs et postérieurs du cheval au pas, au galop et au trot? (fig. 2). Le Coran suggère-t-il alors qu'une latéralisation homogène (ipsilatérale) est relativement rare et que l'être humain a plutôt une latéralisation croisée des membres supérieurs et des membres inférieurs? Cette hypothèse sera reprise dans l'analyse neurologique et psychologique de la latéralisation que l'on lira plus loin.

B. Valeur des désignations de la latéralisation du corps dans les langues occidentales

La latéralisation «sociale» du corps tient aussi à des valeurs linguistiques que nous allons maintenant examiner en nous limitant — faute de place — à quelques langues occidentales.

Le latin exprimait les deux notions de droite et de gauche à l'aide des adjectifs «dexter» et «sinister». Dexter a donné en français «dexter» puis «droite» entre le 15e et le 16e siècle. Il correspond aux deux mots grecs de même racine «dexiteros» et «dexios» qui signifient tous deux: à droite de (bon augure) et adroit, car les Grecs, comme les Romains, voyaient dans la main droite celle qui est adroite, a de la dextérité (F. Martin, 1978). Mais combien d'autres sens ne faut-il pas attribuer au terme «droite»? On peut en distinguer trois principaux:

a) «Droite» est arrivé à exprimer ce qui est «bon». On sait par exemple que devant un enfant qui est tenté de préférer sa main gauche pour donner la main ou prendre un objet (ce qui arrive au moins une fois sur trois), la plupart des adultes n'hésitent pas à le corriger (surtout il y a quelques années) bruyamment en lui criant: «non, pas celle-ci, la bonne!» (A. Martinet, 1968).

b) «Droite» prend couramment un sens normatif. En s'opposant à «détours» et à «courbe». «Droite» introduit en effet une idée de règle: ce qui doit être «droit», ce qu'il faut faire pour être «droit». Mais ce sens résulte d'une évolution qui a suivi (nous y reviendrons) l'évolution de «gauche» et a fait oublier que «droit» vient ici des mots latins, *directus* et *rectus,* issus de la racine *reg* (rex-regis) et non de

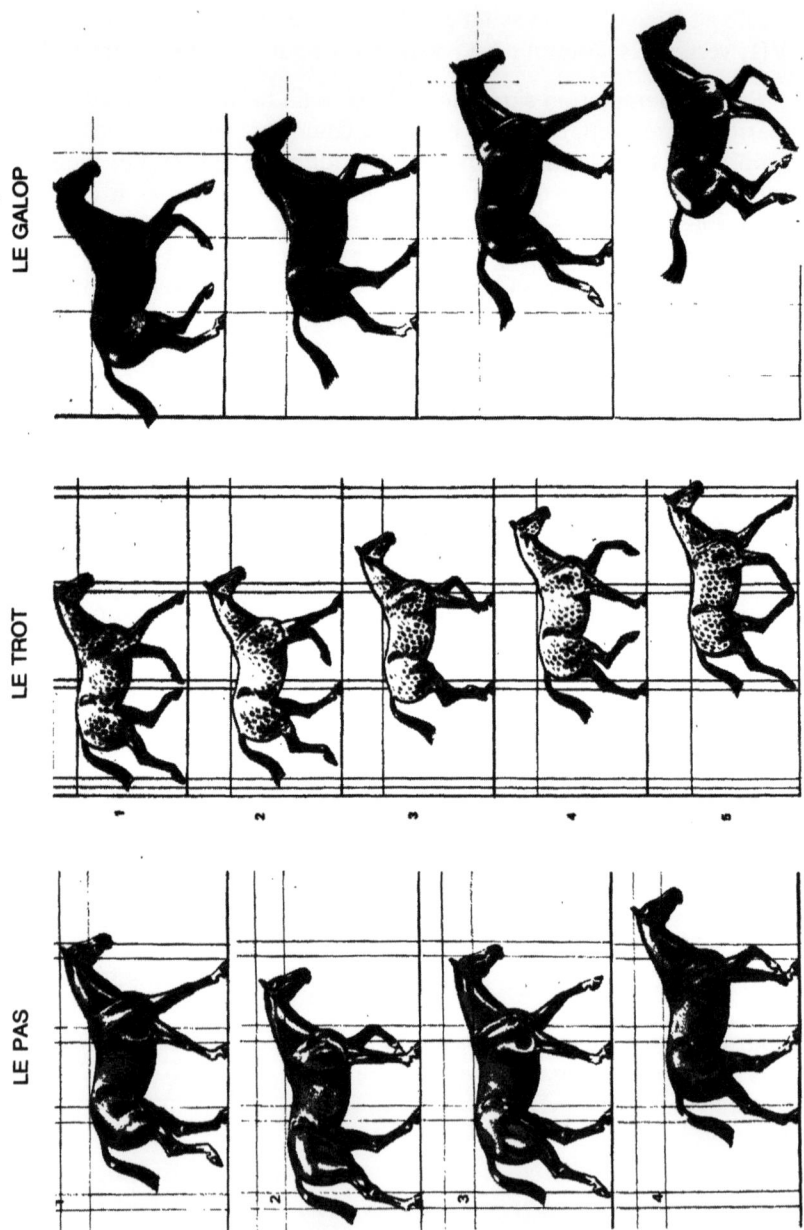

Fig. 2. - Mouvement des membres antérieurs et postérieurs du cheval au pas, au trot et au galop (d'après le *Manuel Officiel de Préparation aux Examens Fédéraux de l'Equitation*, Fédération Equestre Française, Edition Lavauzelle).

dexter. Ce qui explique que le « right » anglais et le « recht » allemand indiquent ce qui est « droit ». Quant aux Grecs, ils désignaient ce qui est « droit » par le mot *orthos* qui ne prête à aucune confusion avec dexios.

c) On connaît la règle la plus impérative de notre code de la route : *la priorité de droite.* Or, manifestement il ne s'agit pas d'une règle de même nature que la précédente : celle-là était universelle, celle-ci n'est qu'une convenance propre au corpus juridique de notre pays (le Royaume-Uni règle sa circulation routière différemment de la France). Au surplus « convenance » correspond au latin « decus » (decet = il convient) et non à « directus ». Par contre il semble que « dextre » dérive de la même racine que « decus » et « decet » qui ont donné en français « décent », c'est-à-dire « convenable ». A. Martinet (1968) qui donne cette information ajoute qu'en « Scandinavie la dextre est la main qui convient ».

« Sinister » désignait en latin la main gauche ; en réalité il était surtout employé par les Romains pour désigner une augure défavorable. On ne lui connaît pas de racine grecque correspondant et tous s'accordent depuis Breal et Bailly (1886) à reconnaître que son radical est obscur.

« Sinister » a donné en français « senestre » puis « sinistre », mais « gauche » a été tiré du verbe « gauchir », issu d'un ancien verbe d'origine germanique : « gueuchir » qui signifiait « faire des détours ».

Il est intéressant de noter avec G. Gougenheim (1974) que dans la littérature française « gauche » a remplacé « senestre » avant que « droit » se subtitue à « dextre » ; si bien que les sens « faire des détours », « s'écarter de la ligne droite », qu'avaient d'emblée *gueuchir*, ont retenti sur l'évolution de « dexter » et de « droite » pour donner à « droit » son sens normatif souligné plus haut.

Quoi qu'il en soit, « gauche » a signifié « de travers », « maladroit » et « sinistre » a donné « senester » avant de désigner ce qui est « à gauche ». Si bien que la main gauche a reçu des attributs de maladresse, de tortuosité, d'obliquité, de malignité, avant d'être considérée simplement comme main située à gauche du corps.

Pour désigner « ce qui est situé à gauche » les Romains préféraient à *sinistrer,* soit « laevus », qui a donné levogyre et correspond au grec « laios », soit « scaevus » qui correspond au grec « skaios ». A propos de *scaevus* remarquons pour l'anecdote que Scaevola est le surnom (le gaucher) de Mucius qui, fait prisonnier par les Etrusques après avoir tenté sans succès de tuer leur roi Porsenna, se laissa héroïquement brûler la main droite plutôt que de dénoncer ses complices (F. Martin, 1978).

Il est sans doute plus instructif de souligner que le grec moderne désigne la gauche par «aristeros» qui en grec signifiait «la meilleure des deux» et qui indiquait par antiphrase et ironiquement: la gauche (la meilleure des deux mains!) (F. Martin, 1978). Il est intéressant précisément de rapprocher de cette ironie celle des Romains qui par euphémisme ont appelé à un certain moment la main gauche «la meilleure» (A. Martinet, 1968).

Désigné de noms divers par le grec et le latin classiques le côté gauche est non moins déprécié par les langues qui en dérivent. On peut par exemple rappeler avec J. Metellus (1974):

- qu'en français il est courant d'entendre parler d'un «mariage de la main gauche», d'une «gaucherie par ignorance», d'argent que l'on va «mettre à gauche»; sans oublier le mécontentement de ceux qui se lèvent «du pied gauche». La littérature elle-même ne fait pas exception, tels ces vers de Baudelaire: «Ce voyageur ailé comme il est gauche et veule, lui naguère si beau, qu'il est comique et laid». Et n'oublions pas qu'en vieux français l'expression «jugement à gauche» signifiait «un faux jugement»;

- qu'en italien: le «mancino» n'est pas seulement un gaucher mais un voleur (mancino vient même du latin «mancus» qui veut dire estropié);

- qu'en allemand le mot «links» qui veut dire «à gauche» a le sens péjoratif de maladroit dans *linkinsch* et signifie: envers (d'un tissu) dans l'expression «linke seite».

On peut déplorer ces «abus» de langage comme il fallait déplorer l'impact auguro-religieux qui les a fondés, mais il serait regrettable d'ignorer ce qui distingue lexicologiquement la droite et la gauche. Le Livre de Jonas (La Bible, 1959) stigmatisait déjà cette ignorance: «Et moi (Iahvé) je ne m'apitoierais pas sur Ninive, la grande ville, dans laquelle il y a plus de douze myriades d'hommes qui ne distinguent pas entre leur droite et leur gauche ainsi que des bêtes en grand nombre!».

Finalement quoi penser et quoi dire de la droite et de la gauche? Comment concevoir les rapports de la main droite et de la main gauche si ceux-ci ne peuvent être des rapports d'opposition de supérieur à inférieur? L'idée que la main droite et la main gauche, loin d'être opposées, forment un couple est de mieux en mieux défendue; elle repose d'ailleurs sur de nombreux arguments historiques et culturels convaincants.

C. La notion de couple main droite - main gauche

Elle est effectivement ancrée dans l'évolution de l'humanité.

C'est un notion très ancienne en Chine qui remonte aux sages du VIe siècle. Ainsi que l'indique M. Granet (1968) : « En Chine, l'antithèse de la droite et de la gauche n'a rien d'une opposition absolue... les Chinois sont droitiers comme nous, pourtant ils honorent la gauche et leurs plus grands héros... sont les uns gauchers, les autres droitiers. Ce sont même, pourrait-on dire, des génies de la droite et des génies de la gauche... ». Tout le chapitre II du livre troisième de cet ouvrage admirable serait à citer. Ne le pouvant, il nous faut retenir les principes qui justifient que la distinction de la droite et de gauche n'avait dans la Chine traditionnelle rien d'absolu. V. Fritsch (1967), qui a lu soigneusement l'œuvre de Granet, en retient notamment que : la doctrine du «yin» et du «yang» (Granet 17, chapitre II du livre deuxième), pierre maîtresse de la philosophie chinoise, exprime un dualisme qui se situe dans un ensemble de représentations que dominent les idées de rythme et de totalité. Si bien que le yin et le yang conjuguent deux manifestations alternantes et complémentaires qui ne s'opposent pas comme chez nous : l'être et le non-être, le pur et l'impur.

La notion de couple s'alimente aux mythes gémellaires dont foisonnent les mythologies surtout égyptiennes et amérindiennes ou la tradition pythagoricienne. Sans oublier le récit de la Genèse avec Eve qui naît de la côte d'Adam (La Bible, 1956) sans que l'on puisse parler[5] de la création d'un androgyne pareil aux images mythiques que l'on trouve dans le Banquet de Platon (1950a).

Les acquisitions de la linguistique permettent de comprendre comment entre les deux termes opposés de la droite et de la gauche peut s'établir «un couple hiérarchisé non immuable». C'est ce qu'a montré A. Martinet (1968), en mettant en évidence les faits suivants :

- D'une part «dexter» et «sinister» présentent en commun le suffixe «ter» que l'on retrouve dans «noster»/«vester». Ce suffixe latin —

---

[5] La note 26-28 et le verset 27 de la page 5 de la Genèse sont parfaitement explicites (in La Bible. Ancien Testament. Ed. de la Pléiade sous la direction de E. Dhorme. Tome I).

qui correspond au «tero» grec (Aristeros, dexiteros), hérité de l'indo-européen — ne traduit pas pour E. Benveniste[6] (1948) un comparatif que le latin exprime sous la forme «ior» ou «ius» (comme dans «melior» et «melius»). Le suffixe «ter» exprime en réalité une opposition qui suppose: identité et différence, comme dans «alter» (qui désigne «l'un des deux», «l'autre des deux») et dans «ceteri» (qui désigne «les autres» par opposition à un premier groupe).

- D'autre part l'opposition de «dexter» à «sinister» est en marge des oppositions linguistiques ordinaires qui sont soit marquées, soit équipollentes. En effet elle n'est pas une opposition marquée (ou privative) à la façon de tigresse/tigre formée par une base phonétique commune: «tigr» et deux traits ajoutés: l'un positif (esse) et l'autre négatif (non esse). Elle n'est pas non plus une opposition équipollente à la façon de tigre / lion, formée par une base sémantique commune (félin sauvage) et deux traits ajoutés caractérisant deux espèces différentes.

L'opposition «dexter»/«sinister» serait du type de l'altérité sans base commune (ni phonétique, ni sémantique) avec un trait ajouté (ter) qui peut être commun (comme c'est le cas pour dexter/sinister) mais peut manquer (comme dans le couple «unus»/«alter» où deux noms différents sont utilisés[7]).

Moins abstraitement on peut dire avec A. Martinet (ibid.) que cette opposition par altérité est «celle qui n'est pour ainsi dire pas durcie dans la langue, la hiérarchie des deux membres n'étant pas fixée une fois pour toute mais laissée au choix des usagers». De cette manière, «l'autre» sera selon les circonstances tantôt la main droite, tantôt la main gauche.

- En somme l'opposition si originale de «dexter» à «sinister» serait un «processus dialectique selon lequel on marque dans un premier temps l'altérité d'un être ou d'un objet en l'opposant à un autre être ou à un autre objet conçu comme représentant le type normal et, une fois cela accompli, on prend conscience par réaction de la spécificité de ce qu'on estimait être le type normal» (A. Martinet, ibid.). Et ainsi en parlant de la main droite *ou* de la main gauche on utilisera — selon le langage des logiciens — un *ou inclusif* et non un *ou exclusif*.

---

[6] Sur l'œuvre duquel le Professeur J.L. Perpillou (Professeur de linguistique ancienne à l'Université de Rouen) nous a donné de précieuses interprétations.
[7] J.L. Perpillou nous a fait remarquer que dans Homère «dexiteros» est opposé à «skaïos» et non pas à «aristeros».

Un tel type d'opposition débouche sur la notion de complémentarité des deux mains que développera plus loin J. Fagard. Pour l'instant remarquons seulement qu'elle est illustrée :
- par le jeu du violoniste (J. Lhermitte, 1968);
- par le jeu du pianiste. Rien ne permet mieux de saisir chez lui « la vraie nature des deux mains jumelles » que l'histoire du concerto pour la main gauche de Maurice Ravel excellemment racontée par S. Thieffry (1973);
- par le comportement des jeunes aveugles. Subirana (cité par J. Lhermitte, 1968) qui a observé les enfants de la Casa Provincial de Barcelone (entre 1950 et 1960) constate en effet :
- que les garçons bien doués ne lisent jamais le Braille en utilisant le seul index droit. Les deux index concourent à la lecture : le gauche jouant le droit un rôle explorateur;
- que dans l'acte de copier ils tracent les lettres avec la main droite, tandis que la gauche explore le relief du Braille;
- par l'observation de presque tous les travailleurs manuels; ceux qui utilisent une scie, plantent un clou, enfoncent une vis, manient un burin et un marteau, démontrent à loisir la nécessaire complémentarité de leurs deux mains;
- par Léonard de Vinci qui, bien qu'écrivant de la main gauche, peignait alternativement de la main droite et de la main gauche (V. Fritsch, 1967);
- par Platon (1950c) lui-même, qui montre la complémentarité des deux mains en expliquant qu'il faut non seulement les utiliser toutes les deux mais savoir se servir aussi bien de l'une ou de l'autre dans les circonstances les plus variées. Il ajoute qu'il faut savoir éventuellement recourir à la seule main gauche « au lieu d'agir en estropié et de se contorsionner maladroitement quand l'adversaire en y portant son attaque (au côté droit) le force (le combattant) à faire travailler l'autre côté ». Bref, dans tous les cas il faut « envisager le meilleur parti qui sera de s'obliger puisque l'on possède en double le moyen de se défendre contre d'autres, aussi bien que de s'attaquer à eux, à ne laisser... aucun des deux (côtés) inopérant ». La conclusion de Platon est impérieuse : « Voilà donc à quoi doivent se rendre attentifs... les femmes aussi bien que les hommes investis d'une autorisation officielle en ces matières : les unes en leur qualité d'inspectrices... de jeux enfantins et de puériculture; les autres pour les divers objets d'étude; dans les deux cas pour faire en sorte que tous et toutes, garçons et filles, rendus « ambimanes » comme ils sont « ambipèdes » n'endommagent que le moins possible... leur constitution naturelle par de mauvaises habitudes.

D. Mais la gaucherie n'est pas qu'une mauvaise habitude

Il est impossible de soutenir avec Platon (1950c) que la main droite et la main gauche ne diffèrent que «par la sottise de nos bonnes et de nos mères» qui ont fait de nous des «estropiés sous le rapport des mains».

Trop de gaucheries familiales faisant supposer une hérédité font obstacle à ce jugement «réductionniste». De longues listes en ont été dressées surtout chez les gauchers illustres. Nous nous dispenserons de les retranscrire et n'évoquerons ici que l'histoire des Benjaminites que rapporte le Livre des Juges (La Bible, 1956). Elle montre que le gaucher peut gagner dans la mesure où il est affranchi de la loyauté sociale du combat à l'épée.

Dans le livre composé vers le XVe siècle avant notre ère, qui témoigne d'une période militaire de la conquête du pays d'Israël, il est écrit en effet: «En ce jour là furent recensés les fils de Benjamin venus des villes: 26 000 hommes tirant l'épée...». «Parmi tout ce peuple il y avait 700 hommes d'élite qui ne se servaient pas de la main droite, chacun d'eux pouvant lancer de sa fronde une pierre sur un cheveu sans le manquer»! Sont donc valorisés 700 gauchers sur 26 000 combattants (soit 2,6 %) qui ont la réputation d'être plus adroits que les droitiers; le verset 15 du chapitre III du même livre des Juges a d'ailleurs déjà souligné cette supériorité des gauchers! Il est difficile d'admettre que la gaucherie de ces 700 hommes d'élite soit seulement un signe arbitraire de groupe: un signe distinctif «élitique» par lequel certains fils de Benjamin avaient tenu à se démarquer des autres. Il nous paraît plus vraisemblable d'invoquer un don[8], c'est-à-dire en termes modernes: une aptitude héréditaire! Si bien qu'en comparant le récit biblique au dialogue du Banquet de Platon sur «l'ambidextrie» on contribue à stimuler l'indispensable discussion sur les rôles de la nature et du milieu dans la genèse de la latéralisation et susciter le besoin de recourir là aussi à une pensée dialectique capable de dépasser l'opposition «nature-culture».

---

[8] La tradition hébraïque n'avait eu dans ce passage aucune raison de remettre en question la prévalence de la droite à laquelle — nous l'avons vu — elle a été attachée dès son origine; d'autant moins que le terme de Benjamin correspond à l'hébreu «Ben Yamin» qui veut dire «fils de la droite», «du levant» (E. Dhorme, La Bible, édition 1956, Tome I, Genèse XXXV-18, p. 118). La signification de ce texte des Juges est donc à chercher ailleurs que dans une contradiction historique du «peuple élu». Et celui-ci ne pouvait que ressentir comme un don de Dieu ce qui est rare et remarquable.

II. LATERALISATION DU CORPS ET ESPACE GRAPHIQUE

Le rôle des troubles de la latéralisation — surtout de la gaucherie contrariée — a été suffisamment incriminé dans les difficultés d'apprentissage du langage (oral et écrit) et du dessin (de soi-même et d'autrui) pour chercher à préciser les liens historiques et culturels qui unissent la latéralisation du corps et l'organisation de l'espace graphique.

Mais les difficultés lexicographiques et notionnelles sont grandes pour entreprendre un tel cheminement aussi impose-t-il tout d'abord quelques définitions.

Le terme d'«espace» continue en effet à alimenter une problématique complexe. Certes il ne s'emploie plus (depuis le XVIIe siècle) «en un sens temporel» (P. Greco, 1978); mais l'usage en fait aujourd'hui «un emploi surabondant largement métaphorique» qui nuit à la clarté (ibid.). Et même «en se limitant aux emplois qui ne concernent que l'étendue» il reste difficile «de marquer par méthode des distinctions entre diverses sortes d'espaces» (ibid.).

Sont-ils (comme le montre Piaget, 1935, 1948) des variétés d'abord hétérogènes progressivement intégrées en un espace unifié par des opérations logiques, ou (comme semblent le croire H. Wallon et L. Lurcat, 1959) des parties d'un milieu homogène à trois dimensions sans limites définies, contenant tout ce qui existe comme objets, y compris le corps propre? Quoi qu'il en soit, par rapport à l'«espace objectif» (où les objets peuvent être orientés par le corps propre mais se localisent les uns par rapport aux autres), l'«espace graphique» est pour H. Wallon et L. Lurcat, qualitativement très différent. Il s'en distinguerait par les caractères suivants:

- L'espace graphique est un espace fonctionnel où la distribution des objets a pour le sujet une signification, un sens, en liaison avec sa personnalité.

- Il n'a que deux dimensions et doit recourir pour représenter la 3e aux artifices de la perspective.

- C'est un espace systématiquement mais invariablement orienté par le sujet, selon son âge, son développement intellectuel et affectif, ses motivations et selon qu'il écrit ou dessine de la main droite ou de la main gauche.

- C'est un espace limité dans lequel la place donnée au dessin et/ou aux inscriptions est plus ou moins fortuite. Il n'est d'ailleurs pas délimité qu'extérieurement, il est aussi intérieurement divisé par des figures qui délimitent à leur tour un espace leur appartenant; le double caractère spatial de chaque figure (espace intrinsèque et espace environnant) assure alors un contraste «Figure-Fond» dont on connaît le rôle essentiel dans les mécanismes perceptifs de la Gestalt-théorie.

- Il est imprégné d'éléments perceptifs et posturaux qui varient selon que l'espace graphique est dans un plan vertical (pan de mur, toile, tableau noir) ou horizontal (feuille de papier sur une table) ou oblique (cahier de dessin sur un pupître). Le passage de la verticalité à l'horizontalité donne lieu en effet à des conversions perceptives et posturales importantes: ce qui était en haut devient par «rabattement» le plus éloigné du sujet, tandis que ce qui était en bas devient le plus proche.

Ajoutons que le mot «graphique» ne pose guère de difficultés. Il vient du grec «grapho» qui signifie à la fois «je grave», «je peins» ou «j'écris», cependant que «graphikos» concerne les arts du dessin (F. Martin, 1978). «J'écris» se dit en latin «scribo» qui correspond au grec «grapho». La seule difficulté que pourrait offrir le terme «graphique» serait donc celle de son extension, mais ce qui vient d'être rappelé montre assez que son emploi peut recouvrir simultanément la peinture, le dessin et l'écriture.

Ainsi allons-nous pouvoir maintenant recueillir en connaissance de cause les faits les plus remarquables pour notre recherche. Nous nous limiterons dans notre enquête aux peintures et dessins de figures humaines et aux écritures; de la sorte nous n'explorerons que quelques variétés de l'espace graphique. Toutefois notons qu'à côté des figures humaines[9], des figures géométriques (simples ou complexes) seront évoquées et utilisées pour saisir la filiation qui relie le dessin à l'écriture et comprendre la signification des variations de forme et de direction de celle-ci.

A. Peintres, dessinateurs et latéralisation manuelle

La plupart des œuvres d'art qui reproduisent par la peinture ou le dessin une forme humaine, offrent une asymétrie qui consiste:

- soit dans le port d'un enfant sur le bras, qui dans la majorité des cas est sur le bras gauche,

---

[9] Entendues dans leur sens classique de formes extérieures d'un corps.

- soit en un portrait de profil ou de trois quarts qui est le plus souvent tourné vers la gauche de l'artiste,
- soit en une lumière orientée qui en général vient du côté gauche de l'artiste et crée pour son tableau une asymétrie de la couleur. Ces procédés amènent fatalement à réfléchir sur les rapports de l'asymétrie qu'ils créent avec l'asymétrie que représente la latéralisation manuelle de l'artiste. L'artiste peut au contraire tenter une recherche de la symétrie en utilisant un miroir; là encore il est intéressant de comparer ce procédé à la latéralisation de son auteur. D'où quatre chapitres d'interrogations posées par l'espace graphique de la peinture et du dessin à l'étude de la latéralisation du corps.

1. Le port de l'enfant sur le bras gauche

Dans le même temps (en 1942) où il commençait à montrer la tendance aussi bien chez l'adulte que chez l'enfant à orienter les profils vers la gauche, R. Zazzo suggérait volontiers dans son enseignement que les Vierges représentées portant l'Enfant Jésus sur le bras gauche et avançant l'épaule droite, étaient des images picturales très répandues.

Il en est ainsi à la National Gallery de Londres dans: «La Vierge et l'Enfant» de Masaccio, «La Madone des Prés» de Giovanni Bellini, «La Vierge et l'Enfant avec deux anges» de Andréa del Verrochio, «La Madone à l'Iris» de Albrecht Dürer et «l'Adoration des Mages» de Paolo Veronèse. Au même musée il y a par contre une «Vierge et l'Enfant» de Giovanni Bellini dont l'enfant est sur le bras droit. Il en est de même dans deux tableaux de Raphaël intitulés: «La Madone de la Tour» et «La Madone, l'Enfant et saint Jean»; mais Raphaël peint par ailleurs «La Vierge Tempi» (Pinacothèque de Munich) où la madone porte l'enfant sur son bras gauche. On ne peut quitter la Pinacothèque de Munich sans évoquer «La Vierge avec l'Enfant adorée par quatre saints» de Domenico Ghirlandajo qui tient elle aussi l'Enfant Jésus contre son côté gauche.

Au Kunsthistorisches Museum de Vienne on rencontre beaucoup d'œuvres dans lesquelles la Vierge porte l'enfant à droite, dont: «La Sainte Famille» de Martin Schongauer. De sorte que «La Madone dite Tsigane» du Titien et «La Madone avec son Enfant» du Maître de Heiligenkreuz qui soutiennent leur Enfant Jésus du bras gauche y sont presque des exceptions.

Parmi «Les Merveilles du Louvre» (1958) on rencontre outre plusieurs statues du XIIIe-XIVe siècle un bas-relief sculpté au XVe siècle, un tableau de Cimabue et une pietà peinte de Cosimo Tura où les Vierges portent leur enfant sur le bras gauche. A l'inverse dans le célèbre tableau de Jean Van Eyck «La Vierge du chancelier Rolin», dans celui de Hans Memling «Le mariage mystique de sainte Catherine» et dans celui de Filippo Lippi «La Vierge à l'Enfant entre saint Frediano et saint Augustin» l'Enfant Jésus est porté sur le bras droit. Il en est de même de «La Madone au Chanoine Van der Paele» de Jean Van Eyck qui est au musée des Beaux-Arts d'Anvers, à proximité de la Vierge de Jean Fouquet qui soutient au contraire l'enfant de son bras gauche et lui découvre son sein gauche.

Devant ces différents exemples de peintures très connues et exécutées entre le XIIIe et le XVIe siècle il importe de se souvenir que vers le milieu du XIVe siècle s'est manifestée une nouvelle conception de la symétrie qui annonçait la Renaissance (P. Francastel, 1968). Il ne faut donc pas s'étonner que la Vierge qui jusqu'au début du XIVe siècle portait quasi systématiquement l'Enfant Jésus sur le bras gauche — soit à partir de la deuxième moitié du XIVe siècle représentée de plus en plus souvent en le portant sur le bras droit. Mais avant d'attacher à cette remarque l'importance qu'elle mérite, il fallait des constats plus étendus, plus nombreux et plus systématiques pour faire valoir dans la discussion des arguments statistiques.

Ceux-ci ont été apportés en 1973 par Lee Salk. En colligeant plusieurs livres contenant des photographies et des représentations d'enfants et d'adultes, il a prouvé qu'il existe une majorité significative d'enfants tenus sur le côté gauche de l'adulte (fig. 3).

Auparavant il avait constaté (à partir de «La Madone et l'Enfant Jésus» de Pierro della Francesca à la Galerie Nationale d'Urbino) que les œuvres d'art, d'où qu'elles viennent et qu'il s'agisse de peinture ou de sculpture, montraient 4 fois sur 5 l'enfant tenu du côté gauche (exactement sur 466 œuvres, 373 soit 80 % tenaient l'enfant à gauche, tandis que 93, soit 20 % le tenaient à droite).

Ces données chiffrées furent d'autant mieux acceptées qu'elles allaient dans le sens de l'explication qui avait été jusque-là tenue pour plausible et qu'on peut résumer de la façon suivante: la situation de l'enfant sur le bras gauche d'une «Madone» libère le côté droit de celle-ci et permet à son épaule droite de se placer plus avant que la gauche comme pour attirer l'attention; en réalité l'attention est surtout portée sur son côté gauche (celui qui porte l'enfant) parce qu'il fait face au côté droit de l'artiste qui le valorise manuellement et visuellement lorsqu'il est droitier; de cette manière le peintre droitier et occidental dont la main a été éduquée à écrire de gauche à droite,

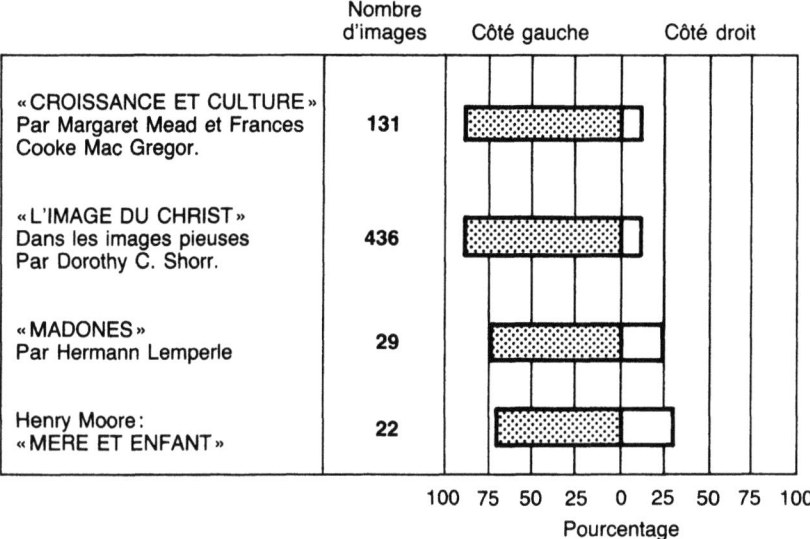

Fig. 3. - Fréquences du port de l'enfant sur le bras gauche (d'après L. Salk, *Scientific American*, 1973).

compose tout naturellement son tableau de gauche à droite en se concentrant sur son espace mano-visuel droit qui fait face au côté gauche de la madone.

En d'autres termes le port de l'enfant sur le bras gauche apparaît comme la conséquence d'une latéralisation à droite d'un peintre écrivant de gauche à droite.

Mais une objection apparaît immédiatement : des ambimanes comme Léonard de Vinci et Michel-Ange n'ont-ils peint que des enfants portés sur le côté droit d'un adulte ?

De Léonard de Vinci qui écrivait en miroir, nous connaissons effectivement : « La Madone Litta » (Ermitage de Leningrad) et « La Madone à l'œillet » (Pinacothèque de Munich) où l'enfant est soutenu par le bras droit de l'adulte qui le porte. Mais nous connaissons aussi de Léonard de Vinci : « L'Adoration des Mages » (Les Offices de Florence), « La Madone Benois » (Ermitage de Leningrad) et « Le carton pour sainte Anne » (Burlington House à Londres) où l'enfant est porté sur le bras gauche de la madone. Enfin on sait que dans « La Vierge aux rochers » (National Gallery à Londres et Le Louvre) des enfants sans être portés s'ébattent à la fois à droite et à gauche de la Vierge.

De sorte que Léonard a utilisé les deux possibilités d'orientation dans l'espace graphique; à tel point qu'on a pu dire — en faisant un mauvais jeu de mots — qu'il savait se «vaincre» (Vinci Vincere = vaincre).

De Michel-Ange on connaît (1948) son merveilleux tableau de la «Sainte-Famille» (Les Offices, Florence) où l'Enfant Jésus est soutenu sur l'épaule droite de la Vierge (par saint Joseph qui est à gauche). Et l'on peut remarquer dans «Le Déluge» (compartiment de la voûte de la Chapelle Sixtine) qu'un adulte emporte un bébé en le serrant contre son côté droit. Mais peut-on en conclure que la place «à droite de l'adulte» qu'il a donnée aux enfants qu'il a peints n'est que le reflet de sa latéralisation à gauche? C'est difficile, car il faudrait admettre que tous ceux qui ont peint ou dessiné un enfant porté sur le bras droit d'une madone ont été des gauchers (inconnus), que Bellini et Raphaël auraient été ambimanes!

Autrement dit, si l'explication que nous venons de rappeler est plausible pour faire comprendre qu'un peintre droitier représente un enfant porté de préférence «sur le bras gauche», elle n'est que partielle en n'expliquant pas qu'un enfant soit porté sur le bras droit. Elle est même erronée lorsqu'elle laisse supposer qu'un enfant porté sur le bras droit est avant tout le fait d'un peintre gaucher.

Les Salk (1973) a été amené à une toute autre explication en observant le comportement des mères au cours des quatre premiers jours qui suivaient leur accouchement. En leur présentant leur nouveau-né, il avait noté que: sur 255 mères droitières 83 % le serraient sur le côté gauche et 17 % le serraient du côté droit; tandis que sur 32 mères gauchères 78 % le serraient du côté gauche et 22 % du côté droit. Il n'était donc pas évident que «le port de l'enfant à gauche» ait quelque rapport avec la latéralisation manuelle. En comparant méthodiquement le comportement avec leur nouveau-né de femelles rhésus et celui d'un groupe expérimental de mères américaines, il a indiqué que ce qui déterminerait la mère à serrer son enfant sur le côté gauche ce serait sont désir «inconscient» de le mettre le plus près possible de son cœur et que ce désir serait d'autant plus impérieux que la mère a été moins longtemps séparée de son enfant après sa naissance.

Quoi qu'il en soit de la place qu'il faut donner à cette impression de l'affectivité maternelle dans le port de l'enfant sur le bras gauche, il faut reconnaître que l'explication de Salk rend encore plus mal compte que la précédente du port de l'enfant sur le bras droit.

Nous ne pouvons donc retenir ni l'une, ni l'autre. Pourtant l'explication classique a ses mérites[10] et nous devons faire remarquer que son caractère «partiel» ne tient qu'au lien rigide qu'elle établissait entre la prévalence manuelle droite et l'écriture de gauche à droite. Or nous verrons plus loin que la direction de l'écriture n'a aucun rapport «nécessaire» avec la latéralisation manuelle et est essentiellement une acquisition culturelle. Comme l'est l'évolution parallèle du port de l'enfant et de la conception de la symétrie que nous avons vu s'esquisser vers le milieu du XIVe siècle.

Aussi est-il permis de penser qu'il n'y a pas de rapport «nécessaire» entre le côté de la Vierge qui porte l'enfant et la prévalence manuelle du peintre. On comprendrait alors aisément qu'indépendamment de leur latéralisation manuelle, gauchers et droitiers puissent également placer l'Enfant Jésus sur le bras gauche de la Madone et que selon leurs habitudes culturelles ils soient aussi capables les uns et les autres de le placer sur le bras droit. Cela n'empêche pas que le côté gauche soit l'objet d'une surdétermination affective et spirituelle liée au culte du cœur, qui en Occident, sous des formes variables, n'a cessé d'agir dans les créations artistiques du XIIe siècle (au moins) à nos jours.

2. Le portrait de profil ou de trois quarts orienté vers la gauche de l'artiste[11]

Selon P. Francastel (1968), le portrait de profil semble être la «suite» de la médaille romaine qui implique un principe de symétrie (le profil gauche est supposé identique au droit)[12], tandis que le portrait de trois quarts exprime un refus de la symétrie. P. Francastel (1968) indique aussi que si le profil ne triomphe en Italie que vers 1440 avec Pisanello, le portrait de trois quarts triomphe bien avant dans les pays du Nord avec Jean Van Eyck (1390-1441).

---

[10] Les accouchées de Salk qui serreraient leur bébé sur le côté gauche lui disaient: «je suis droitière et quand je tiens mon enfant du côté gauche cela libère ma main droite pour faire autre chose» (comme le chevalier pouvait facilement dégainer avec sa main droite l'épée placée à sa gauche) ou bien: «je suis gauchère et je peux mieux porter mon enfant de cette manière».
[11] Il peut être banal de rappeler en commençant que la statue équestre de Louis XIV, située sur la façade des Invalides à Paris, offre ce contraste: le Roi regarde vers la gauche alors qu'il se dirige vers la droite.
[12] Précisons en effet que dans le monde gréco-romain une médaille célébrant un vainqueur le représentait généralement de profil droit, c'est-à-dire «tendant» la joue droite.

Quoi qu'il en soit, on ne commet pas de faute de méthodologie en rangeant sous le même chapitre : portraits de profil et portraits de trois quarts pour étudier leur orientation vis-à-vis de l'artiste.

De 1942 à 1950, R. Zazzo (1962) a donné d'emblée à l'étude de celle-ci une base statistique convaincante puisque sur 487 profils, il relève 78 à 85 % de profils tournés vers la gauche (PG) contre 15 à 21 % de profils tournés vers la droite (PD). Ces résultats qui complètent des enquêtes antérieures ont été amplement confirmés par d'autres recherches. Spécialement celles de Humphrey et Mac Manus de Cambridge (1973) dont le double intérêt est d'apporter : d'une part des données comparatives selon le texte et les parties visibles du corps (fig. 4), d'autre part, des données plus différenciées qui comparent chez Rembrandt (fig. 4 bis) les portraits de femmes qui lui sont ou non apparentées (où l'on trouve plus de PG[13] que de PD) aux portraits d'hommes qui lui sont ou non apparentés (où l'on trouve plus de PD que de PG). Il apparaît alors que le rapport des PG et des PD serait moins une donnée globale que le témoignage d'un rapport social du peintre avec son « sujet »[14]. La même recherche montre de plus que dans les autoportraits (fig. 4 bis) les profils droits sont plus fréquents que les profils gauches.

L'explication où l'on sent le poids des facteurs psychologiques, reste néanmoins complexe à élucider.

On peut difficilement invoquer le rôle de la latéralisation en notant d'abord avec Zazzo que si « les gauchers qui dessinent de la main gauche tournent en général des profils à droite... la gaucherie n'explique plus guère l'inversion du profil quand le gaucher dessine de la main droite. Et en effet dans ce cas le profil reprend en général son allure normale (vers la gauche) ». Pourtant la latéralité explique clairement qu'un peintre droitier qui tient sa palette dans la main gauche, le chevalet étant à sa droite, soit amené tout naturellement à présenter sa joue gauche (et donc de tourner sa tête vers la gauche) au sujet qui est tenté d'en faire autant par imitation. Pour une raison comparable d'orientation on comprend aussi qu'un droitier fasse son autoportrait plutôt tourné à droite. Cette éventualité étant mise à part, on

---

[13] PG et PD qui désignent ici profil gauche et profil droit sont désignés dans le travail de Humphrey et Manus par joue G et joue D apparaissant au spectateur.

[14] La figure 4 bis montre aussi que les portraits « non parents » de Rembrandt sont plus volontiers des PG que les portraits de ses « parents » (différence significative à 0,02). Autrement dit, en peignant ses « parents » Rembrandt en a surtout donné des PD. D'ailleurs n'est-il pas habituel que dans un baiser à un membre de leur famille, droitiers ou gauchers dirigent d'abord leurs lèvres sur sa joue droite ?

constate donc pour la direction à gauche des hétéro-portraits (comme au chapitre précédent) qu'une explication par la latéralisation convient aux droitiers, non aux gauchers. R. Zazzo n'en pense pas moins (relativement aux hétéro-portraits) que la main droite du gaucher est moins

I. DONNEES SELON LE SEXE				
	G	D	% à G	P
Hommes	524	408	56	< 0,001
Femmes	376	175	68	< 0,001

II. DONNEES SELON LES PARTIES VISIBLES DU CORPS								
	Hommes				Femmes			
	G	D	% à G	P	G	D	% à G	P
Tête seule	142	166	46	NS	101	66	60	< 0,01
Tête et corps	382	242	62	< 0,001	265	111	70	< 0,001

Fig. 4. - Etude du côté du visage tourné vers le spectateur dans 1.474 portraits (d'après C. Mc Manus et N. Humphrey, *Nature*, Vol. *243*, June 1973).

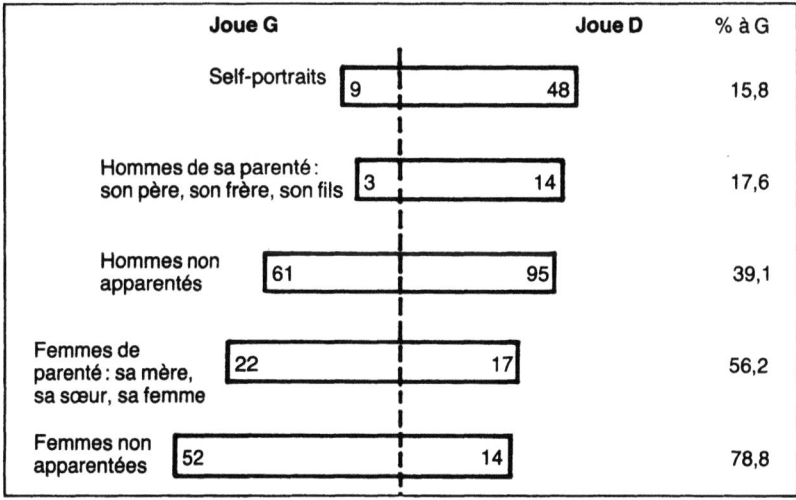

Fig. 4 bis - Analyse de 335 portraits de Rembrandt (d'après N. Humphrey et C. Mc Manus, *New Scientist*, August, 1973).

habile et moins souple et que par une sorte de transposition elle peut adopter le mouvement dextrogyre de la main gauche contrariée (qui trace un profil vers la droite), alors que le droitier a toute possibilité d'adopter de la main droite un mouvement senestrogyre (qui trace un profil vers la gauche) et les difficultés du gaucher à dessiner un profil à gauche comme il lui est difficile de reproduire l'orientation des l, b, e, de notre écriture normalement dirigée de gauche à droite. Mais R. Zazzo dit lui-même avoir constaté une tendance dextrogyre des lettres au cours de l'évolution génétique de l'enfant et une dextralité des profils dans certaines formes de désagrégation mentale et chez les sujets non conformistes.

Il conviendrait par conséquent, là encore, d'envisager une explication culturaliste à la façon de Cl. Simonnet (1975) qui postule que l'orientation majoritaire senestre de dessin de l'enfant et de l'adulte est une création culturelle occidentale indépendamment du sens de l'écriture et relativement indépendante de la prévalence manuelle du peintre ou de dessinateur. Et comme Cl. Simonet (1975) nous sommes tentés finalement d'asseoir notre conviction sur les découvertes préhistoriques de A. Leroi-Gourhan (cité par Simonnet) pour qui à l'origine — avant toute pression sociale — les orientations senestres et dextres du dessin ont sensiblement la même fréquence.

3. La lumière orientée

La lumière orientée qui est utilisée depuis le XVe siècle par la peinture occidentale est un procédé de latéralisation de l'espace pictural qui contribue à créer dans un tableau une asymétrie de la couleur. Quoique employé par presque tous les peintres des XVe et XVIe siècles, il a été peu étudié et les rapports de la latéralité qu'il crée avec la latéralisation du peintre qui l'institue n'ont à notre connaissance jamais été abordés.

Pourtant on ne saurait minimiser le rôle qu'il tient dans plusieurs œuvres célèbres[15], en particulier dans «Le rétable d'Isenhein», de Mathias Grünewald (1460-1528) du musée d'Unterlinden de Colmar, «Le banquier et sa femme» de Quentin Metsys (1466-1530) au musée du Louvre, «La nativité de Hans Bladung Grien» (1483-1545) de la Pinacothèque de Munich, «Le saint Florian prenant congé» d'Albert Altdorfer (1480-1538) du musée des Offices à Florence, «Le nouveau-né» de Georges de la Tour (1583-1632) du musée de Rennes, sans

---

[15] Qu'on trouvera remarquablement reproduits dans «Les Grands siècles de la peinture». Tomes du XVe au XVIe siècle, édités à Genève en 1955 et 1956 chez Albert Skira.

oublier ces deux admirables Vermeer (1632-1675) : « La femme à l'aiguière » du Metropolitan Museum of Art de New York et « La peseuse de perles » de la National Gallery of Art de Washington.

Cette lumière orientée, créative de contrastes émouvants, irradie souvent de la gauche de l'artiste (dans le retable d'Isenheim et dans presque tous les Vermeer), plus rarement de sa droite (dans le saint Florian prenant congé) et lorsqu'elle semble venir de sa gauche il arrive qu'elle n'éclaire que la partie du tableau qui est face à sa droite (dans la Nativité de Hans Baldung).

Les mêmes tentatives d'explication qu'à propos du « port sur le bras gauche » et du « profil orienté à gauche » lui sont applicables. Mais plus encore que dans ces deux types de représentation, on peut considérer qu'il s'agit d'une acquisition essentiellement culturelle indépendamment de la latéralisation manuelle de l'artiste.

Une preuve en est donnée par l'usage si répandu que fit le XVIIIe siècle du « physionotrace » (R. Huyghe, 1955) : une « mécanique » qui enregistrait l'ombre portée du visage humain par le soleil sur un mur ; détail curieux, on obtenait en règle un profil orienté vers la gauche (fig. 5).

Fig. 5. - Le « physionotrace ». Selon la légende, le contour serait né du dessin d'une ombre portée. Au XVIIIe siècle, le physionotrace fixe encore mécaniquement de semblables profils (d'après R. Huyghe, 1955).

4. L'utilisation du miroir

Elle semble avoir été inaugurée par Van Eyck dans son merveilleux « Double portrait d'Arnoldfini et de son épouse » de la National Gallery de Londres (fig. 6).

Il est manifeste que Van Eyck y a utilisé un miroir pour représenter la partie d'une chambre dans laquelle s'avancent des visiteurs de prime abord invisibles. De plus il montre que grâce à ce miroir la distinction droite/gauche est relative et qu'entre nos deux mains existent des possibilités exemplaires de complémentarité et de substitution; car si de face Arnoldfini donne à sa femme la main gauche, vu de dos dans le miroir, il paraît lui donner la main droite! (fig. 6, 6 bis et 6 ter).

L'utilisation du miroir a été également faite par un contemporain de Van Eyck: le Maître de Flémalle (qu'on identifie à Robert Campin, 1378-1444) dans son dyptique du chanoine Werl pour représenter la partie d'une chambre à laquelle s'adosse un spectateur (P. Francastel, 1968).

Cet effet « magique » du miroir a tenté depuis le XVe siècle de nombreux artistes et écrivains : parmi eux on doit citer spécialement Rubens, Degas et Lewis Caroll :

- Rubens, un droitier, qui a utilisé le miroir dans « Toilette de Vénus » (in Huyghe, 1955, p. 71) pour mettre en valeur sa ravissante Vénus;

- Degas, un autre droitier, qui a utilisé le miroir pour agrandir et dynamiser son « Foyer de la Danse » (in Huyghe, 1955, p. 71);

- Lewis Caroll, ce célèbre gaucher, professeur de logique mathématique à Oxford, auteur de « Alice aux pays des merveilles », qui dans son livre « A travers le miroir » a montré sa fascination pour les fictions spectaculaires.

Lewis Caroll qui écrivait « en miroir » nous conduit naturellemnt à l'étude des rapports de l'écriture et de la latéralisation du scripteur que nous allons maintenant envisager.

B. Ecriture et latéralisation du scripteur

Il est effectivement classique d'attribuer à un trouble de la latéralisation l'écriture en miroir que l'on observe chez certains enfants, soit de façon durable, soit au cours de certaines périodes de leur vie.

Fig. 6, 6 bis et 6 ter. - «Double portrait d'Arnoldfini et de son épouse» de J. Van Eyck (exposé à la National Gallery de Londres).

Fig. 6 bis

Fig. 6 ter

C'est également à un trouble de la latéralisation que l'on attribue certaines dysgraphies[16] dues à un « mauvais choix de la main » dans l'apprentissage de l'écriture.

Aussi peut-il être intéressant et utile pour le clinicien de disposer d'informations sur ce qu'il a été possible d'observer jadis dans l'écriture de sujets réputés « normaux ».

Nous porterons notre investigation à la fois sur la direction de l'écriture et sur sa morphologie telles qu'elles ont été adoptées par le tout venant d'individus — soit par un maximum de droitiers puisque de tous temps ceux-ci ont été plus nombreux que les gauchers — de différentes populations appartenant aux cultures les plus influentes dans l'histoire du monde.

A ne considérer les écritures que selon leur direction[17], on peut schématiquement en distinguer trois types :

- les écritures verticales qui se lisent de haut en bas ou de bas en haut;
- les écritures dextroverses qui se lisent de gauche à droite;
- les écritures sénestroverses qui se lisent de droite à gauche.

Mais peut-on étudier la direction d'une écriture indépendamment de sa morphologie ? Et peut-on davantage étudier la direction et la morphologie d'une écriture indépendamment de la langue qu'elle véhicule[18] ?

Certes, nous ne sommes plus au temps où l'on pensait avec Rousseau que l'écriture a été conçue pour noter une langue et n'est qu'une représentation de la parole. J. Derrida (1967) a consacré à ce problème passionnant — qui alimente l'un des discours du Phèdre de Platon (1950d) — un livre aussi essentiel que difficile qui appelle la suspicion sur un débat suggérant que l'écriture a pu même précéder le langage

---

[16] Consistant pour Ajuriaguerra et coll. (1964) soit en un simple retard dans le développement de l'écriture, soit en des anomalies « qu'on ne rencontre jamais ou très rarement chez des enfants indépendamment de leur âge » : mauvaise organisation de la page, maladresse dans le tracé des lettres, erreurs de forme et de proportion des lettres.

[17] Par direction nous entendons le sens de la succession des signes et non de leur inclinaison; la notion d'inclinaison (vers la droite ou vers la gauche) que l'on utilise uniquement pour les lettres et dans une perspective graphologique est en effet différente.

[18] Il faut faire remarquer que l'écriture se définit d'abord par sa progression et non par sa lecture qui est secondaire, et cela d'autant plus qu'un lecteur est ignorant. C'est ainsi que le lecteur ignorant a tendance spontanément à lire les écritures hébraïque et arabe de gauche à droite.

oral. Ce serait en effet aller vite en besogne! car il semble difficile d'aller à l'encontre des recherches préhistoriques de A. Leroi-Gourhan (1965) qui montrent que, dès la source, phonation et graphisme répondaient au même but, exprimer une pensée symbolisante et qu'entre eux il y avait coordination et non subordination. Autrement dit, l'écriture servirait autant à la représentation de la pensée qu'à la communication bien qu'une certaine indépendance existe entre langage écrit et langage oral. Léon Vandermeersch (1983) a pu le montrer entre l'écriture chinoise et la langue chinoise; indépendance qui explique que l'écriture chinoise ait pu servir non seulement à la langue chinoise, mais à la japonaise et à l'annamite (J. Février, 1959).

Si une écriture est «dès la source» au service d'une pensée symbolisante, on comprend ses rapports avec le dessin. A cet égard l'apport de A. Leroi-Gourhan (1965) doit être remarqué lorsqu'il indique que «l'art figuratif est à son origine directement lié au langage et beaucoup plus près de l'écriture au sens le plus large que de l'œuvre d'art» (1965, 1re partie, p. 266) et lorsqu'il ajoute pour expliciter plus complètement sa pensée que «le comportement figuratif est indissociable du langage, il relève de la même aptitude de l'homme à réfléchir la réalité dans des symboles verbaux gestuels ou matérialisés par des figures» (1965, 2e partie, p. 206). D'où la propension de nombreux auteurs à montrer les liens de parenté qui unissent les dessins figuratifs et l'écriture (fig. 7 et 8 extraites de R. Huyghe, 1955).

Fig. 7. - Les dessins préhistoriques du Levant Ibérique dégénéraient déjà à la longue en signes semblables à des lettres, tels ceux des galets aziliens, comme l'ont montré l'abbé Breuil et Obermaier. De gauche à droite: Dessins rupestres préhistoriques et galet du mas d'Azil (d'après R. Huyghe, 1955).

Semblable filiation permet de comprendre la continuité qu'on peut établir entre ces différentes variétés d'écriture que sont: les *pictogrammes* (image d'un objet ou d'un être concret immédiatement identifiable), les *idéogrammes* (image exprimant une idée à partir du dessin plus ou moins stylisé d'un objet ou d'un être concret), les *phonogrammes* (image exprimant un son à partir d'un objet ou d'un être stylisé ou d'une convention) et les *écritures alphabétiques* (faites de lettres conventionnelles). A condition, dit encore Leroi-Gourhan, de ne pas donner aux pictogrammes et aux picto-idéogrammes la signification d'une forme infantile de l'écriture (1965, 1ʳᵉ partie, p. 270). Ce sont seulement des formes antérieures à la découverte de l'écriture linéaire, qui ne peuvent sans plus être comparées aux pictographies récentes des Esquimaux « nées dans des groupes sans écriture postérieurement à leurs contact avec des voyageurs ou de colons originaires de pays à écriture » (ibid., p. 269-270).

Quatre mille ans d'écriture linéaire nous ont fait séprarer l'art de l'écriture (ibid., p. 269). De sorte que l'art peut difficilement à son tour être dirigé par de simples habitudes d'écriture linéaire. C'est une raison de plus de douter du rôle de notre écriture de gauche à droite dans l'orientation des profils vers la gauche et dans le port de l'enfant sur le bras étudiés antérieurement.

En résumé, il apparaît avec Leroi-Gourhan, que l'écriture est essentiellement à sa source un mode d'expression de la vie symbolique de l'homme indépendante de sa latéralité. Et si l'on croit — avec le même auteur — que l'écriture fixe moins une langue qu'une mémoire, une civilisation, il devient que la direction et la morphologie d'une écriture sont à étudier avant tout en fonction de l'environnement culturel où elle est née.

1: *L'écriture chinoise*

Elle forme avec l'écriture mésopotamique et l'écriture égyptienne ancienne le grand groupe des « écritures idéographiques ».

Elle date seulement de la fin du 2ᵉ millénaire av. J.-C. Ses signes toujours disposés en lignes verticales se lisent de haut en bas, de droite à gauche. Ils consistent :

a) *en morphogrammes* : images pures et simples plus ou moins simplifiées mais évidentes ;

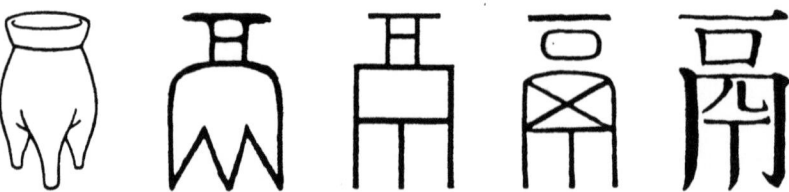

Fig. 8. - L'écriture, en Chine comme ailleurs, naît de la schématisation progressive de dessins d'abord figuratifs. La Marmite, extrait de *The introduction to chinese art*, par A. Silcock (d'après R. Huyghe, 1955).

b) *en dactylogrammes* : images symboliques empruntées au langage gestuel;

c) *en agrégats logiques* dans lesquels sont juxtaposées plusieurs images du même signe ou deux signes différents pour rendre une idée abstraite difficilement représentable directement et matériellement.

Le phonétisme — riche en homophones : mots qui se prononcent de la même manière mais ont des significations différentes — est indiqué par le moyen de rébus (J. Février, 1959). Nous ne nous y attarderons pas puisque, répétons-le, l'écriture chinoise est relativement indépendante de la langue orale qui l'utilise.

2. L'écriture mésopotamique ancienne

Elle a été successivement sumérienne puis suméro-akkadienne; son évolution comporte selon B. André-Leckman (1982) trois stades.

- Dans un premier stade pictographique (vers 3300 av. J.-C.) le graphisme est linéaire, formé de droites et de courbes selon les objets représentés, l'écriture est verticale et se lit de haut en bas à cause de la tablette d'argile qui lui sert de support et que le scribe tient dans la paume de sa main[19]. Lorsqu'une tablette présentait plusieurs colonnes — ce qui était fréquent — sa lecture de haut en bas se complétait d'une lecture de droite à gauche.

- Dans un deuxième stade (vers 2800 av. J.-C.) le sens de la lecture se modifie : les signes effectuent 1/4 de tour vers la gauche (fig. 9) du fait d'une rotation de la paume de la main qui tient la tablette d'argile pour en rendre la lecture plus cursive. Cette graphie devenue horizontale (fig. 9) se lit alors de gauche à droite[20], sauf dans les inscriptions sur pierre où la graphie verticale de haut en bas et de droite à gauche subsista au moins jusqu'à 1760 av. J.-C. (date du code d'Hammourabi, conservé au Louvre et qui en est un exemple).

Au cours de ce deuxième stade, une deuxième transformation voit le jour (vers 2400 av. J.-C.) : les signes se stylisent et perdent toute ressemblance avec l'objet dessiné primitivement. L'élément de base devient le coin (cuneus) qui a donné à cette écriture nouvelle le nom de cunéiforme; ce cuneus figure un clou soit horizontal, soit vertical, soit oblique dont les différents agencements forment un signe.

---

[19] A la façon dont les épiciers tiennent de nos jours dans la paume de leur main un petit bloc-note au cours de nos achats.
[20] Notons que cette rotation n'est valable que pour un droitier, car il ne semble pas que cette rotation ait été étudiée chez les gauchers.

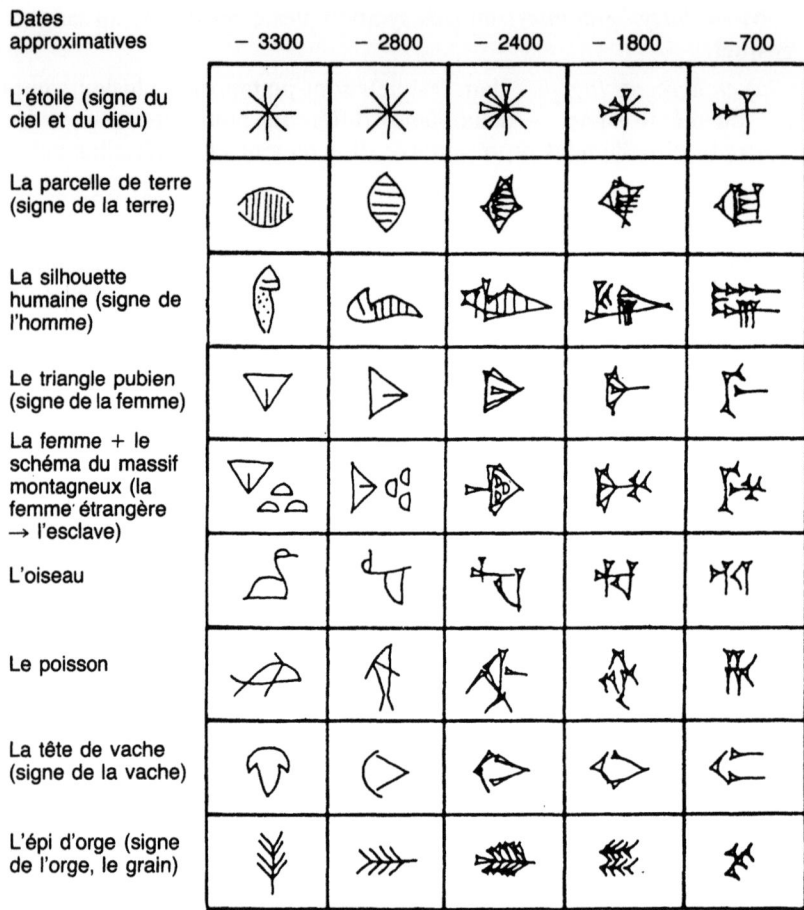

Fig. 9. - Schéma de l'évolution de l'écriture cunéiforme (d'après S.N. Kramer, *The Sumerians*, 1963, extrait de corps écrit n° 1, p. 15, P.U.F. 1982).

Des « signes-choses » (pictogrammes) on passe ainsi aux « signes-mots » (idéogrammes) et aux « signes-sons » (phonogrammes).

- Dans un troisième stade (vers 2200 av. J.-C.), l'écriture cunéiforme se simplifie et est adoptée par les Akkadiens (des Sémites). Elle va dès lors transcrire deux langues différentes, le sumérien et l'akkadien avant de se diffuser largement pour transcrire beaucoup d'autres langues, jusqu'à son déclin. Avant de disparaître (vers 75 après J.-C.) l'écriture cunéiforme a servi à noter l'un des premiers alphabets sémitiques consonantiques connus: l'alphabet ougaritique de Ras-Shamra[21] découvert dans des textes cananéens dont l'écriture dépourvue de voyelles — comme toutes les écritures sémitiques consonantiques — se lit de gauche à droite comme toute écriture cunéiforme (Février, 1959, p. 157 et 179). Soulignons que dans ces transformations successives de l'écriture suméro-akkadienne, la latéralisation ne joue qu'un rôle mineur; 1) la nature du support (la tablette d'argile fraîche ou cuite) en est indépendante; 2) l'outil scripteur (le poinçon, puis le calame) peut être manié aussi bien par la main droite que par la main gauche entraînée; 3) les modifications d'orientation de la tablette d'argile pourraient se faire aussi «adroitement» avec la paume droite qu'avec la paume gauche? (mais cf. la note 19).

3. L'écriture égyptienne ancienne

Elle est de trois types: l'écriture hiéroglyphique, l'écriture hiératique et l'écriture démotique.

a) *L'écriture hiéroglyphique* réservée aux monuments pharaoniques, est composée, selon P. Vernus (1977), de signes qui consistent en idéogrammes, en phonogrammes ou en déterminatifs (signes dont le rôle est de préciser à la fin d'un mot dans quelle catégorie se range la notion exprimée par ce mot).

Les hiéroglyphes sont groupés (C. Ziegler, 1982):
- soit en bandes horizontales se lisant de droite à gauche ou de gauche à droite;
- soit en bandes descendant en colonnes orientées dans les deux sens;
- soit en colonnes verticales se lisant de haut en bas et de droite à gauche.

Quand les textes hiéroglyphiques accompagnent une représentation figurée, il suffit au lecteur pour repérer le sens de la lecture d'aller à la rencontre de ces représentations (humaines ou animales).

Quand la surface à remplir ne comporte pas de scènes figurées ou que le scribe ne joue pas sur les effets de symétrie, l'écriture hiéroglyphique s'écrit de droite à gauche.

---

[21] Qui n'est pas à confondre avec l'alphabet phénicien de Byblos que nous verrons plus loin.

La stèle de Dedia[22] (fig. 10 et 10 bis) illustre très clairement toutes ces possibilités d'orientation grâce auxquelles l'espace graphique disponible est occupé sans se soucier de la latéralisation du scribe.

b) *L'écriture hiératique* ou «écriture sacerdotale» est une cursive rapide et simplifiée mais soignée, réservée aux textes religieux. Elle est faite (B. Letellier, 1982) d'hiéroglyphes concis et déformés tracés par un roseau souple à l'extrémité écrasée bien différent du ciseau utilisé pour sculpter sur la pierre. Les caractères qui sans exception se succèdent de droite à gauche sont un mélange de signes idéographiques, syllabiques et alphabétiques. Les textes peuvent être composés en lignes ou en colonnes.

c) *L'écriture démotique* ou «écriture populaire» est une cursive de plus en plus simplifiée, plus ou moins soignée, utilisée pour les documents administratifs; elle s'écrit et se lit de droite à gauche (J.L. de Cenival, 1982). Il faut noter que la Pierre de Rosette qui a servi à Champollion à déchiffrer les hiéroglyphes a été écrite à la fois en hiéroglyphes, en démotique et en grec (M.H. Rutchowskaya, 1982).

4. Les écritures consonantiques sémitiques

Nous ne les retiendrons que pour situer l'alphabet ouest-sémitique et en particulier l'alphabet phénicien qui a servi de matrice à notre alphabet européen.

L'origine de l'alphabet ouest-sémitique est, selon M. Sznycer (1979), attribuée de plus en plus aux Egyptiens qui, bien avant les Sémites, avaient inventé les lettres et découvert le principe de l'écriture alphabétique. Autour du XIVe siècle av. J.-C., sous la 18e dynastie, Israël et les Sémites de l'ouest ont reçu de l'Egypte une empreinte profonde; aussi n'est-il pas étonnant que les textes ouest-sémitiques commencent à cette époque à s'écrire et à se lire de droite à gauche comme les textes égyptiens démotiques avec lesquels on les trouve associés dans les documents qui ont été découverts au milieu des mines du Sinaï où travaillaient conjointement Egyptiens et Sémites (Février, 1959, p. 179 à 184).

Au XIe siècle av. J.-C., peut-être déjà au XIIe siècle av. J.-C., l'influence de l'Egypte est si grande dans les pays ouest-sémitiques que se constitue à Byblos l'alphabet phénicien. Celui-ci est un alphabet lacunaire de 22 lettres qui ne comporte que des consonnes. Et il faut

---

[22] Dedia était le chef des dessinateurs d'Amon, dieu égyptien dont le culte fut si important au temps de Karnak.

Fig. 10 et 10 bis. - La stèle de Dedia (d'après C. Ziegler, 1982, p. 120).

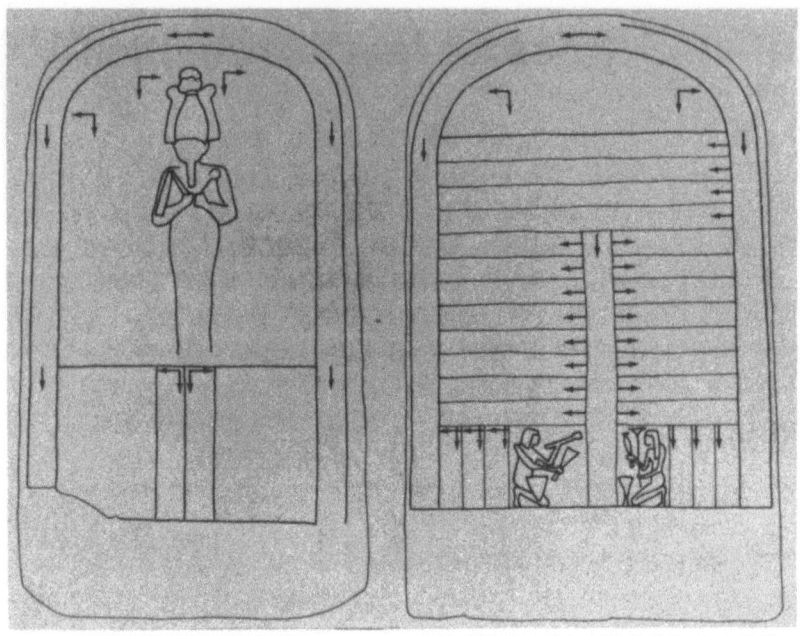

Fig. 10 bis.

reconnaître avec Février (1959) qu'il n'est pas encore ce que nous avons coutume d'appeler un véritable alphabet, vu qu'il ne donne pas lieu à «une écriture analysant chaque mot en ses éléments phonétiques constitutifs». Mais il a eu le mérite de bannir les idéogrammes et d'ouvrir aux Grecs la voie qui nous a laissé un alphabet[23] véritable.

5. L'alphabet grec

C'est en effet un véritable alphabet par la possibilité qu'il donne de décomposer tout mot et toute syllabe en consonnes et en voyelles.

Cette possibilité n'a pas été offerte d'emblée aux Hellènes. Avant l'alphabétisme, ils ont utilisé le syllabisme du linéaire B., déchiffré par Michel Ventris et John Chadwick (J. Chadwick, 1972); il semble être une adaptation en Crète (à Cnossos) du linéaire A à la langue grecque

---

[23] L'appellation d'alphabet vient de 2 mots sémites «alf» (qui signifie bœuf) et «bet» (qui signifie maison ou tente) représentant les deux premières lettres de l'alphabet hébreux.

mycénienne, mais la diffusion du linéaire B de Cnossos à Pylos et à Mycène n'a pas fait avancer la maturation de l'écriture grecque classique.

Finalement l'alphabétisme de celle-ci ne se manifestera que par l'unification d'alphabets locaux (J. Février, 1959) dérivés de l'alphabet phécicien. Pourtant que de différences existent entre ces «alphabets locaux» et l'alphabet phénicien (fig. 11)! On ne peut — entre autres différences — minises l'écart qui sépare l'écriture phénicienne tracée de droite à gauche et les écritures grecques qui comme le linéaire A et le linéaire B sont tracées de gauche à droite. De cette transformation, nous n'avons pas encore d'explication satisfaisante! D'autant que les Grecs ne nous ont pas laissé de témoignages sur la question.

6. L'écriture latine

L'écriture latine dont procèdent les écritures européennes occidentales, dérive de l'écriture grecque. La mutation de l'une à l'autre ne fut simple que dans le Sud de l'Italie où des colonies grecques s'étaient installées très tôt, certaines avant la fondation de Rome. Par contre dans le Nord, habité par des peuples étrusques et italiques dont les écritures suivaient des directions variables (fig. 12 et 12 bis) et n'étaient pas identiques à l'alphabet grec, il a fallu pour imposer le modèle de celle-ci, l'éclat de la «conquête romaine» sur l'ensemble de la péninsule.

7. Les jeux d'écriture

Notre enquête ne peut s'achever sans évoquer ces curiosités «spatiales» observées principalement en Grèce archaïque — que sont: le graphisme boustrophédon[24], les écritures en miroir, rétrograde, serpentine, renversée ou en spirale.

a) *Le graphisme boustrophédon* a été assez répandu en Grèce du VIIe au Ve siècle av. J.-C. Il a pu être noté également dans d'autres écritures: proto-indienne, hittite, étrusque, sicule (fig. 13), etc... sans oublier l'écriture non encore déchiffrée de l'Ile de Pâques. Le graphisme boustrophédon, le plus facilement observable de nos jours se trouve en Crète dans la célèbre inscription de Gortyne (fig. 13 bis).

---

[24] Le boustrophédon ou «écriture à retour de bœuf» a intrigué de nombreux auteurs parmi lesquels J. Février (1959), M. Cohen: *La grande invention de l'écriture et de son évolution*. Paris 1958, J. Derrida: *De la grammatologie*. Ed. de Minuit, 1967.

Alphabet phénicien archaïque (1)	Abécédaire étrusque de Marsiliana (2)	Alphabets archaïques (Théra)	Alphabets orientaux Milet	Alphabets orientaux Corinthe	Alphabets occidentaux (Béotie)	Alphabet classique		Noms des lettres
K K (Y)	’ A a	A A	A	A A	A A A	A	a	alpha
9	b	8 b	R	B	ℒ ⊔	B	B b	bêta
1 ∧ (Y)	g	ᒣ g	Γ	Γ	< C I	⋀	Γ g	gamma
Δ	d	ᗡ d	Δ	Δ	Δ	D D	Δ d	delta
∃	h	ᗄ e	F	E	B B	F E	E e	épsilon
Y Y	w	ᗄ v	ꟻ ?		F	F ⊏		digamma
I	z	I z		I		Z	z	dzêta
☱	ḥ	⊟ h	⊟	⊟ H ē	⊟ h	⊟ H h	H ē	êta
⊕	ṭ	⊗ th	⊕	⊗	⊗	⊕ ⊞ ⊖	⊙ th	thêta
⌇ ⌇ (Y)	y	l i	⌇	I	⟨ ⌇	I	I i	iota
⩔	k	⟓ k	K	K	k	k	K k	kappa
⌐	l	⌐ l	Γ	⋀⋀	⌐ ⋀	L	⋀ l	lambda
⧧	m	⋁⋁m	⋁⋁ m	M m	⋀⋀ m	M M m	M m	mu
⌇	n	⋁ n	⋁	⋁ N	N	⋁ N	N n	nu
⊤	s	⊞ s?	⊤ z	⊥ x	⊥		Ξ x	xi
O	c	O o	O O	O	O	O ◊	O o	omikron
))	p	⊓ p	Γ	Γ	Γ	Γ Γ ⊓	Π p	pi
⧞(Y)⧞(R)	ṣ	M s	M s		M s			san
φ (Y)	q	φ q	φ φ		ϙ	ϙ φ		koppa
9	r	9 r	ꟼ	P	P	R ꟼ	P r	rô
W	š	⋗ s	⌇	⌇ Σ		⌇ ⌇	Σ s	sigma
+ X X	t	T t	T	T	T	T	T t	tau
		Y u	Y	Y u	V	Y V	Υ u	upsilon
		X x		⊙ ph	Φ ph	+ x	Φ ph	phi
		Φ ph		X kh	X+kh	⊙ ph	X kh	khi
		Y kh		⋁Y ps	Y ps	Y⋁ kh	Ψ ps	psi
				Ω ō			Ω ō	oméga

Fig. 11. - L'alphabet grec (d'après J. Février, 1959, p. 396-397).

Valeur des lettres	Marsiliana (1) →	Viterbo →	Caere →	Formello (a) →	Ruselle ←	Chiusi (b) →	Chiusi (c) →	Bomarzo ←	Nola (a) ←	Nola (b) ←
a	A	A	A	A	A	A	A	A	A	A
b	8	B	8	B						
g = c	ꓶ	C	C	<	>			ꓛ	ꓛ	>
d	D	D	D	D						
e	ꓱ	E	E	F	ꓱ	E	E	Ǝ	Ǝ	Ǝ
F (digamma)	ꓶ	C	F	F	ꓶ	C	C	ꓶ	ꓶ	ꓶ
z	I	I	T	ⳁ	F	ⳁ	ⳁ	ⳁ	ⳁ	I
h	ᗞ	ᗞ	ᗞ	ᗞ	ᗞ	ᗞ	ᗞ	ᗞ	ᗞ	
θ	⊗	⊕	⊕	ø	◇	◆	◆	○	⊗	O
i	I	I	I	I	I	I	)	I	I	ſ
k	X	K	K	X	X	K	K		X	
l	J	L	L	L	J	L	J	✓	J	✓
m	᙭	᙭	᙭	᙭	᙭	᙭	᙭	M	M	H
n	Y	N	M	N	Y	I	N	H	N	H
S (samek)	⊞	⊞	⊞	⊞						
o	O	O	O	O						
p	Π	Π	Π	Π	Π	I	Π	Π	Λ	Λ
S (tsade-san)	M	M	M	Π	M			M	⋈	
q	φ	Q		Q	P	Φ			O	
r	q	P	P	P	d	v	D	D	d	I
s	ϟ	ϟ	⟨	⟨	⟨		?	⟩	⟩	⟨
t	T	T	T	T	r		r	r	T	
u	Y	V	V	V	V		?	V	V	✓
x (ks)	X	X	X	X						
φ	Φ	Φ	⟠	Φ	Φ			⟠	σ	ꓶ (2)
χ (kh)	Y	V	Ψ	Y	Ψ		?	↓	↓	↓
f					8			8	8	8

Fig. 12. - Alphabets-modèles étrusques (d'après J. Février, 1959, p. 447). (1) La flèche située au-dessous de chaque nom indique la direction de l'écriture dans l'alphabet correspondant. (2) Serait-ce le *k*?

	Picénien →	Novilara ←	Messapien →	Sicule →	Ombrien ←	Osque ←
a	A A A	A	A A	A A	A A	A
b	B ?	8	B	B	8	8
g = c	<	>)	Γ			>
d	R	Я ?	D D Δ	D D Δ	9 4 (Ř)	Я Я
e	E E E	Ǝ	E E E	E E E E	Ǝ Ǝ	Ǝ
v (digamma)	C	Ꮇ	F F C	C C	Ɔ	Ɔ
z	I ?		I	I	⊥ +	I
h	B O A S		H ⋈	B	⊖	B
θ	⊠ ◇	⊗	O		⊙	
i (ı)	I ⊦ F	I	I	I	I	I (ɟɸí)
k	K K C	⊁	k K	k	⊁	⊁
l	L L 1	⌐	Λ	Γ	⌐	⌐
m	W	ɯ	M M	M	ɯ ∧ ɯ	ɯ
n	N ∼	Ч	N ∼	ᴎ	и ч	H
s (samēk)	⊞ ?		+ ×			
o	◇ ?	O	O	O		
p	Γ Π Γ L	1	Γ Γ	Γ	1.	Π
s (sonujodi)	M ⋈	M ?	Ч ?		M	
q		9 (~ r)	9 φ			
r	P b ⋟	◁ ◁	P P R R	P P	◁	◁
s	⊰ ⟩	M ?	⟩ ⟨ ⟩	⟨ ⟩ ⟨ S	⟨ 2	⟨
t	T ?	⊁ ↑ T ↑	↑ T	T ↑ ↑	⊁ Y	T
u	∧ ∧ ∧	Ψ (?)		∧	V	V
χ			X (:k?)			
f	⋖? & ?				8	8 8
h ?			Y Y ⊥			
ú				.		Ѷ (ú)
t ?			Ψ		d (·•)	

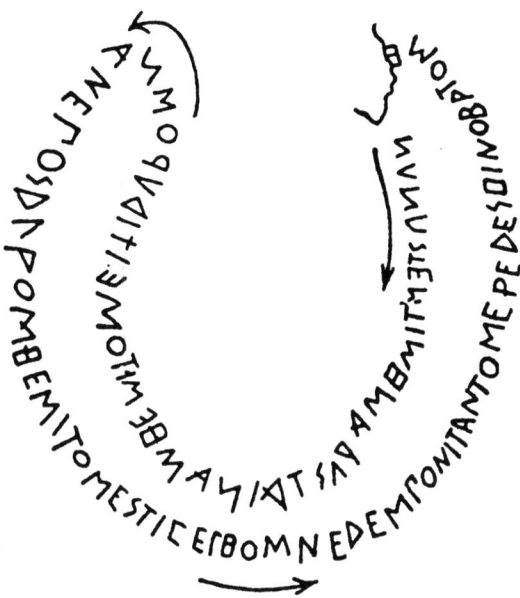

Fig. 13. - Inscription du Vase de Centuripe. Texte sicule du Ve siècle. Les flèches que nous avons ajoutées indiquent le sens de l'écriture. En dépit des apparences, il s'agit là d'une écriture *boustrophédon* plutôt que d'une écriture *serpentine*, car dans la seconde ligne, les lettres sont retournées mais non inversées (d'après J. Février, 1959, p. 464).

Il consiste à écrire chaque ligne en sens inverse de la précédente, c'est-à-dire de G → D, puis de D → G et de nouveau de G →D, etc... Lorsque l'orientation des lettres change en même temps que la direction de la ligne on a une écriture inversée ou rétrograde (fig. 14).

b) Indépendamment de la graphie boustrophédon on peut voir isolément une écriture en *miroir* (fig. 14) ou une écriture *rétrograde* (fig. 15).

c) L'écriture *serpentine* a comme exemple de choix l'inscription qui à Tyrinthe court sur des blocs au pied des murailles, sur une longeur de plus de 50 mètres. Elle consiste en un tracé ondulant (fig. 14) qui peut ressembler à du boustrophédon, surtout dans la figure 5; mais

◀ Fig. 12 bis. - Alphabets italiques. N.B.: Les flèches indiquent le sens de l'écriture correspondant à la position des lettres. (1) Nous groupons en regard de *i* les signes l et t; en réalité ces deux caractères paraissent correspondre, au moins en osque, à des voyelles différentes.

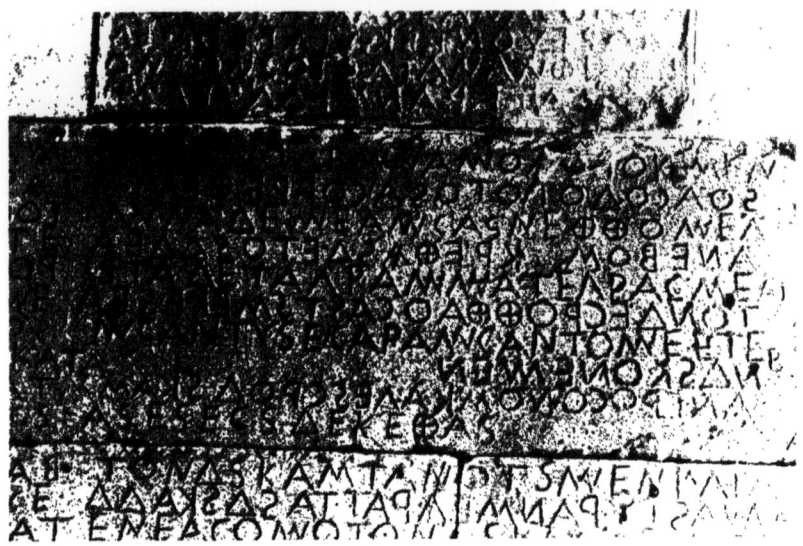

Fig. 13 bis - Inscription des lois de Gortyne, Crète.

on note que les lettres de la deuxième ligne sont non seulement rétrogrades mais inversées «tête en bas».

d) L'écriture *en spirale* se rencontre dans le célèbre disque de Phaistos (Crète)[25] qui est couvert sur ses deux faces d'une écriture pictographique exprimant une langue inconnue. Plus caractéristique est l'écriture en spirale mandéenne qui orne la coupe magique de la figure 16.

e) Enfin, comme curiosité spatiale d'écriture on peut encore évoquer le *palindrome,* un procédé d'inversion symétrique des unités constitutives d'un message écrit permettant à celui-ci, tout en conservant le même sens, d'être lu indifféremment de gauche à droite et/ou de droite à gauche (Ph. Dubois, 1982). La figure 17 en reproduit quelques exemples appartenant à plusieurs langues.

---

[25] Consulter *Connaissance Hellénique* (O. ΧЍΟΣ), 1979, 9, 14-17, où sont évoqués les arguments en faveur d'une lecture qui devrait se faire de la périphérie vers le centre et de la droite vers la gauche (H. Macé, 1979).

Le mot POINIKASTAS (qui veut dire : scribe) a été écrit de la façon suivante (à l'accusatif)

1/ En «rétrograde» (= miroir linéaire) :

$$\mathsf{ᴎATM\,A\,ꓘꙄᴎƆO)}$$
$$\downarrow\ \downarrow\qquad\quad\downarrow\ \downarrow\ \ \downarrow$$
$$(= s)\ (= a)\qquad(= n)\ (= i)\ (= p)$$

2/ En «rétrograde», avec une lettre directe :

$$\mathsf{ᴎATM\,A\,ꓘꙄuSO)}$$

3/ En «boustrophédon» (avec lettres rétrogrades en miroir) :

$$\mathsf{ꙄuƆO)}$$
$$\mathsf{KAMTAᴎ}$$

On aurait pu aussi rencontrer le mot POINIKASTAS (types d'écritures attestés pour d'autres mots) sous la forme :

4/ Directe :

$$\mathsf{COSMSKAMTAᴎ}$$

5/ Serpentine :

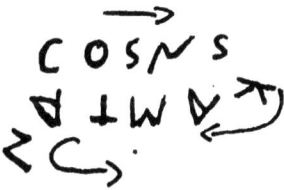

Fig. 14. - Exemple de «jeux» d'écriture en grec archaïque : figure composée par H. Van Effanterre, Professeur Emérite d'Histoire Ancienne à l'Université de Paris I - Panthéon-Sorbonne, d'après Kadmos 9, 1970, Planche 2. Nous remercions vivement le Professeur Van Effanterre de sa précieuse collaboration.

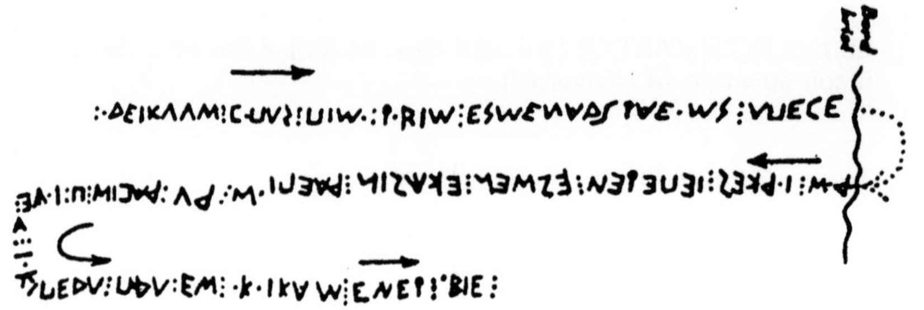

Fig. 15. - Texte de sud-phénien. Les flèches que nous avons ajoutées indiquent le sens de l'écriture. Originalement la ligne 1 tournait à droite et se continuait par la ligne 2, de la même façon que la ligne 2 se continue par la ligne 3. On notera que la ligne 2 constitue un exemple d'écriture serpentine, puisque les lettres non seulement regardent vers la gauche (et non plus vers la droite, comme aux lignes 1 et 3 :   au lieu de E), mais sont retournées, c'est-à-dire placées la tête en bas : *d* au lieu de *p*, *m* au lieu de *w*, etc. On remarquera la variété des signes de ponctuation (d'après J. Février, 1959, p. 466).

Fig. 16. - Coupe magique mandéenne (VIIIe siècle). D'après J. Février, 1959, p. 260.

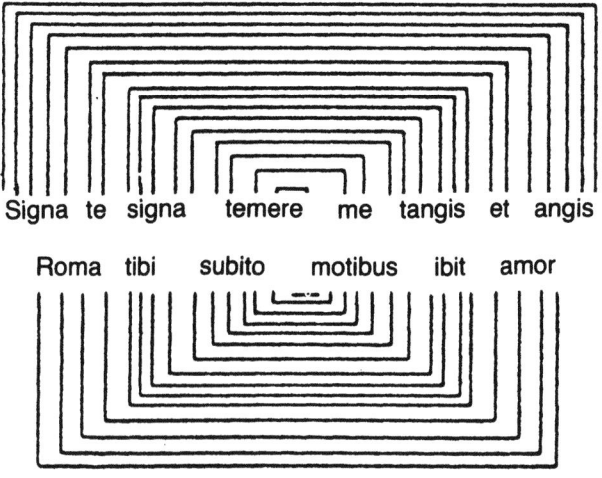

Esope reste ici et se repose

Léon, émir cornu d'un roc, rime Noël

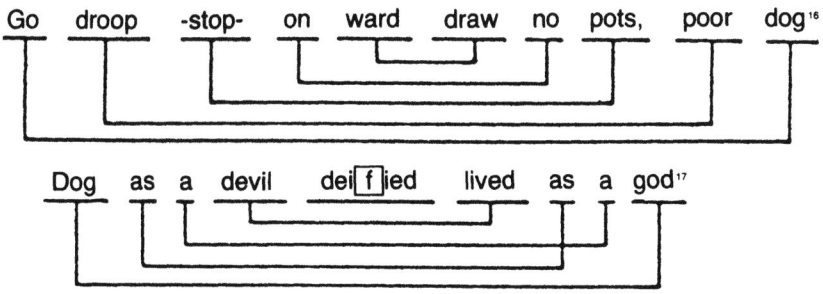

Ici, Ève, ara, été, oro, oxo, Ubu, Omo, odo, asa...

non, tôt, gag, ses, sus, sas, bob, did... (il en est même de trois voyelles : eye).

Fig. 17. - Le Palindrome. D'après P. Dubois, 1982.

III. EN MANIERE DE CONCLUSION

Sans prétendre formuler des conclusions, nous pouvons espérer au terme de ce long exposé — trop long sans doute — avoir éclairé certaines remises en question nécessaires.

Il est imprudent de donner à différentes erreurs de mise en page d'un texte écrit, à l'écriture en miroir et même à l'inversion de lettres et de mots l'étiquette de «pathologique» qu'on leur donne souvent. «Anormales» ces anomalies certes le sont du point de vue «normatif» (normalité idéale et normalité statistique) mais le sont-elles du point de vue de la normalité fonctionnelle? On peut en douter puisque l'histoire et la culture peuvent en rendre compte. Et comme, habituellement, on ne trouve dans leur contexte aucune lésion neurologique observable, ne vaudrait-il pas mieux — plutôt que de «pathologique» — parler ici de «déviance» terme qui mise davantage — comme il convient dans de tels cas — sur le rôle bénéfique du temps, de la patience et de l'éducation.

- La latéralisation manuelle (qu'il est préférable, nous y reviendrons, de dénommer prévalence manuelle) semblerait avoir peu d'impact sur les faits de culture (productions artistiques et écriture). Par contre, ce qui va suivre ne va pas manquer de montrer l'impact que ceux-ci ont sur celle-là.

- Il reste difficile de donner une explication aux directions opposées qu'offrent les écritures que nous avons passées en revue.

On connaît, depuis le travail de R. Zazzo (1962), les hypothèses classiques qui ont été retenues:

- L'écriture de droite à gauche (senestroverse) serait dirigée comme les invasions de l'homme sur la terre et comme le mouvement apparent du soleil autour de la terre, de l'Orient vers l'Occident. On a aussi avancé que la direction de la droite vers la gauche correspondrait à un mouvement d'adduction du membre supérieur qui est «naturel»; or, dans l'écriture de la droite vers la gauche il s'agit en fait d'une adduction forcée dépassant l'axe du corps qui n'est pas physiologiquement naturelle. Plus convaincante est l'explication «technique» qui indique que pour inscrire un texte sur la pierre (opération banale dans l'antiquité égyptienne) il était plus facile de progresser dans cette direction (D → G) quand le burin était tenu de la main gauche et le marteau de la main droite. Mais que faisaient alors les gauchers qui ont dû aussi écrire de droite à gauche en Egypte ou en pays sémitique?

- Pour l'écriture de gauche à droite (dextroverse) que nous pratiquons tous, vaut toujours l'argument bien connu quoique très discutable qui répète à satiété que cette direction « laisse en lumière les mots et les phrases au fur et à mesure de leur composition et qu'elle n'oblige pas la main à passer sur la lettre fraîche qu'elle vient de former » (R. Zazzo, 1962). Mais le gaucher qui écrit de gauche à droite en est-il gêné ? Quant à dire que la direction de gauche à droite est naturelle c'est abusivement penser qu'un mouvement d'abduction soit naturel[26]. Qu'est-ce en fait qu'un mouvement naturel ?

Mais finalement l'opposition entre la direction D → G et la direction G → D d'une écriture n'est-elle pas celle qui existe entre un geste de pirère (adduction) et un geste d'explication (abduction) ? On comprendrait mieux ainsi l'origine religieuse et mystique des écritures D → G et l'origine rationaliste et discursive des écritures G → D.

- Est-il d'ailleurs légitime d'opposer aussi formellement qu'on l'a fait jusqu'alors droitiers et gauchers ? Il sera dit plus loin que la prévalence manuelle n'est pas strictement assimilable à une dominance cérébrale, une dominance cérébrale attribuant à un seul hémisphère la commande de tout un hémi-corps. Mais dès maintenant retenons surtout que l'acte manuel n'est pas un simple mouvement : il s'exerce sur un objet en fonction d'un but ou d'une intention et est par conséquent une praxie. Or qui dit praxie dit mouvement qui s'inscrit non seulement dans une culture — un environnement — mais dans l'histoire personnelle d'une coordination de la main, de l'œil et de l'objet. Ce qui implique que la latéralisation manuelle ne coexiste pas nécessairement avec une latéralisation ipsilatérale de l'œil et du pied. Comme nous y avons déjà insisté, la notion — si répandue — de droitier ou de gaucher homogène ne serait donc pas d'une constatation aussi normale qu'on la cru.

- L'écriture de droite à gauche (senestroverse) serait dirigée comme les invasions de l'homme sur la terre et comme le mouvement apparent du soleil autour de la terre, de l'Orient vers l'Occident. On a aussi avancé que la direction de la droite vers la gauche correspondrait à un mouvement d'adduction du membre supérieur qui est « naturel » ; or, dans l'écriture de la droite vers la gauche il s'agit en fait d'une adduction forcée dépassant l'axe du corps qui n'est pas physiologiquement naturelle. Plus convaincante est l'explication « technique » qui indique que pour inscrire un texte sur la pierre (opération banale dans

---

[26] Un gaucher est si gêné qu'il doit disposer obligatoirement sa feuille dans un sens qui est inverse de celui du droitier.

l'antiquité égyptienne) il était plus facile de progresser dans cette direction (D → G) quand le burin était tenu de la main gauche et le marteau de la main droite. Mais que faisaient alors les gauchers qui ont dû aussi écrire de droite à gauche en Egypte ou en pays sémitique?

- Pour l'écriture de gauche à droite (dextroverse) que nous pratiquons tous, vaut toujours l'argument bien connu quoique très discutable qui répète à satiété que cette direction «laisse en lumière les mots et les phrases au fur et à mesure de leur composition et qu'elle n'oblige pas la main à passer sur la lettre fraîche qu'elle vient de former» (R. Zazzo, 1962). Mais le gaucher qui écrit de gauche à droite en est-il gêné? Quant à dire que la direction de gauche à droite est naturelle c'est abusivement penser qu'un mouvement d'abduction soit naturel[26]. Qu'est-ce en fait qu'un mouvement naturel?

Mais finalement l'opposition entre la direction D → G et la direction G → D d'une écriture n'est-elle pas celle qui existe entre un geste de pirère (adduction) et un geste d'explication (abduction)? On comprendrait mieux ainsi l'origine religieuse et mystique des écritures D → G et l'origine rationaliste et discursive des écritures G → D.

- Est-il d'ailleurs légitime d'opposer aussi formellement qu'on l'a fait jusqu'alors droitiers et gauchers? Il sera dit plus loin que la prévalence manuelle n'est pas strictement assimilable à une dominance cérébrale, une dominance cérébrale attribuant à un seul hémisphère la commande de tout un hémi-corps. Mais dès maintenant retenons surtout que l'acte manuel n'est pas un simple mouvement: il s'exerce sur un objet en fonction d'un but ou d'une intention et est par conséquent une praxie. Or qui dit praxie dit mouvement qui s'inscrit non seulement dans une culture — un environnement — mais dans l'histoire personnelle d'une coordination de la main, de l'œil et de l'objet. Ce qui implique que la latéralisation manuelle ne coexiste pas nécessairement avec une latéralisation ipsilatérale de l'œil et du pied. Comme nous y avons déjà insisté, la notion — si répandue — de droitier ou de gaucher homogène ne serait donc pas d'une constatation aussi normale qu'on la cru.

Bibliographie

AJURIAGUERRA, J. de AUZIAS, M., COUMES F., LAVONDES-MONOD, V., STAMBAK, M., *Les Dysgraphies: une étude expérimentale des difficultés d'écriture chez l'enfant. 3ᵉ: partie de l'Ecriture de l'enfant.* Tome I. Neuchâtel, Delachaux et Niestlé, 1964.

ANDRE-LECHMAN, B., *L'écriture cunéiforme. Corps Ecrit I.* Paris, Presses Universitaires de France, 1982.

BARREAU A., Norme et Latéralité dans la civilisation indienne. In *Main droite et main gauche,* publiée par R. Kourilsky et P. Grapin. Paris, Presses Universitaires de France, 1968, 156-179.

BENVENISTE, E., *Noms d'agent et noms d'action en indo-européen.* Paris, A. Maisonneuve, 1948, p. 115-125.

La Bible. Ancien Testament, Paris, Ed. La Pléiade, 1956, sous la direction de E. Dhorme. Tome I. Génèse chap. I, verset 26, p. 5 et chapitre II, versets 7, 21 et 22, p. 7 et 8, cf. leurs notes en bas de page.

La Bible. Ancien Testament, Paris, Ed. de la Pléiade, 1956, sous la direction de E. Dhorme. Tome I. Les Juges, chap. XX, versets 15 et 16, p. 801 qu'on pourra comparer avec le verset 15 du chap. III, p. 725.

La Bible. Ancien Testament, Paris, Ed. de la Pléiade, 1956, sous la direction de E. Dhorme. Tome I. Exode II - 19, p. 180.

La Bible. Ancien Testament, Paris, Ed. de la Pléiade, 1959, sous la direction de E. Dhorme. Tome II, Jonas, chap. IV, verset 2, p. 772.

La Bible. Ancien Testament, Paris, Ed. de la Pléiade, 1959, sous la direction de E. Dhorme. Tome II. Les Psaumes, psaume 110, versets 1 et 5, p. 1148-1149.

La Bible. Nouveau Testament, Paris, Ed. de la Pléiade, 1971, présentée par J. Grosjean et M. Leturny: Marc, chap. XVI, verset 19, p. 163. Idem: Mathieu, chap. XXV, versets 31, 33, 34, 41, p. 86-87. Idem: Luc, chap. XXIII, versets 40, 41, 42, 43, p. 258-259. Idem: Apocalypse de Jean, chap. VII, versets 1, 2, 3, p. 876.

BREAL, M. et BAILLY A., *Dictionnaire étymologique du Latin.* Paris, Librairie Hachette, 1886.

CENIVAL, J.L. de, Hiératique anormal et démotique. In *Naissance de l'Ecriture,* Edité par le Ministère de la culture, 1982, p. 162.

CHADWICK,J., Le déchiffrement du linéaire B., Paris, NRF, Gallimard, 1972.

CHARPIN, D., Le Geste, la Parole et l'Ecriture. In *Ecritures,* p. 67. Colloque international de l'Université de Paris VII. Avril 1980, Ed. Le Sycomore, 1982.

Le Coran, Paris, Ed. de la Pléiade, 1967. Traduction et notes de D. Masson, note p. 823.

GUILLANDRE, J., *La Droite et la Gauche dans les Poèmes Homériques en concordance avec la doctrine pythagoricienne et avec la tradition celtique.* Thèse, Paris, 1943.

DERRIDA, J., *De la Grammatologie.* Paris, les Editions de Minuit, 1967.

DUBOIS, Ph., La lettre et ses miroirs. In *Ecritures,* Colloque international de l'Université de Paris VII. Avril 1980, p. 161, 168, 169, 170, 171. Ed. Le Sycomore, 1982.

Encyclopédia Universalis. Volume 8, p. 705-709, planches I et IV et p. 707.

FEVRIER, J., *Histoire et l'Ecriture,* Paris, Payot, 1959.

FRANCASTEL, P., Aspects sociaux de la symétrie artistique du XVᵉ au XIXᵉ siècle. In *Main droite et main gauche,* publié par R. Kourilsky et P. Grapin, Paris, Presses Universitaires de France, 1968, 113-143.

FREUD, S., *Moïse et le monothéisme,* Paris, Ed. Gallimard, 1948, p. 7-72.

FRITSCH, V., *La Gauche et la Droite,* Paris, Flammarion, 1967.

GOUGENHEIM, G., *Les mots français dans l'histoire et dans la vie.* Tome II. A. et J. Picard. Paris 1974.

GRANET, M., *La Pensée chinoise*. Coll. L'évolution de l'Humanité, Paris, Albin Michel, 1968, surtout le chap. II du Livre deuxième, p. 101-120, le chap. II du Livre troisième, p. 297-318.

GRECO, P., In *Approche psychopathologique de l'espace et de sa structuration*. Journée du groupe de recherche sur l'Approche Somatique de la Personnalité. Publication de l'Université de Rouen. Presses Universitaires de France, 1978, p. 157-170.

HUMPHREY, N.K. et MAC MANUS, C., Status and the left. *New scientifist*, 1973. August 23, 437-439.

HUYGHE, R., *Le dialogue avec le visible*. Paris, Flammarion, 1955, p. 71 et 128.

LE GOFF, J., *La civilisation de l'Occident Médiéval*. Illustration 149 avec sa légende p. 417, illustrations 219, 220, 221, avec leurs légendes p. 652, Paris, Arthaud, 1972.

Toute l'œuvre peinte de Léonard de Vinci, Paris, La galerie de la Pléiade, NRF, 1950.

LEROI-GOURHAN, A., *Le geste et la parole*. Paris, Albin Michel, 1965.

LETELLIER, B., L'Ecriture hiératique. In *Naissance de l'Ecriture*. Paris, édité par le Ministère de la Culture, 1982, p. 154.

LHERMITTE, J., Les Fondements anatomiques de la latéralité. In *Main droite et main gauche*, publié par R. Kouriltsky et P. Grapin, Paris, Presses Universitaires de France, 1968, 5-24

MACE, H., A propos du disque de Phaestos. *Connaissance Hellénique*, 1979, 9, 14-17.

MAC MANUS, C. et HUMPHREY, N.K., Turning the left cheek. *Nature*, 1973, vol. 243, June, 271-273.

MARTIN, F., *Les mots latins - Les mots grecs*, Paris, Classiques Hachette, 1978.

MARTINET, A., La Dextre et la hiérarchie des valeurs linguistiques. In *Main droite et main gauche*, publié par R. Kourilsky et P. Grapin, Paris, Presses Universitaires de France, 1968, 103-112.

Les Merveilles du Louvre, Tome I, Paris, Hachette, Coll. «Réalités», 1958.

METELLUS, I., Gauchers et contraintes sociales. *Sandorama*, 1974, n° 41 (août-septembre), p. 20.

Michel-Ange. Les Peintures. Paris, Ed. Phaidon, 1948.

PIAGET, J., *La Construction du Réel chez l'Enfant*. Neuchâtel, Delachaux et Niestlé, 1935 (1re édition), p. 97-218.

PIAGET, J. & INHELDER, B., *La Représentation de l'Espace chez l'Enfant*. Paris, Presses Universitaires de France, 1948.

PLATON, *Le Banquet*. Paris, Ed. de la Pléiade, 1950a. Traduction et notes de L. Robin et J. Moreau, Tome I, surtout p. 704, 716, 717, 718, 719, 721.

PLATON, *Le Banquet*. Paris, Ed. de la Pléiade, 1950b. Traduction et notes de L. Robin et J. Moreau, Tome I, p. 697, note 3.

PLATON, *Les Lois*. Paris, Ed. de la Pléiade, 1950c. Traduction et notes de L. Robin et J. Moreau, Tome II, livre VII, p. 871-872.

PLATON, *Phèdre*, Paris, Ed. de la Pléiade, 1950d. Traduction et notes de L. Robin et J. Moreau, Tome I, p. 74-78.

RUTCHOWSKAYA, M.H., Pierre de Rosette. Traduction d'après le texte démotique. In *Naissance de l'Ecriture*, Paris, Edité par le Ministère de la Culture, 1982, p. 372, 373, 374.

SALK, L., Role of the heartbeat. In The relation between mother and infant. *Scientific American*, 1973, 228, 24-30.

SIMONNET, Cl., La droite et la gauche dans le dessin de l'enfant et de l'adulte. *Enfance*, 1975, 1, 47-69.

SZNYCER, M., Origine de l'alphabet sémitique. In L'espace et la lettre. *Cahiers Jussieu 3*. Union Générale d'Edition, p. 79-119.

THIEFFRY, St., *La main de l'homme*. Paris, Hachette, Coll. Télos, 1973.

VANDERMEERSCH,L., Ecriture et langue écrite en Chine. In *«Ecritures»*, Le Sycomore, 1983, p. 255-267.

VERNUS, P., L'Ecriture de l'Egypte ancienne. In l'Espace et la lettre. *Cahiers Jussieu 3*. Union Générale d'Editions, 1977.

WALLON, H. et LURCAT, L., L'Espace graphique de l'Enfant. *Journal de Psychologie normale et pathologique*, 1959, 56, 427-453.

ZAZZO, R., *Conduites et conscience I*. Neuchâtel, Delachaux et Niestlé, 1962, chap. 66, 99-116.

ZIEGLER, C., Les Hiéroglyphes et leur disposition. In *Naissance de l'Ecriture*, Paris, édité par le Ministère de la Culture, 1982, p. 119, 120, 121, 122.

Chapitre II
La dominance hémisphérique : prévalence manuelle et langage

M. MOSCATO et D. PARAIN

Les rapports entre la latéralité et le langage sont abordés dans ce chapitre à travers diverses difficultés d'actualisation et de contextualisation de messages linguistiques rencontrés dans des troubles comme l'aphasie, le bégaiement, la dyslexie et certains troubles de l'écriture. Ces perturbations posent la question des prérequis neurobiologiques sur lesquels repose le fonctionnement psycholinguistique et la question de la dominance cérébrale dans ce fonctionnement. Les observations effectuées chez les sujets atteints de diverses lésions cérébrales, chez les sujets *split-brain* où lors de stimulations de certaines zones du cortex ont eu pour résultats, depuis environ une trentaine d'années, de mettre en évidence des symptomatologies permettant de préciser la notion d'asymétrie fonctionnelle hémisphérique[1].

Les études d'anatomie comparée et l'analyse de fossiles d'espèces *homo* précédant *Homo Sapiens* (Lieberman, 1975) font apparaître que la dominance cérébrale est un phénomène caractéristique de l'espèce humaine, sans doute lié, comme le pensaient Washburn et Howell (1960) à des changements écologiques ayant eu pour conséquences le bipédisme et plus tard l'utilisation d'objets et la fabrication d'outils, la technologie et la construction de systèmes conceptuels. Lenneberg (1975) fait remarquer que l'ontogenèse des opérations intellectuelles chez l'enfant est accompagnée d'un développement des structures et des fonctions neuroniques et que ce développement spécialise ces structures tout en organisant et en fixant les systèmes instrumentaux associés aux activités cognitives, dans l'hémisphère gauche pour le langage et dans l'hémisphère droit pour les activités non verbales.

De nombreuses observations ont été rapportées sur le rôle de l'hémisphère droit non dominant dans l'acquisition du langage. Bien que les débats sur cette question soient loin d'être tranchés, on accepte actuellement le fait que le langage, jusqu'à environ 4 ans, est dépendant de deux hémisphères et qu'il faut attendre l'âge de 8-9 ans pour que s'installe, en liaison avec le développement de la latéralisation générale, une dominance, chez les droitiers, de l'hémisphère gauche. C'est en effet entre 4 et 8-9 ans, chez le sujet normal, que l'hémisphère non dominant perd progressivement ses fonctions compensatrices et substitutrices bien que certains auteurs, comme Kinsbourne (1971, 1975) et Czopf (1972), rapportent des observations faisant apparaître des processus de désinhibition de l'hémisphère non dominant chez des sujets atteints de lésions cérébrales gauches dans la période de développement postérieure à 9 ans. Pour Kinsbourne (1975), la dissymétrie fonctionnelle hémisphérique serait le résultat d'une évolution compétitive des deux hémisphères, la dominance de l'hémisphère gauche étant génétiquement programmée pour assurer des fonctions de support au développement du langage.

I. ASPECTS ANATOMIQUES CHEZ L'ENFANT

A la naissance, le poids du cerveau humain est le quart de celui de l'adulte.

A 2 ans, ce cerveau a triplé sa masse alors que les capacités de l'enfant ont changé d'une manière impressionnante: il marche, commence à parler et est capable d'ébaucher une pensée abstraite.

L'étude antégénique du *planum temporale* est un des arguments très utilisés pour affirmer le début très précoce de la latéralisation fonctionnelle du cerveau. Le *planum temporale* correspond à la zone corticale postérieure du sillon de Heschl, zone primaire de réception auditive. Il est habituellement plus grand à gauche qu'à droite. Cette asymétrie anatomique apparaîtrait dès la 29e semaine. Dans une étude (Wada, 1975) portant sur 100 cerveaux, d'âge post-conceptionnel moyen de 48 semaines, le *planum temporale* était plus large à gauche 56 fois, plus petit 12 fois et égal au droit 32 fois. Quel est le lien entre cette asymétrie du planum et la dominance cérébrale pour le langage?

Existe-t-il une différence fonctionnelle entre les capacités hémisphériques dès que l'on observe une différence hémisphérique ? On ne peut d'aucune façon conclure à partir de ces éléments qu'une latéralisation des fonctions est prescrite à la naissance.

II. CARACTERISTIQUES DE L'APHASIE ACQUISE CHEZ L'ENFANT

Le terme aphasie sous-entend une perturbation du langage survenue après le développement des activités d'expression et de compréhension verbales. Nous n'envisagerons pas le problème des retards de langage ou des audi-mutités dont la physiopathologie est complexe et souvent inconnue. Par contre nous parlerons des lésions hémisphériques précocement acquises qui peuvent entraver la survenue d'un langage normal.

L'étude la plus importante est celle de Alajouanine et Lhermitte (1965) qui porta sur trente-deux cas d'aphasie acquise de l'enfant. Un des éléments spécifiques de l'aphasie de l'enfant est l'absence de logorrhée, de stéréotypies verbales et de persévérations. Dans les formes à début brutal, on observe souvent un mutisme initial. Puis, l'enfant présente une réduction importante du langage avec diminution du stock verbal, dyssyntaxie et dysarthrie. La compréhension verbale est moins perturbée dans l'ensemble que l'expression.

Lorsque les lésions neurologiques sont stabilisées, l'évolution de l'aphasie se fait vers la récupération le plus souvent complète de l'expression orale. Une dysorthographie séquellaire est fréquemment notée.

Cependant, la réputation de bon pronostic de l'aphasie de l'enfant doit être nuancée. Selon le concept de compétition, pour les sites synaptiques, un axone qui ne peut établir une synapse dans une localisation « normale » parce que le cerveau est endommagé, sera capable, dans certains cas, d'établir une connection synaptique avec l'aire homologue sur l'hémisphère intact. La récupération d'une lésion dépend donc de la maturation des aires concernées. Lors d'une lésion cérébrale précoce, il y aura compétition entre les neurones connectant avec l'aire lésée et ceux connectant avec l'aire suivie. Ce phénomène expliquerait (Bishop, 1981) qu'une atteinte hémisphérique gauche précoce entraînerait peu de troubles du langage mais un déficit cognitif global du fait de la compétition synaptique sur l'hémisphère droit. Il semble inexact de postuler que les lésions cérébrales sont moins sévères chez l'enfant que chez l'adulte. Les séquelles sont en fait différentes en qualité plutôt qu'en quantité et ceci en fonction de l'âge. C'est vers l'âge de 5 ou 6 ans que les lésions droites cessent d'être aphasiogènes et que les lésions gauches le deviennent systématiquement. Ce n'est qu'à l'adolescence que les troubles du langage prennent les caractéristiques de l'aphasie de l'adulte et que la régresion est souvent moins complète (Lecours, 1980). Si les séquelles aphasiques des lésions cérébrales augmentent avec l'âge, le retentissement sur le Q.I. global diminue de la même manière.

Une forme clinique d'aphasie spécifique à l'enfant doit être isolée, compte tenu de ses particularités sémiologiques : c'est le syndrome de Landau et Kleffner qui associe une comitialité avec désintégration progressive du langage et surtout troubles importants de la compréhension. Cette aphasie sensorielle s'associe non seulement à une surdité verbale mais à une véritable agnosie auditive témoignant d'un dysfonctionnement bitemporal. L'électroencéphalogramme montre des pointes ondes également bitemporales avec parfois une aggravation importante du tracé lors du sommeil. Les crises convulsives apparaissent plus tardivement et sont le plus souvent bien contrôlées par le traitement anticomitial.

Par contre, les troubles du langage régressent en plusieurs années et il persiste des séquelles dans environ 44 % des cas (Mantovani et Landau, 1980).

III. APHASIE ET HEMISPHERECTOMIES PRECOCES

Les hémisphérectomies sont parfois indiquées dans la pathologie tumorale et surtout dans la chirurgie de l'épilepsie quand un hémisphère très lésé est le point de départ de crises subintrantes ou d'état de mal.

Les conséquences de cette opération sur le langage sont fonction de l'âge. L'hémisphérectomie droite chez l'adulte n'entraîne que peu ou pas de troubles du langage ; mais l'hémisphérectomie gauche entraîne habituellement une aphasie importante.

Par contre, les hémisphérectomies précoces ne laissent que peu ou pas de troubles du langage, quel que soit le côté. Cependant, Dennis et Whittaker (1976) ont montré que, avec des tests plus élaborés, il existe quelques différences entre les hémisphérectomies précoces droites et gauches. Les enfants ont une capacité équivalente de produire ou de discriminer les mots, quel que soit le côté de l'hémisphérectomie. Par contre, en cas d'hémisphérectomie gauche, il existe des troubles de la syntaxe avec une difficulté à combiner les mots en phrases grammaticalement correctes. Ces difficultés ne sont pas retrouvées en cas d'hémisphèrectomie droite. Il existerait donc une certaine limite à la plasticité cérébrale même pour les zones associatives. L'absence de plasticité est par contre quasiment complète pour le cortex primaire : une lésion précoce sur le cortex moteur ou strié entraîne une hémiparésie ou une hémianopsie homonyme controlatérale définitive.

IV. APPROCHE NEUROLINGUISTIQUE DES APHASIES

A. Intérêt de la linguistique pour l'étude des aphasies

Le développement spectaculaire, depuis une trentaine d'années, de la linguistique, et notamment de la linguistique structurale, a largement marqué les disciplines touchant aux sciences humaines et aux neurosciences (cf. sur ce sujet la synthèse de M. Moscato et J. Wittwer, 1981). Dans le domaine de la pathologie du langage, les praticiens et les chercheurs ont ainsi trouvé, non seulement un vocabulaire précis pour conceptualiser et communiquer leurs observations, mais également un ensemble de méthodes susceptibles de fournir des schémas d'analyse pour le diagnostic, l'évaluation, la rééducation et l'étude des troubles du langage. Ainsi est née la neurolinguistique qui, comme l'indique H. Hécaen : « représente un sous-ensemble de la neuropsychologie en tant qu'étude des troubles de réalisation verbale survenant après lésions corticales » (1972, Introduction, p. XI).

La « révolution » chomskienne (Chomsky, 1957, 1965) a permis de dégager deux concepts fondamentaux :

- la *compétence linguistique* (notion que l'on peut comparer à la *langue* chez de Saussure), c'est-à-dire la connaissance qu'a un sujet des règles de sa langue maternelle (le sujet-linguiste);

- la *performance linguistique* (voisine de la *parole* chez de Saussure) définie comme l'utilisation effective par un sujet des règles de sa langue maternelle.

La performance représente les réalisations verbales du sujet : perception de mots ou de phrases, mémoire sémantique, compréhension, production et répétitions verbales, orales et écrites. C'est précisément à ce niveau que se situent les praticiens préoccupés par les troubles du langage.

Schématiquement, la performance linguistique présente les composantes suivantes :

- la composante phonétique et phonématique : niveau des réalisations sonores verbales ;

- la composante syntaxique : niveau de l'utilisation des schèmes grammaticaux ;

- la composante sémantique : niveau des significations ;

- la composante pragmatique : niveau des conditions et des contextes des réalisations linguistiques.

L'introduction de la linguistique en aphasiologie a permis de mieux cerner les déficits langagiers, de définir les caractéristiques de la performance aphasique et de proposer des classifications mettant en relation le tableau linguistique et les désordres neurobiologique observés chez les malades.

B. La classification proposée par H. Hécaen

Les classifications des troubles du langage, en particulier des aphasies, ont été élaborées sur la base d'observations effectuées chez l'adulte. Ces classifications sont nombreuses (cf. l'ouvrage de A. Lecours et F. Lhermitte, 1980, cf. également l'ouvrage édité par J.A. Rondal et X. Seron, 1982) et rarement superposables, le cas clinique «pur» étant peu fréquent et souvent discutable. Par ailleurs les critères retenus sont différents compte tenu des perspectives dans lesquelles les classifications ont été élaborées : critères anatomiques et neurologiques, critères psychologiques, critères fondés sur les résultats des rééducations, critères fondés sur les déficits linguistiques. Par rapport à ce dernier critère, il existe plusieurs conceptions des phénomènes aphasiques, notamment celle de R. Jakobson (conception linguistique, 1964), celle de A.R. Luria (conception psychophysiopathologique, 1964), celle de H. Hécaen (conception neurolinguistique, 1972) dont nous présentons les principaux aspects ci-dessous. Précisions toutefois que dans ce domaine, toute classification n'a qu'un intérêt didactique et pratique.

La classification proposée par H. Hécaen est issue de travaux réalisés dans le cadre d'une collaboration entre aphasiologues médecins et des linguistes. Les aphasies sont repérées par rapport aux modes d'organisation des composantes en jeu dans la performance linguistique (orale et écrite).

1. Les aphasies d'expression

a) Troubles de la réalisation phonématique

1. *Caractéristiques linguistiques principales.* Dans ce type d'aphasie, l'expression orale des sujets est marquée par un déficit de la réalisation des phonèmes, notamment au niveau consonantique, associé parfois à des troubles prosodiques et bien souvent à des difficultés dans la dénomination d'objets. La compréhension verbale, l'évocation verbale et la lecture sont conservées mais on observe généralement des perturbations de l'écriture sans qu'il y ait cependant de correspondance terme à terme entre les troubles oraux et les troubles graphiques. Par ailleurs, il est fréquent de constater chez ces sujets diverses difficultés au niveau du calcul (calcul mental, opérations arithmétiques).

2. *Commentaire.* Cette forme d'aphasie correspond au groupe des aphasies dites *motrices* dans lesquelles on peut inclure certaines formes de l'aphasie de Broca, l'anarthrie de P. Marie, l'aphasie verbale de Head, le syndrome de désintégration phonétique de Alajouanine, Ombredane et Durand.

b) Troubles de la réalisation syntaxique

1. *Caractéristiques linguistiques principales.* Dans cette forme d'aphasie, la composante phonétique, que ce soit en répétition ou en production spontanée, ne présente pas de perturbation majeure. La lecture et la compréhension verbale ne sont pas touchées. Le déficit apparaît au niveau de la mise en place des fonctions syntaxiques. Chez le malade, l'énonciation est ralentie et le discours se présente comme une suite de mots (noms, verbes à l'infinitif) prononcés correctement mais sans lien syntaxique (cf. l'exemple suivant, Hécaen, 1972, p. 20) : «7 ans — commerce — planteur — beaucoup — 46 fini — assemblée Paris — 13 ans...» (le malade avait été commerçant et colon en Afrique, avant de siéger pendant 13 ans à une assemblée parisienne). «En mars — à Mantes — de redresser — la main — un pied — et à Mantes — 30 ans — 5 km — et un pied — tous les jours... — mécano — mécano — tous les jours — tous les jours — alors — mais — et un pied — un pied — un pied» (le malade est soumis à des exercices quotidiens de mécanothérapie pour sa jambe paralysée).

Comme le montre l'exemple, les schèmes syntaxiques sont pratiquement inutilisés et le stock lexical est relativement pauvre. D. Cohen et coll. (1963) rapportent un certain nombre d'exemples faisant apparaître chez le malade à l'épreuve des contraires, que les contraires obtenus par substitution lexicale (*grand/petit*) sont introduits plus facilement dans les phrases que les antonymes dérivés par préfixation (*juste/injuste*).

2. *Commentaire*. Les aphasies de réalisation syntaxique définissent le groupe des aphasies *agrammatiques*. Pour certains auteurs, dont Hécaen, il ne s'agit que d'une variante de l'aphasie de réalisation phonétique. La distinction entre les deux formes d'aphasie reste cependant justifiée si l'on considère les spécificités des tableaux linguistiques de chacune.

c) Troubles de la programmation phrasique

1. *Caractéristiques linguistiques principales*. Le discours du sujet se présente comme une suite de propositions simples dont chacune est suivie d'une pause souvent accompagnée d'adverbes tels que «puis» ou «alors» (cf. l'exemple suivant emprunté à Hécaen, 1972, p. 21):
«Le 30 juin 1959... il y a un an gule oui alors j'ai été le... c'était le... c'était le... 2 mai, le 19... le 9... c'était le matin... le matin à 9 heures... ça y est et c'est là... j'étais là dans mon dofa, de dans le... dans mon champ et j'étais en train d'avéter des... des... c'était des... et puis ça m'a pris... je faisan choi... mes petits... tout d'un coup je prends un fromazé et je... après j'ai servi et je centrai moi... tout de béfai... je suis médebu.»

D'une façon générale, la compréhension verbale est intacte et les schèmes grammaticaux sont utilisés correctement. On observe, en discours spontané, particulièrement dans le cas de l'émission de mots polysyllabiques, un certain nombre de difficultés paraphoniques secondaires. En répétition, les erreurs du sujet sont d'autant plus importantes que le mot est long et complexe. Par ailleurs, la lecture et l'écriture (spontanée ou dictée) sont perturbées.

2. *Commentaire*. Ces faits sémiologiques, que l'on trouve dans certaines formes de l'aphasie de Wernicke, sont caractéristiques des aphasies de *conduction* où le déficit se situe généralement au niveau des monèmes, du syntagme et de la phrase.

2. Les aphasies de réception

1. *Caractéristiques linguistiques principales*. Ce groupe est caractérisé par plusieurs dissymétries:

- dissymétrie des déficits à la réception et à l'émission,
- dissymétrie entre le déficit global et la difficulté réceptive,
- dissymétrie entre l'efficacité du contrôle sur l'émission et l'intensité ou la forme du message perturbé,
- dissymétrie dans les performances en langage spontané et en langage induit.

Aux désordres de réception s'ajoutent diverses perturbations de l'émission verbale. La production linguistique contient de substitutions et des déformations de mots ainsi que de nombreuses paraphasies (sémantiques et syntagmatiques) font le malade n'a aucune conscience.

2. *Commentaires.* Ce groupe est très hétérogène et comprend : la surdité verbale (c'est-à-dire celle qui ne concerne que la reconnaissance des signes sonores linguistiques) et les diverses formes d'aphasie sensorielle (dont l'aphasie de Wernick de type II, cf. A.R. Lecours et F. Lhermitte, 1980).

3. Les aphasies amnésiques

1. *Caractéristiques linguistiques principales.* Les productions linguistiques des malades font apparaître un trouble sévère au niveau de l'utilisation des mots. On note ainsi de nombreuses perturbations lorsqu'il s'agit pour le sujet de dénommer une classe sémantique (*chien, chat, lion = animaux*), ou de trouver un antonyme dérivé d'un mot par substitution lexicale (*plein/vide*) alors que la négation par préfixation (*lisible/illisible*) est plus aisée. Les problèmes se présentent tout particulièrement dans des épreuves de dénomination d'objets où le malade fait souvent appel à des séquences linguistiques circonlocutoires (description d'un objet par son usage : « une chaise, c'est pour s'asseoir ») ou à des paraphrases imprécises. La répartition et la lecture sont relativement correctes alors que sur le plan de l'écriture on constate de nombreuses difficultés et diverses formes de dysorthographie.

2. *Commentaire.* L'aphasie amnésique est caractérisée par un trouble de la sélection des morphèmes, phénomène que l'on trouve dans l'aphasie de Wernicke de type III (cf. A.R. Lecours & F. Lhermitte, 1980), et qui rend complexe et difficile les apprentissages verbaux.

C. Caractéristiques neurolinguistiques de l'aphasie chez les gauchers

1. *Comparaison entre aphasiques gauchers et aphasiques droitiers*

Les travaux effectués sur ce sujet (Ajuriaguerra, Hécaen et Angelergues, 1965; Hécaen et Ajuriaguerra, 1963: Subirana, 1969; Luria, 1970) ont mis en parallèle les performances verbales d'aphasiques gauchers et celles recueillies chez des aphasiques droitiers présentant les mêmes types de lésions. Ces recherches ont conduit à des résultats convergents.

a) *Cas des sujets dont les lésions sont localisées à gauche.* Les auteurs observent généralement des déficits linguistiques semblables chez les gauchers et les droitiers avec cependant quelques différences au niveau des troubles de la compréhension verbale, de l'écriture, de l'épellation (légèrement moins marquées chez les gauchers) et de la lecture (trouble moins marqué chez les sujets droitiers).

b) *Cas des sujets dont les lésions sont localisées à droite.* Les pertubations du langage oral et du langage écrit sont souvent plus prononcées chez les gauchers que chez les droitiers. Il en est de même pour l'écriture et la lecture.

2. *Comparaison entre aphasiques gauchers atteints de lésions gauches et aphasiques gauchers atteints de lésions droites, compte tenu des antécédents familiaux sur le plan de la gaucherie manuelle*

Cette étude a été réalisée par H. Hécaen et J. Sauguet en 1971. La figure 1 rapporte des résultats obtenus dans diverses épreuves appréciant les performances verbales des malades. On constate que la somme des scores dans le cas des gauchers «familiaux» ne fait apparaître aucune différence significative entre les sujets atteints de lésions droites et les sujets atteints de lésion gauches. Quelques différences apparaissent cependant en répétition et en écriture. Chez les sujets gauchers «non familiaux» atteints de lésions gauches, les résultats aux épreuves sont systématiquement inférieurs à ceux obtenus par les sujets «non familiaux» atteints de lésions droites.

Fig. 1. - Performances verbales obtenues, (a) chez des aphasiques gauchers «familiaux» avec lésions hémisphériques droites (5 cas) et gauche (15 cas); (b) chez des aphasiques gauchers «non familiaux» avec lésions hémisphériques droites (12 cas) et gauches (17 cas). Pour chaque aspect du langage, une note était donnée selon une échelle allant de 0 (performance totalement impossible) à 4 (absence de déficit). D'après H. Hécaen, 1972, p. 84-85.

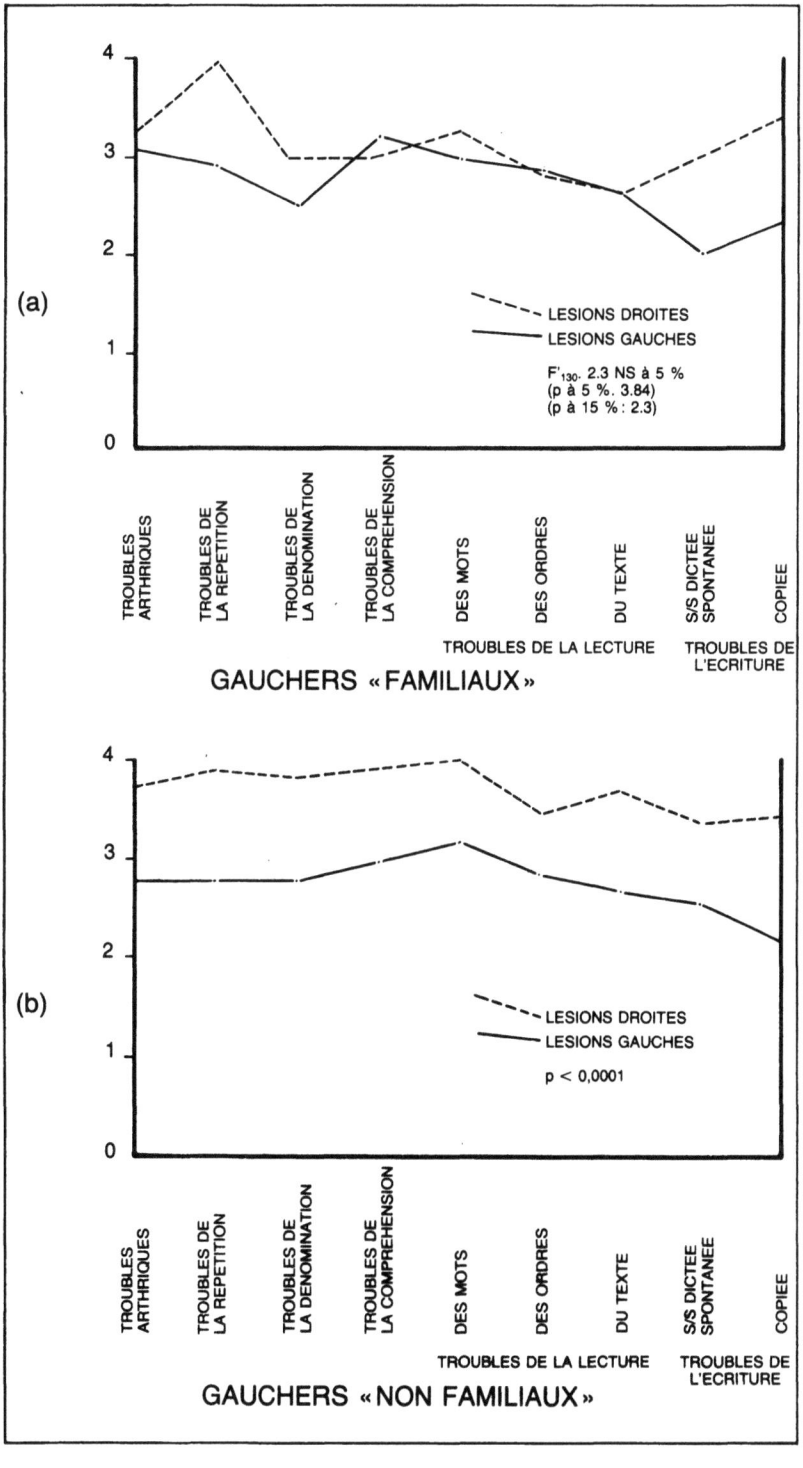

D. Conduite à tenir pour l'examen neurolinguistique des aphasies

La méthode d'analyse neurolinguistique des phénomènes aphasiques proposée par H. Hécaen et R. Angelergues (1965), et qui a permis de construire la classification ci-dessus, se déroule en deux temps:

1. Examens des modalités de fonctionnement des diverses composantes du système linguistique chez les malades (typologie linguistique):

a) les situations étudiées: performances orales et écrites (spontanées ou induites), émission et réception des messages linguistiques;

b) l'examen porte sur les huit points suivants:

- la structure de l'énoncé: on demande par exemple au malade le récit de l'histoire de sa maladie;
- étude des conditions de l'émission et de réception phonématiques (repères des fautes phoniques);
- étude des conditions de l'émission et de réception non phonématiques: tests de répétition, exécution d'ordres simples, tests de compréhension verbale de Kleist, étude des redondances morpho-syntaxiques;
- étude de l'émission expérimentée (émission induite): tests des contraires, tests sériels (noms des jours, des mois, des nombres), tests de complètement de phrases, tests de synonymie, tests de génération de phrase, tests de dénomination, etc.
- étude des conditions de la réception graphique: lecture, exécution d'ordre écrit;
- étude de l'émission graphique: dictée, copie, mobilité graphique;
- étude de la composante sémantique;
- tests psychologiques de routine.

2) Mise en correspondance des faits linguistiques observés avec la typologie anatomo-clinique.

V. LATERALISATION ET TROUBLES DU LANGAGE AUTRES QUE L'APHASIE

A. Le bégaiement

Ajuriaguerra définit le bégaiement comme «un trouble de la réalisation qui se caractérise par des répétitions ou des blocages entraînant une rupture du rythme et de la mélodie du discours» (1974, p. 365).

Ce trouble concerne environ 1 % de la population et touche davantage les garçons que les filles (une fille pour 3 ou 4 garçons).

Le bégaiement est généralement décrit sous deux formes :

- la forme *clonique* où l'émission du mot est marquée par une répétition d'un phonème,
- la forme *tonique* qui se traduit par des pauses, soit au niveau de l'attaque de la phrase, soit en cours d'émission.

Le bégaiement peut apparaître :

- vers 3-4 ans : il correspond ici, dans bon nombre de cas, à des troubles non pathologiques liés aux processus généraux d'acquisition du langage. On parle de « bégaiement de développement » qui disparaît dans 80 % des cas ;
- vers 5-6 ans, quand l'enfant présente des difficultés de repérage dans les milieux sociaux autres que la famille, notamment à l'école. Le trouble peut être temporaire ou durable, particulièrement chez les sujets qui présentent à cet âge un retard de langage. Par ailleurs, Ajuriaguerra et al. (1958) témoignent que 34 % des sujets bègues présentent des antécédents familiaux en matière de bégaiement. Seeman (1967) rapporte des statistiques semblables.

Le rôle de la latéralisation dans le bégaiement est une question très discutée et a donné lieu à peu d'études récentes. Sur ce point, la plupart des auteurs signalent que la proportion de gauchers chez les sujets non bègues est inférieure à celle rencontrée chez les sujets bègues mais observent qu'il existe un bon nombre de bègues chez les droitiers (Ajuriaguerra, 1974). Il convient cependant d'opérer avec Ajuriaguerra (1974) et P. Aimard (1981) une distinction entre enfants *gauchers* et enfants *mal latéralisés*. C'est justement chez ces derniers, ainsi que chez les gauchers contrariés, que l'on trouve le plus grand nombre de difficultés au niveau de l'acquisition du langage.

B. La dyslexie

La dyslexie appartient à l'ensemble des troubles de l'apprentissage de la langue écrite dont l'étiologie est vivement discutée compte tenu de la diversité des fondements des conceptions et des idéologies que ces conceptions véhiculent. La définition proposée par la Fédération Mondiale de Neurologie pose sans doute un certain nombre de problèmes mais a le mérite d'être claire et réaliste : on appelle dyslexie « un désordre qui se manifeste par une difficulté dans l'apprentissage de la lecture en dépit d'une scolarisation normale, d'une intelligence satisfaisante et de bonnes conditions socioculturelles. Ce trouble dépend d'incapacités cognitives d'origine constitutionnelle » (Critchley, 1975).

Les débats entre «fausse» dyslexie et «vraie» dyslexie rendent difficile l'évaluation de la fréquence de ce trouble chez les sujets scolarisés : 33 % des enfants en difficulté scolaire selon B. Pissarro (1969), 25 à 30 % pour Debray-Ritzen et M. Melekian (1970), 8 % des «sujets intelligents» selon Debray-Ritzen (1978). Par ailleurs, Hallgren (1960) rapporte que l'on trouve davantage de dyslexiques chez les garçons que chez les filles.

Les travaux effectués sur les rapports entre la dyslexie et les troubles de la latéralité ont conduit à des résultats laissant sans réponse l'hypothèse de Orton (1936) selon laquelle existerait fréquemment une relation étroite entre la dyslexie et une dominance cérébrale mal définie. Pour Zangwill (1960) une dominance cérébrale incomplète ne constitue pas un facteur primaire dans les troubles lexiques tant que le sujet ne rencontre pas de conditions défavorables pour que ce facteur s'exerce. Pour leur part, Debray-Ritzen et Melekian (1970) se sont opposés aux idées de Orton, reprises par Critchley (1964), en montrant que sur 186 cas de sujets réputés dyslexiques, 4,5 % seulement présentaient des troubles authentiques de latéralité associés.

L'incertitude des résultats obtenus dans ce domaine provient sans doute : a) du manque de consensus au niveau de la notion même de dyslexie et par là de l'hétérogénéité des méthodes de diagnostic et d'investigation; b) des approximations dans l'évaluation des facteurs de latéralité, qu'il s'agisse de la latéralité manuelle ou de la latéralité oculaire. Sur ces différents points, de nombreuses recherches restent à faire.

C. Les troubles de l'écriture

Deux ordres de troubles sont rencontrés : la dysorthographie qui est un trouble du langage et qui n'est qu'un prolongement de la dyslexie, et la dysgraphie qui est un trouble moteur de la réalisation spatiale des éléments graphiques.

Les lettres sont des formes complexes, toujours asymétriques, où se succèdent des éléments rectilignes et courbes, dans un ordre parfaitement codifié. Une écriture correcte suppose trois ordres de faits :

- L'acquisition d'un niveau moteur suffisant pour permettre une certaine souplesse de la main avec diminution des syncinésies.

- La capacité d'organiser des séquences gestuelles dans l'espace.

- Un niveau de langage et un désir de communiquer qui permettra l'inhibition nécessaire pour passer du gribouillage ludique aux premières intentions d'écriture (3 à 4 ans).

M. Auzias et coll. (1977) rapportent les variétés et l'évolution des graphismes d'écriture en grande section de maternelle, c'est-à-dire chez des enfants de 5 à 6 ans à l'aide de la copie d'une phrase simple. Quatre niveaux de réalisation sont recueillis :

- Le simulacre d'écriture qui est un ensemble de boucles sinusoïdes et de zigzags où il est impossible de distinguer des lettres. Cependant, l'enfant a réellement l'impression d'écrire. Ce type de tracé est normal entre 3 et 4 ans.

- La copie partielle où l'écriture est encore difficilement lisible.

- La copie lisible où les lettres sont encore grande.

- La copie habile où les lettres sont correctement réalisées, de plus petite taille et les liaisons correctes. Il existe cependant encore quelques décrochements. Ce type d'écriture se rencontre surtout en cours préparatoire.

Chez l'enfant plus grand, on peut calculer un quotient grapho-moteur grâce à une technique standardisée associant la copie d'un texte modèle à vitesse habituelle et d'un autre texte le plus rapidement possible. Ce quotient semble corréler avec le quotient moteur global. Les dysgraphies s'intègrent donc le plus souvent dans le cadre de perturbations motrices plus diffuses.

Un autre problème concerne l'*écriture en miroir* dont on a souvent pensé — en se référant à Léonard de Vinci, ce gaucher qui écrivait en miroir — qu'elle était l'écriture «normale» d'un gaucher. En fait, l'écriture en miroir constitue un phénomène intéressant pour étudier certaines difficultés observées chez les enfants lors de l'apprentissage de l'écriture et de la lecture, notamment les difficultés liées à l'acquisition et à la reconnaissance de l'orientation graphique. L'intégration de cette orientation s'opère généralement sans problème chez les sujets dont le développement cognitif est harmonieux.

L'aptitude à écrire en miroir a particulièrement été étudiée par Ajuriaguerra, Diatkine et Gobineau (1956) et par Hécaen et Ajuriaguerra (1963). Les travaux ont porté sur 423 sujets de 6 ans à l'âge adulte : un groupe d'enfants et d'adolescents normalement scolarisés, un groupe de sujets fréquentant la consultation de l'hôpital H. Rousselle, un groupe de gauchers et un groupe de sujets dyslexiques. Les

Tableau 1. - Aptitude à écrire en miroir (après plusieurs essais) chez les sujets de la consultation, chez les sujets gauchers et chez les dyslexiques : 1) réussite à l'épreuve ; 2) réussite médiocre ; 3) échec à l'épreuve (d'après J. De Ajuriaguerra, R. Diatkine et H. De Gobineau, 1956).

AGES	Sujets normaux			Sujets de la consultation		
	1	2	3	1	2	3
6-7 ans	10 %	28 %	62 %	0 %	50 %	50 %
8-9 ans	25 %	37 %	38 %	25 %	29 %	46 %
10 ans	47 %	32 %	21 %	17 %	36 %	47 %
11-12-13 ans	70 %	20 %	10 %	40 %	27 %	33 %
14-19 ans				50 %	29,5 %	20,5 %
Adultes	86 %	14 %	0 %	80 %	10 %	10 %
Total	56 %	23 %	21 %	39 %	28 %	33 %

AGES	Gauchers			Dyslexiques		
	1	2	3	1	2	3
6-10 ans	37 %	17 %	46 %	36 %	24 %	40 %
11-19 ans	85 %	15 %	0 %	41 %	14 %	45 %
Adultes	80 %	20 %	0 %			
Total	60 %	19 %	21 %	38 %	18 %	44 %

résultats de ces travaux font apparaître (tableau 1) que l'aptitude à écrire en miroir s'améliore spontanément en fonction de l'âge dans le premier groupe mais que ce développement est plus lent chez les sujets issus de la consultation. On observe chez les gauchers que le taux de réussite progresse plus rapidement à partir de 11 ans. Chez les sujets dyslexiques, les possibilités de réussite absolue sont comparables à celles des gauchers chez les enfants de 6 à 10 ans mais diminuent chez les sujets de 11 à 19 ans.

La confrontation des données statistiques et des diverses observations cliniques conduisent les auteurs à la conclusion que l'aptitude à écrire en miroir est sans lien avec les troubles de la latéralisation mais entretient une relation très étroite avec les capacités intellectuelles et motrices des sujets.

Bibliographie

AIMARD, P., *Le langage de l'enfant*. Paris, Presses Universitaires de France, 1981.
AJURIAGUERRA, J. de, *Manuel de psychiatrie de l'enfant*. Paris, Masson, 1974.
AJURIAGUERRA, J. de, DIATKINE, R. & GOBINEAU, H. de, L'écriture en miroir. *Séminaires des Hôpitaux de Paris*, 1956, 2, 80-87.
AJURIAGUERRA, J. de, DIATKINE, R., GOBINEAU, H. de, NARLIAN, R. et STAMBAK, M., Le bégaiement. Trouble dans la réalisation du langage dans le cadre d'une pathologie de la relation. *La Presse Médicale*, 1958, 66 (42), 963-956 et (46), 1037-1040.
ALAJOUANINE, Th. & LHERMITTE, F., Acquired aphasia in children. *Brain*, 1965, 88, 653-662.
AUZIAS, M., CASATI, I., CELLIER, C. DELAHAYE, R. & VERLURE, F., *Ecrire à 5 ans?* Paris, Presses Universitaires de France, 1977.
BISHOP, D.V.M., Plasticity and specificity of language localisation in the developing brain. *Developmental Medicine and Child Neurology*, 1981, 23, 251-255.
CHOMSKY, N., *Structures syntaxiques*, 1957; trad. franç., Paris, Le Seuil, 1969.
CHOMSKY, N., *Aspects de la théorie de la syntaxe*, 1965; trad. franç., Paris, Le Seuil, 1971.
COHEN, D., DUBOIS, J., GAUTHER, M., HECAEN, H. & ANGELERGUES, R., Aspects du fonctionnement du code linguistique chez les aphasiques moteurs. *Neuropsychologia*, 1963, 1, 165-177.
CRITCHLEY, M., Specific developmental dyslexia. *In* E.H. Lenneberg & E. Lenneberg (Eds.), *Foundations of language: a multidisciplinary approach*, chap. 40. New York, Academic Press, 1975.
CRITCHLEY,M., *Developmental dyslexia*. London, Heinmann Medical Books, 1964.
CZOPF, J., Ueber die Rolle der nicht dominanten Hemispäre in der Restitution der Sprache des Aphasischen. *Arch. Psychiatr. Nervenkr.*, 1972, 216, 162-171.
DEBRAY-RITZEN, P. & MELEKIAN, B., *La dyslexie de l'enfant*. Paris, Casterman, 1970.
DEBRAY-RITZEN, P., *Lettre ouverte aux parents de petits écoliers*. Paris, Albin Michel, 1978.
DENNIS, M. & WHITTAKER, H., Language acquisition following hemidecortication: linguistic superiority of the left over the right hemisphere. *Brain and Language*, 1976, 3, 404-433.
HALLGREN, B., Specific dyslexia: a clinical and genetic study. *Acta Psychiatr. Neurol.* 1960, suppl. n° 65.
HECAEN, H., *Introduction à la neuropsychologie*. Paris, Larousse, 1972.
HECAEN, H., Données nouvelles sur la dominance hémisphérique, revue critique. *L'Année Psychologique*, 1973, 73, 611-633.
HECAEN, H. & AJURIAGUERRA, J. de, *Les gauchers*. Paris, Presses Universitaires de France, 1963.
HECAEN, H. & ANGELERGUES, R., *Pathologie du langage*. Paris, Larousse, 1965.
JAKOBSON, R., Towards a linguistic typology of aphasic impairments. *In* A.V.S. de Reuck et M. O'Connor (Eds.), *Disorders of Language*. Londres, Churchill, 1964.
KINSBOURNE, M., The minor cerebral hemisphere as a source of aphasia speech. *Arch. Neurol.*, 1971, 25, 302-330.
KINSBOURNE,M., *Minor hemisphere language and cerebral maturation. In* E.H. Lenneberg & E. Lenneberg, *Foudations of language: a multidisciplinary approach*, chap. 26, New York, Academic Press, 1975.

LECOURS, A.R., Corrélations anatomo-cliniques et l'aphasie. La zone du langage. *Revue Neurologique* (Paris), 1980, *136*, 591-608.

LECOURS, A.R. & LHERMITTE, F., *L'aphasie*. Paris et Montréal, Flammarion Médecine-Sciences, Les Presses de l'Université de Montréal, 1980 (2ᵉ édition).

LENNEBERG, E.H., The concept of language differenciation. *In* E.H. Lenneberg & E. Lenneberg, *Foundations of language: a multidisciplinary approach*, Vol. 1. New York, Academic Press, 1975.

LIEBERMAN, P., *On the origins of language*. New York, McMillan Publishing Co., Inc., 1975.

LURIA, A.R., Factors and forms of aphasia. *In* A.V.S. de Reuck et M. O'Connor (Eds.), *Disorders of language*. Londres, Churchill, 1964.

LURIA, A.R., *Traumatic aphasia*. La Haye, Mouton, 1970.

MANTOVANI, J.F. & LANDAU, W.M., Acquired aphasia with convulsive discorder. *Course and Prognosis Neurology*, 1980, *30*, 524-529.

MOSCATO, M. & WITTWER, J., *La psychologie du langage*. Paris, Presses Universitaires de France, 1981 (2ᵉ édition).

PISSARRO, B., Méconnaissance de la dyslexie: vers une politique de prévention. *Revue d'Hygiène et de Médecine Scolaire*, 1969, *XXII*, 208-223.

RONDAL, J.A. & SERON, X., *Troubles du langage, diagnostic et rééducation*. Liège, Mardaga, 1982.

SEEMAN, M., *Troubles du language chez l'enfant*. Bruxelles, Presses Académiques Européennes, Librairie Maloine S.A., 1967.

SUBIRANA, A., Handeness and cerebral dominance. *In* P.J. Vinken & G.W. Bruyn (Eds.), *Handbook of clinical neurology*, Vol. 4, Amsterdam, North-Holland, 1969.

WADA, J.A., CLARKE, R. & HARM, A., Cerebral hemispheric asymetry in Human. *Arch. of Neurology*, 1975, 32, 239-246.

WASHBURN, S.L. & HOWELL, F.C., Human evolution and culture. *In* S. Tax, *The evolution of man*, Vol. 2. Chicago, University of Chicago Press, 1960.

ZANGWILL, O.L., *Cerebral dominance and its relations to psychological functions*. Edinburgh, Oliver & Boyd, 1960.

Chapitre III
Evaluation sémiologique de la latéralisation manuelle de l'enfant d'âge scolaire

R. DAILLY et M. MOSCATO

L'intérêt d'une évaluation clinique de la latéralisation varie avec l'âge de l'enfant. Dans la 6ᵉ année, la question primordiale est celle du choix de la main à utiliser dans l'apprentissage de l'écriture et du dessin. Plus tard, se pose la question des relations possibles entre une latéralisation incertaine et des difficultés scolaires motrices, psychomotrices ou practognosiques. Pour répondre à ces interrogations — que lui posent toujours enseignants et familles — le clinicien — pédiatre ou psychologue — doit tout d'abord s'informer de l'opinion de l'enfant et de son entourage, mais il ne peut admettre sans réserves et sans une étude circonstanciée leurs assertions et leurs problématiques. D'autant que sous l'appellation d'enfants gauchers sont souvent rangés, à la fois de vrais gauchers et des sujets qui se servent de leur main gauche en raison d'une latéralité encore mal établie.

La nécessité d'une sémiologie rigoureuse de la latéralité s'impose donc !

On sait qu'elle comporte au moins trois aspects qui se nomment : latéralité d'usage, latéralité fonctionnelle et latéralité neurologique. Mais comme ces termes n'ont pas tous le même signifié, nous commencerons par définir ce que nous entendons par chacun d'eux :

- la latéralité d'usage étudie le comportement manuel dans les actes courants. Nous l'évaluerons par l'interrogatoire et par l'observation d'actions réelles ou de gestes mimés (l'enfant «fait semblant») relatifs à des objets et au corps propre ;

- la latéralité fonctionnelle étudie le comportement manuel dans des épreuves stéréotypées non courantes. Nous l'évaluerons en recourant à la batterie de Tests de dominance latérale établie par R. Zazzo et N. Galifret-Granjon et à l'analyse comparative des possibilités motrices des mains que permettent les Epreuves motrices de M. Stambak;

- la latéralité dite «neurologique» se réfèrera à une étude segmentaire comparative:

• du tonus de fond,

• du tonus d'action,

• et du contrôle moteur.

I. L'EVALUATION DE LA LATERALITE D'USAGE

a) *Elle dispose de nombreux questionnaires* établis surtout par des auteurs anglo-saxons (Bloede, Hallgen, Humphrey...) que citent Hécaen et Ajuriaguerra (1963). Ceux-ci ont même conçu un questionnaire de 20 questions de dominance manuelle (écrire, dessiner, lancer une balle, jouer au ping-pong, utiliser des ciseaux, se raser, se peigner, se servir d'une brosse à dents, tailler un crayon avec un couteau, manger avec un cuillère, frapper avec un marteau, se servir d'un tournevis, manger avec un couteau et une fourchette, porter la valise la plus lourde lorsqu'il y en a deux, tenir le haut du manche à balai, tourner la clef dans la serrure, dévisser le bouchon d'un flacon, tenir une allumette pour l'allumer, distribuer les cartes, guider le fil à travers le chas d'une aiguille).

A ces questions on doit en ajouter d'autres relatives aux pieds et aux yeux pour avoir une appréciation complète de la latérité d'usage. Enfin à défaut d'une réponse verbale on peut demander à l'enfant de «mimer l'acte» correspondant à la question posée.

J. Bergès et coll. (1963) de leur côté évaluent la latéralisation d'usage à l'aide de 10 «questions» sur des activités courantes (frapper avec le marteau, se peigner, etc...) dont 5 sont unimanuelles et 5 bimanuelles.

Mais en dépit des avantages que ces questionnaires comportent, il faut avouer qu'ils sont trop sujets à caution (manque de précision et de contrôle objectif, influence du milieu pour favoriser ou défavoriser des circonstances d'apprentissage) pour suffire à préciser une forme et un degré de latéralisation. Le tableau 1 témoigne de leurs aléas.

Tableau 1. *Nombre d'activités courantes exécutées de la main gauche par une population d'écoliers réputés gauchers (Stembak et coll.*, Psychiatrie de l'Enfant, *1961*, I, *p. 81).*

Ages	Nombre d'activités exécutées à gauche				
	0-4	5-8	9-12	13-16	17-20
7-8 ans	5%	8%	13%	13%	43%
9-10 ans	29%	14%	5%	17%	34%
11-12 ans	4%	4%	18%	31%	40%
13-14 ans	20%	10%	—	20%	50%
TOTAL	20%	11%	10%	21%	38%

b) *Les épreuves de latéralité usuelle de M. Auzias* (1973-1975) qui semblent échapper à ces critiques ont pour cela acquis une valeur particulière qui mérite d'être longuement commentée.

Tout d'abord l'auteur établit une distinction entre deux types de latéralité manuelle : *la latéralité graphique* qui s'exerce dans des activités fortement dominées par les fonctions symboliques et perceptivo-motrices, tel le dessin et l'écriture ; *la prévalence manuelle* (ou latéralité usuelle) sur laquelle porte le présent paragraphe, qui se manifeste dans des situations autres que le dessin et l'écriture, comme par exemple : visser un bouchon, bobiner, cirer une chaussure.

Les épreuves proposées par M. Auzias, qui sont applicables à l'enfant de 5 à 11 ans, appartiennent à la catégorie des tests dits de « préférence manuelle » où il s'agit d'observer quelle main est spontanément mobilisée dans l'exécution d'une tâche, par opposition aux tests dits d'« efficience comparée » où l'on demande à l'enfant d'opérer, dans un premier temps avec une main et dans un second temps avec l'autre. Le terme préférence, comme l'indique l'auteur, ne suppose pas une intentionnalité de la part de l'enfant mais une disposition naturelle à mobiliser telle main dans une tâche particulière.

A. But et nature des épreuves

Le but des épreuves est d'observer quelle main est préférée dans l'exécution d'une tâche, l'autre main servant de support pour immobiliser un élément de la situation (c'est le cas dans les épreuves bimanuelles), ou bien elle peut être mise au repos (tâches unimanuelles). L'épreuve est composée de 20 items offrant à l'enfant des situations variées et motivantes qui comportent autant de tâches unimanuelles que de tâches bimanuelles. L'ensemble permet une notation facile.

B. Présentation des épreuves aux enfants et consignes

La présentation de l'épreuve varie selon l'âge: avec les enfants de 5-7 ans, l'épreuve sera présentée sous forme d'un jeu; lorsque les sujets ont 8-9 ans, l'examinateur utilisera des expressions du type: «On va voir si tu es débrouillard, je vais te faire faire de petites choses, pas difficiles d'ailleurs» (M. Auzias, 1975, p. 18); avec des enfants plus âgés (10-11 ans) l'examinateur dira: «je vais te demander de faire des choses très simples, tu les feras comme si c'était chez toi, très naturellement» (M. Auzias, 1975, p. 18).

Les consignes sont constituées de phrases très simples, claires et bien adaptées à chaque item. L'examinateur n'emploie jamais les mots «main», «gauche» et «droite». Chaque item n'est présenté qu'une fois. Pour certains items cependant (7, 11, 16, 20), en cas d'ambiguïté dans l'utilisation des mains, notamment chez les jeunes enfants, les observations sont difficiles à faire et une seconde présentation est alors utile.

C. Notation des résultats

L'examinateur observe quelle main effectue le geste principal, c'est-à-dire celui qui sollicite la main motrice (préférée). Il note alors D ou G. Dans l'item 1 par exemple (visser bouchon), la main motrice est celle qui fait tourner le bouchon, l'autre main servant à immobiliser la bouteille. Dans l'item 3 (découpage) le geste principal est réalisé par la main qui tient la paire de ciseaux et «découpe». Chaque item sollicite un geste principal qu'il est relativement aisé d'enregistrer par D ou G.

A ce mode de notation s'ajoute, lorsqu'il est difficile d'identifier la main motrice, le score «égal» (=), susceptible d'apparaître dans deux cas: a) lorsqu'on observe un ou plusieurs changements de main motrice pendant l'exécution d'une tâche, exemple: l'enfant commence à visser le bouchon avec la main gauche et continue son action avec la main droite; b) quand les deux mains concourent à la réalisation du geste principal, exemple: participation des deux mains au geste d'enrouler dans l'item 7 (bobiner). Ce type de conduite est généralement peu fréquent: 17 % des 240 sujets étudiés par M. Auzias (1973) et ayant passé les 20 items de l'épreuve.

Ce mode de notation permet d'obtenir une formule de latéralité et un quotient de latéralité (QL).

a) La formule de latéralité

Il s'agit de compter le nombre de D, le nombre de G et le nombre de =. Cette formule donne un ordre de grandeur de la tendance d'un enfant en matière de préférence manuelle.

b) Le quotient de latéralité (QL)

Le quotient de latéralité, ou taux de latéralité, permet de situer la préférence manuelle d'un enfant par rapport à une population standard. Si pour l'ensemble de l'épreuve, nD représente le nombre de réponses D et nG le nombre de réponses G :

$$QL = \frac{nD - nG}{nD + nG} \times 100$$

Un QL négatif signifie que l'enfant a réalisé la plupart des items en utilisant préférentiellement la main gauche; un QL positif signifie que l'enfant a tendance à préférer la main droite dans l'exécution des tâches qui lui ont été proposées.

D'une manière générale, la prévalence manuelle à droite est définie nettement lorsqu'on observe qu'un sujet donne 75 % ou plus de réponses D. Le principe est le même pour la prévalence manuelle à gauche. Cette manière de procéder permet de distinguer trois types de sujets par rapport à la prévalence manuelle, c'est-à-dire ici, en fonction du QL :

- les gauchers usuels : $-100 < QL < -41$; ces sujets représentent 39 % des sujets de M. Auzias;
- les droitiers usuels : $+41 < QL < +100$; 51 % des sujets de M. Auzias;
- les ambidextres usuels : $-41 < QL < +41$; 10 % des sujets de M. Auzias.

D. *Distribution des QL en fonction de l'âge*

Dans le tableau 2 sont regroupés les fréquences d'enfants dans les classes de QL en fonction de l'âge (5-11 ans). Dans ce tableau les ambidextres négatifs sont regroupés avec les gauchers et les ambidextres positifs avec les droitiers. L'espace réservé à cet exposé ne permet

Tableau 2. Distribution des QL en fonction de l'âge chez les gauchers usuels (111 sujets) et chez les droitiers usuels (129 sujets). D'après M. Auzias, 1975. On voit que selon les variations du QL on peut parler de gauchers et de droitiers qui sont forts, moyens ou faibles et que leurs proportions varient avec l'âge.

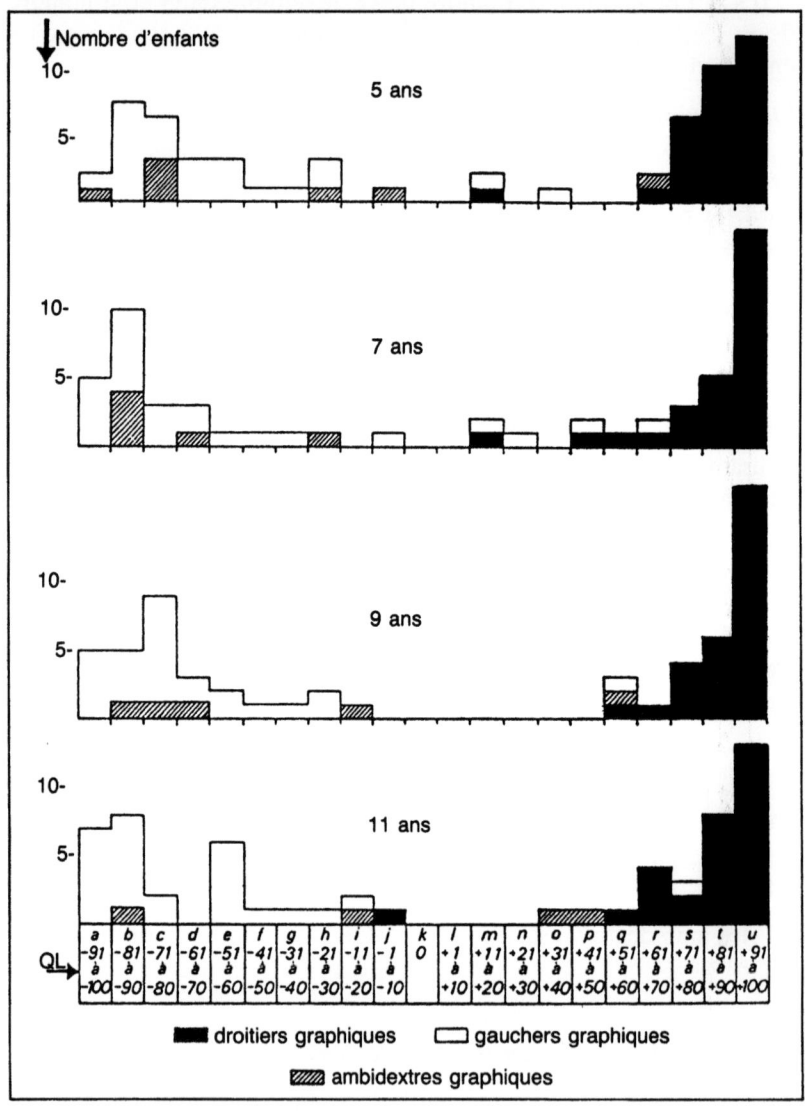

pas de rapporter les observations effectuées chez les ambidextres. Le lecteur trouvera dans l'ouvrage de M. Auzias (1975) un certain nombre de discussions sur les caractéristiques de la latéralité chez les ambidextres usuels.

On constate sur le tableau 2 que les sujets droitiers ont une prévalence manuelle à droite plus marquée que ne l'est la prévalence à gauche chez les gauchers (asymétrie des distributions). Ces résultats montrent aussi une faible évolution de la prévalence à droite entre 7 et 11 ans, alors qu'entre 5 et 7 ans on note une augmentation des réponses G (qui se stabilise vers 7 ans). Il apparaît donc qu'une proportion notable d'ambidextres négatifs[1] à 5 ans a « migré » vers une prévalence à gauche plus nette. Par ailleurs, s'il est établi que la proportion de gauchers est plus importante chez les garçons que chez les filles (M. Auzias, 1975), les résultats obtenus aux 20 items ne font apparaître aucune différence statistiquement significative entre les sujets du sexe féminin et les sujets du sexe masculin. On trouve cependant au niveau des droitiers que les filles sont légèrement plus droitières que les garçons : sur 129 droitiers étudiés par M. Auzias (1973), 39 garçons ont un QL compris entre + 81 et + 100, tandis que dans cette même tranche de QL on trouve 50 filles.

E. Intérêt de l'épreuve de latéralité usuelle

Un des intérêts de l'épreuve de latéralité usuelle est d'être, dans une certaine mesure, en corrélation avec la latéralité graphique. Dans ses travaux, M. Auzias met en rapport la latéralité usuelle et la latéralité graphique repérée chez les enfants de 5, 7, 9 et 11 ans, par des critères liés à l'écriture (main utilisée pour écrire, supériorité de l'écriture avec une main vers l'écriture produite avec l'autre main, motricité graphique, etc.). Le tableau 3 met en évidence le degré de liaison entre la latéralité graphique et la latéralité usuelle.

Les fréquences de concordance entre la latéralité graphique et la latéralité usuelle font apparaître que d'une façon générale, les résultats à l'épreuve de latéralité usuelle ont une valeur prédictive pour la latéralité graphique, notamment pour les gauchers, dans les items allumettes, gommer, taping, piquage, épingle-bouchon, enfiler, se brosser, cirer-chaussure, transvaser, cuillère, compte-gouttes et clochettes, et chez les droitiers dans l'ensemble des items à l'exception de bobiner, cartes et dévisser. Ces résultats sont importants sur le plan

---

[1] Ambidextres qui sont plus près de la gaucherie que de la droiterie.

Tableau 3. Liaison entre la latéralité graphique et les 20 items de latéralité usuelle (d'après M. Auzias, 1975).

Items	GAUCHERS GRAPHIQUES (écrivant main gauche) N = 100	DROITIERS GRAPHIQUES (écrivant main droite) N = 118
	Taux moyen des réponses G	Taux moyen des réponses D
Allumette	96 %	100 %
Gommer	96 %	99 %
Taping	96 %	100 %
Piquage	95 %	97 %
Epingle-bouchon	92 %	98 %
Enfiler	92 %	92 %
Se brosser	90 %	98 %
Cirer	90 %	100 %
Transvaser	88 %	95 %
Cuillère	87 %	99 %
Compte-gouttes	87 %	98 %
Clochette	80 %	97 %
Bobiner	75 %	71 %
Cartes	73 %	74 %
Découpage	73 %	100 %
Perle-tube	73 %	92 %
Fermeture à glissière	72 %	92 %
Boire	68 %	97 %
Dévisser	62 %	85 %
Visser	59 %	92 %

de l'examen clinique car ils permettent de délimiter un certain nombre d'items discriminateurs et de constituer une épreuve réduite composée des dix items suivants : allumettes, piquage, gommer, taping, se brosser, cuillère, cirer-chaussure, transvaser, compte-gouttes et clochette. Ce sont les conduites observées dans cette épreuve réduite qui sont le plus en liaison avec la latéralité graphique. Ce type de liaison est très utile au clinicien car son étude permet d'apporter quelques solutions aux problèmes posés par le choix de la main pour écrire.

F. Les épreuves de latéralité usuelle relatives au corps propre

Nous sommes fidèles à des épreuves dites de latéralité gestuelle (saisir une main avec l'autre derrière le dos; mettre les mains, l'une au-dessus de l'autre sur la tête; croiser les bras; croiser les mains; croiser les index) que comme Bergès (1963) nous avons toujours vu s'organiser différemment chez les droitiers et chez les gauchers.

La raison de cette fidélité tient à la croyance — que nous partageons avec Bergès et coll. (1963) à la faveur d'arguments héréditaires — que ces épreuves sont plus que d'autres l'expression d'une dominance latérale «innée» non soumise à l'influence de la socialiation.

Malheureusement, pas plus que les auteurs précédents, nous n'avons pu apporter à cette croyance des arguments irréfutables. Pourtant de telles épreuves, qui ne semblent pas s'adresser aux mêmes aspects que les autres, n'en restent pas moins intéressantes dans l'évaluation de la latéralité dans le jeune âge (avant 7 ans, car après 7 ans trop de facteurs d'environnement familial et scolaire semblent intervenir).

II. L'EVALUATION DE LA LATERALITE FONCTIONNELLE[2]

A. La batterie de dominance latérale de N. Galifret-Granjon (1969)

De passation et d'interprétation relativement simple, cette batterie comporte six épreuves qui peuvent être proposées à des enfants de 6-14 ans.

- Deux épreuves intéressent la dominance manuelle :
- la distribution d'un paquet de 32 cartes (cf. la répartition des indices dans le tableau 4),
- l'épreuve de diadococinésie faite successivement avec chaque main.

- Deux épreuves étudient la dominance oculaire : le sighting et la visée :
- le sighting consiste à faire regarder successivement par chaque œil un objet lointain au travers d'un trou percé dans un petit carton que l'on présente à l'enfant en le tenant des deux mains. Cette épreuve — dans laquelle on peut remplacer le petit carton percé par un petit spéculum auriculaire — précise en priorité l'œil directeur, mais elle permet aussi d'étudier la coordination main-œil puisque l'enfant après avoir pris au premier essai le carton — ou le spéculum — des deux

---

[2] Dans ce qui suit nous n'utiliserons pas l'épreuve — bien connue des cliniciens — qui consiste à demander à l'enfant de tracer une ligne horizontale en prenant le crayon avec la main droite puis avec la main gauche. On prétend classiquement qu'un droitier tire cette ligne de la gauche vers la droite alors qu'un gaucher la tire de la droite vers la gauche. En fait, la direction de l'écriture (comme nous l'avons vu dans le chapitre I) pose suffisamment de problèmes pour soupçonner la fiabilité de la proposition qui vient d'être rappelée. Nous nous proposons pour cela de réaliser un travail expérimental sur cette épreuve et nous ne pouvons encore en donner les résultats.

Tableau 4. Répartition des indices de dominance manuelle (temps de distribution) à l'épreuve de cartes (d'après N. Galifret-Granjon, 1969). On constate que le taux d'enfants ambidextres diminue considérablement de 6 à 14 ans parallèlement à une augmentation du pourcentage de droitiers, cependant que le taux d'enfants gauchers reste pratiquement constant.

Ages	Nombre de sujets	Indices < − 0,3 (Gauchers)	de − 0,3 à + 0,3 (Ambidextres)	Indices > + 0,3 (Droitiers)
6 ans	22	1 5 %	16 72 %	5 22 %
7 ans	38	3 8 %	26 68 %	9 23 %
8 ans	38	3 8 %	20 52 %	15 39 %
9 ans	41	3 7 %	17 41 %	15 51 %
10 ans	39	2 5 %	18 46 %	19 48 %
11-12 ans	66	9 14 %	13 19 %	44 66 %
13-14 ans	61	5 8 %	13 21 %	43 70 %

mains doit, aux essais suivants le prendre d'une seule main. On a alors 4 formes possibles de coordination : main D - œil D; main D - œil G; main G - œil D; main G - œil G;
- la visée consiste à faire regarder l'enfant dans un petit flacon qu'il doit approcher successivement de chaque œil en le tenant à deux mains pour essayer d'en voir le fond. Cette épreuve précise donc uniquement l'œil directeur, mais elle est dépendante de l'acuité visuelle et de la motricité des paupières (car l'enfant a la consigne de fermer l'œil qui ne regarde pas).

- Enfin deux épreuves cherchent à préciser une dominance au niveau des membres inférieurs :
- la marelle dont le jeu est bien connu,
- le shooting qui consiste à donner un coup de pied dans un morceau de bois comme s'il s'agissait d'un ballon à envoyer le plus loin possible.

L'épreuve de distribution des cartes, la plus couramment pratiquée, se prête au calcul d'un indice de dominance manuelle fondé sur une étude de la vitesse de distribution qui évalue un rendement, cet indice est calculé selon la formule :

$$\frac{\text{Temps G} - \text{Temps G}}{\text{temps main dominante}}$$

(les indices positifs marquent la dextralité; les indices négatifs la senestralité; l'indice 0 l'ambidextrie).

Cette épreuve offre une évolution génétique qui se fait dans le sens d'une dextralisation intéressant les ambidextres (tableau 4). Une évolution génétique comparable quoi que moins nette existe dans les épreuve de diadococinésie, de sighting, de visée, de marelle et de shooting (M. Stambak, V. Monod, Ajuriaguerra, 1961).

De sorte qu'en comparant différents secteurs (main, œil, pied) on peut établir si la latéralisation est homogène ou non; il s'agit là d'un problème important sur lequel nous reviendrons longuement.

B. Analyse des possibilités motrices de chaque main

Cette analyse est intéressante pour compléter la batterie de N. Galifret-Granjon qui a besoin d'un examen de l'habileté manuelle pour actualiser le choix de la «bonne main»[3].

M. Stambak (1969) nous en donne le moyen en proposant quatre épreuves de «possibilités motrices» applicables à des enfants de 6 à 14 ans. Elles évaluent la rapidité motrice (pointillage) et la précision de chaque main (découpage, construction de tours et manipulation de billes). Or, en permettant une étude différentielle de l'habileté manuelle ne peut-on pas penser qu'elles contribuent aussi «indirectement» à évaluer la latéralité manuelle?

1. *L'Epreuve de pointillage*

Elle consiste à présenter à un enfant de 6 à 14 ans une feuille de papier quadrillée (par des carrés de 1 cm de côté) et lui demander de faire avec la main de son choix un trait dans chaque carré en allant le plus vite possible. L'épreuve est arrêtée au bout d'une minute et l'on note la main spontanément choisie; puis trois essais sont proposés

---

[3] Nous pensons en particulier aux cas d'une gaucherie ou d'une droiterie contrariées reconnues par la batterie où il est utile d'avoir une étude de l'habileté manuelle afin de pouvoir rendre opérante — par une rééducation éventuelle — la latéralité vraie du sujet.

avec chaque main pour appréhender les variations du rendement. La notation se fait en comptant le nombre de traits à chaque essai.

En dépit des apparences, cette épreuve ne permet guère cependant d'affirmer à quelle main correspond dans tel ou tel cas, la dominance latérale. Cela pour deux raisons au moins :
- d'une part elle a été étalonnée en ne tenant compte que des résultats du premier essai de chaque main ;
- d'autre part les résultats varient d'un essai à l'autre en fonction de la fatigabilité et de l'entraînement du sujet.

2. *Construction de tours*

Parmi les épreuves de précision, la construction de tours est sans doute celle qui, de 6 à 14 ans, semble la plus fiable ; car elle met en œuvre une coordination des mouvements de la main, sans qu'interviennent des facteurs intellectuels spatiaux si l'on ne tient pas compte du temps de réalisation.

L'épreuve utilise : douze grands cubes de 7 mm d'arête, douze petits cubes de 5 mm d'arête et une pince à timbres. L'enfant doit construire des tours avec les grands cubes puis avec les petits cubes, puis avec l'aide de la pince en utilisant les petits cubes. Trois essais sont effectués dans chaque cas. Et pour chaque essai on note le nombre de cubes que l'enfant a réussi à superposer et le nombre de chutes constatées. Les résultats obtenus (en soustrayant le nombre de chutes au nombre de cubes superposés avec ou sans pince) ont, comme ceux de l'épreuve précédente, une évolution génétique d'âge en âge.

3. *Découpage des cercles d'Ozeretzki*

Cette épreuve applicable à partir de 7 ans, mais qui a été adaptée par M. Stambak aux enfants de 6 ans, demande une coordination satisfaisante des deux mains et constitue un excellent instrument clinique. Il s'agit pour le sujet de découper (selon des règles précises) dans une feuille de papier sur laquelle sont dessinés des cercles concentriques, le cercle dont le tracé est le plus marqué. Trois essais sont effectués : le 1er avec la main choisie spontanément, le 2e avec l'autre main et le 3e avec la première main. L'examinateur note à chaque essai le temps écoulé et les erreurs commises (nombre et nature). En comparant le premier et le troisième essais au deuxième, on apprécie entre les deux mains une différence de rendement, mais cette différence d'habileté manuelle ne correspond pas forcément à une différence de latéralisation, pas plus que la main choisie au premier essai et utilisée au troisième essai n'est nécessairement la main dominante. Aussi cette épreuve est-elle souvent d'interprétation difficile.

4. Habileté digitale

Adaptée à des sujets de 6 à 12 ans, cette épreuve s'améliore d'âge en âge mais elle offre à tous les âges une grande dispersion des résultats qui diminue malheureusement sa valeur génétique.

Elle consiste à placer une paire de billes entre des lamelles jumelées, espacées entre elles suivant le diamètre des billes. L'épreuve est précédée d'un apprentissage avec des grosse billes; elle s'effectue ensuite avec des billes moyennes, puis des petites billes.

Cette épreuve d'habileté digitale est — on s'en doute — aussi difficile à interpréter que la précédente quant à la latéralité du sujet.

III. L'EVALUATION NEUROLOGIQUE DE LA LATERALITE

A. Le tonus de fond

Il est apprécié par l'étude de l'extensibilité et du ballant. J. André-Thomas et J. de Ajuriaguerra (1949) ont montré que d'une façon « assez constante » il existe chez l'adulte une asymétrie « physiologique » de l'extensibilité et du ballant en fonction de la latéralisation du sujet. Elle consiste en une hyperextensibilité avec augmentation du ballant du côté gauche chez le droitier et inversement en une hyperextensibilité avec augmentation du ballant du côté droit chez les gauchers.

Pour ces auteurs, une telle asymétrie serait liée à une modification quantitative des facteurs neurologiques centraux en relation avec l'utilisation préférentielle des muscles du côté dominant, mais G. Tardieu (1968) fait remarquer que dans l'appréciation clinique du tonus de fond (l'extensibilité en particulier) interviennent plusieurs facteurs (l'état de l'outil musculo-tendineux, l'activité basale neuro-musculaire, les réflexes phasiques et toniques d'étirement) qui ne sont pas directement sous l'influence du système nerveux central. Quoi qu'il en soit, les techniques décrites jadis par André-Thomas et Ajuriaguerra (1949) n'en restent pas moins valables.

1. L'extensibilité mesure le degré d'allongement « mécanique » que l'on peut faire subir à un muscle en éloignant au maximum ses points d'insertion. Elle est étudiée successivement (tableau 5):

Tableau 5. Epreuve d'extensibilité de l'avant-bras sur le bras de 100 enfants réputés gauchers (M. Stembak et coll., 1961; Hécaen et Ajuriaguerra, 1963). On constate que 23 % en moyenne d'enfants réputés gauchers sont *«plus extensibles à gauche»* et que 19 % de ces enfants ne présentent pas de différences dans l'extensibilité. Ce qui limite la portée sémiologique de ce signe *«d'évaluation neurologique de la latéralité»*.

Ages	Plus extensible à droite	Pas de différence dans l'extensibilité	Plus extensible à gauche
6 ans ... 63%	6%	31%	
7 ans 50%	19%	31%	
8 ans 70%	10%	20%	
9 ans ... 61%	16%	23%	
10 ans ... 61%	32%	7%	
11-12 ans	61%	16%	23%
13-14 ans	43%	28%	28%
Total	58%	19%	23%

- à l'extrémité céphalique en amenant la tête en rotation forcée et en appréciant la distance qui sépare le menton du relief acromial;
- au niveau de l'épaule par l'épreuve du foulard antérieur qui consiste à porter le bras en adduction forcée (jusque sur un plan horizontal); on apprécie alors la distance qui sépare le bord antérieur du biceps de la face antérieure du cou;
- au niveau du coude par la flexion forcée de l'avant-bras sur le bras; la face interne de celui-ci étant portée en avant par la rotation de l'humérus sur son axe, on apprécie l'angle obtenu ou mieux la distance qui sépare la styloïde radiale du bord externe de la région deltoïdienne;
- au niveau du poignet par la flexion forcée de l'articulation radio-cubito-carpienne. L'avant-bras étant maintenu en position verticale, on apprécie l'angle formé par le dos de la main et la face postérieure de l'avant-bras (bec de cane);
- au niveau du membre inférieur par la flexion de la cuisse sur le bassin et de la jambe sur la cuisse chez un sujet en décubitus dorsal; on apprécie surtout la distance qui sépare la face postérieure du talon de la face postérieure de la cuisse (épreuve talon-cuisse) ou l'angle formé par la jambe et la cuisse (angle poplité);
- au niveau de l'articulation tibio-tarsienne par la dorsi-flexion du pied sur la jambe, le sujet étant en décubitus dorsal, le genou en extension.

Dans chacune de ces situations on note une égalité ou une inégalité. M. Stambak, V. Monod et J. de Ajuriaguerra (1961), puis Hécaen et Ajuriaguerra (1963) rapportent les résultats d'une étude d'extensibilité de 100 enfants réputés gauchers (tableau 6). Nous regrettons de ne pouvoir compléter cette estimation par l'étude (que nous avons en cours) de l'extensibilité du coude chez des droitiers et dans une population «tout venant». Nous ne pouvons pas non plus apporter les résultats d'une étude de l'extensibilité des membres inférieurs, mais nos regrets sont tempérés par le fait que, de l'avis des auteurs précédents, l'extensibilité des M.I n'est pas différenciatrice.

2. Le ballant rend compte des possibiltés de relâchement volontaire et des réactions d'opposition du muscle. Il est étudié (tableau 6) :

- au niveau des épaules en provoquant chez un sujet debout, bras

Tableau 6. Enfant droitier : Extensibilité et ballant (d'après J. Bergès, 1963).

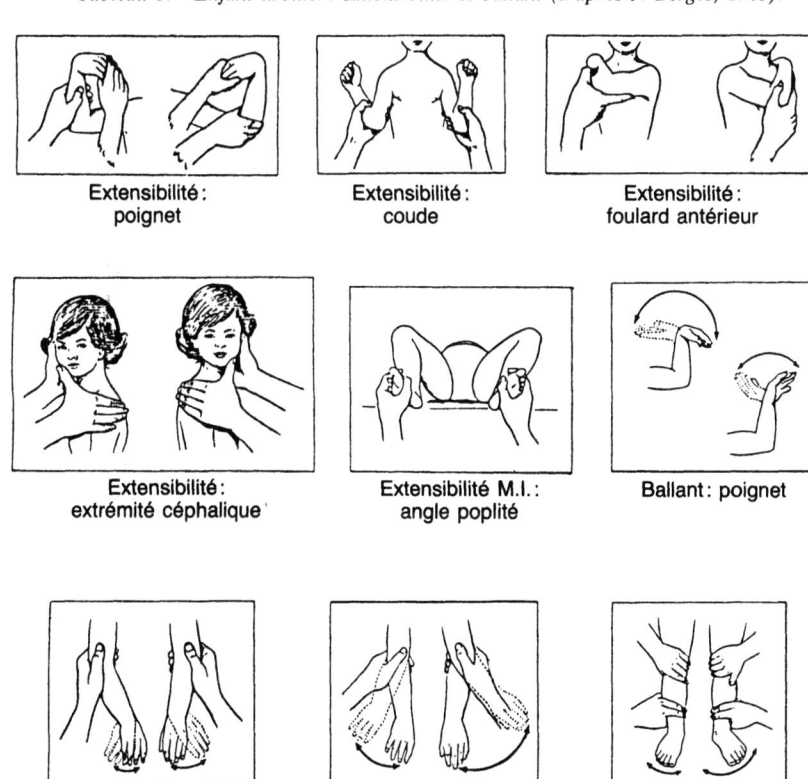

étendus, un mouvement de rotation du tronc sur son axe qui communique aux membres supérieurs un mouvement passif de balancier;

— au niveau des coudes en saisissant le bras au-dessus du coude et en lui faisant exécuter une succession d'abductions et d'adductions passives qui imprime aux avant-bras un mouvement pendulaire;

— au niveau du poignet où une succession de flexions et d'extensions passives imprime aux mains en situation de pronation un mouvement de ballotement;

— au niveau du pied: on imprime à la jambe — jambe et cuisse en extension chez un sujet en décubitus dorsal — un mouvement rapide de rotation sur son axe qui entraîne une rotation du pied alternativement en dehors et en dedans.

Au cours de ces épreuves on apprécie le déplacement maximum obtenu et on le consigne en terme d'égalité ou d'inégalité entre les deux côtés.

B. Le tonus d'action

1. Il est apprécié surtout par l'étude des syncinésies d'imitation qui selon J. de Ajuriaguerra et M. Stambak (1965) sont de deux formes: syncinésies de diffusion tonique et syncinésies de diffusion tonico-cinétique.

— Les syncinésies de diffusion tonique consistent en raidissement du corps entier ou d'un de ses segments pendant l'exécution de mouvements volontaires. Dans la grande majorité des cas elles n'évoluent pas entre 6 et 12 ans et peuvent persister après 12 ans.

— Les syncinésies de diffusion tonico-cinétique sont des mouvements (tableau 7) d'un ou plusieurs membres reproduisant les mouvements volontaires qui les déclenchent. A l'inverse des syncinésies de diffusion tonique, elles offrent normalement — en l'absence de lésions cérébrales — une évolution génétique qui se fait vers leur disparition progressive. Ajuriaguerra et M. Stambak (1965) ont montré en effet que nettement décelables de 6 à 8 ans, elles subissent une diminution marquée entre 8-9 ans, puis entre 10-12 ans; si bien qu'au-delà de 12 ans ou bien elles ne sont que très peu marquées, ou ont complètement disparu. Cette disparition se fait de manière asymétrique: la main «dominante» induisant précocement moins de syncinésies à la main dominée que celle-ci n'en induit à la main dominante.

L'épreuve de choix pour mettre en évidence les syncinésies d'imitation est l'épreuve des marionnettes effectuée alternativement par une

Tableau 7.   Enfant droitier: syncinésies (d'après J. Bergès, 1963).

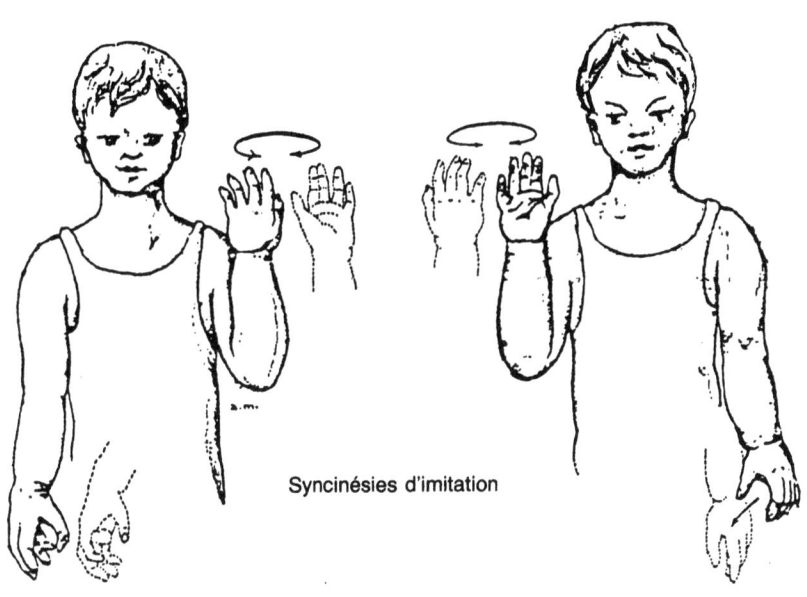

Syncinésies d'imitation

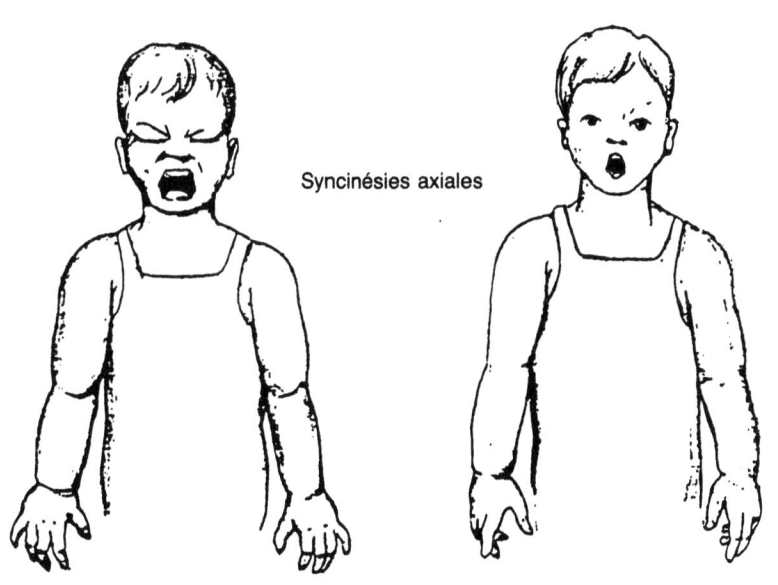

Syncinésies axiales

main puis par l'autre, le membre inactif restant pendant le long du corps. Les constatations observables sont à la fois d'ordre quantitatif et d'ordre qualitatif.

- D'ordre quantitatif par l'appréciation de leur persistance ou de la disparition des syncinésies.

- D'ordre qualitatif par l'appréciation de leur forme: soit qu'il s'agisse de *syncinésies toniques* dont le degré peut aller de la simple abduction du pouce au raidissement de l'avant-bras pouvant se mettre en flexion sur le bras, soit qu'il s'agisse de *syncinésies tonico-cinétiques* avec mouvement rotatif de la main au repos accompagné éventuellement d'une réponse tonique plus ou moins diffuse.

La symétrie et l'asymétrie de la réponse induite est notée en même temps que sa qualité tonique ou tonico-cinétique.

2. Les syncinésies axiales (tableau 7) expriment aussi une fréquente asymétrie du tonus d'action selon la latéralisation du sujet.

Pour les mettre en évidence on demande au sujet debout, les bras étendus le long du corps, d'ouvrir fortement la bouche, ce qui peut induire au niveau des doigts de la main dominante une réaction d'extension avec ouverture de la main, plus rarement une réaction de flexion avec fermeture du poing.

Les syncinésies axiales disparaissent plus précocement que les syncinésies d'imitation; à 6 ans elles ne sont plus observées chez 80 % des enfants.

C. L'étude segmentaire du contrôle moteur

Certaines épreuves qui explorent traditionnellement la coordination, la précision et l'harmonie du mouvement peuvent également être utilisées dans l'évaluation «neurologique» de la latéralité. Ce sont en particulier:

1. L'épreuve du doigt sur le nez qui renseigne sur la valeur de la fonction freinage d'un geste. Très imprécise jusqu'à 3 ans 1/2 - 4 ans (S. Thieffry, 1958, 1973), elle devient plus précise après 4 ans (tout en restant tremblée) du côté dominant dans 40 % des cas. En fait il est surtout intéressant d'en comparer les résultats des deux côtés (droit et gauche) puisque la main «dominante» obtient toujours à tout âge des résultats meilleurs que la main «dominée» (J. Bergès et coll., 1963).

2. L'épreuve du renversement de la main qui renseigne également sur la valeur de la fonction de freinage d'un geste montre aussi que les résultats les meilleurs sont obtenus du côté dominant. Pour la réaliser on demande à l'enfant debout, bras tendus horizontalement en avant de lui, de faire des mouvements de prono-supination en marquant un temps d'arrêt lorsque la main passe dans la position horizontale.

IV. SUR QUELQUES PROBLEMES SOULEVES PAR L'EVALUATION CLINIQUE DE LA LATERALITE

a) Entre les différentes épreuves qui viennent d'être rappelées, les corrélations sont variables. Comme l'ont montré J. Bergès et coll. (1963), elles sont bonnes entre les épreuves d'extensibilité et celles de ballant, ainsi qu'entre les syncinésies d'imitation et les syncinésies axiales; alors qu'elles sont faibles entre les épreuves du tonus d'action (syncinésies) et celles du tonus de fond (extensibilité et ballant). Les corrélations sont faibles également entre les épreuves de tonus et les épreuves de contrôle moteur. Par contre il existe une relation significative entre les épreuves dites de latéralité gestuelle et celles de latéralité tonique axiale, mais à l'inverse la relation entre la latéralité gestuelle et la latéralité des membres est d'autant moins significative qu'on s'éloigne davantage de l'axe du corps. Quant aux corrélations entre la latéralité d'utilisation et la latéralité tonique, elles sont d'autant plus significatives que la latéralité tonique est évoquée dans les régions les plus distales du corps (coude, poignet).

De ces corrélations Bergès et coll. (1963) en ont déduit l'idée qu'on peut opposer :

- d'une part une latéralité d'équipement et une latéralité d'utilisation,
- d'autre part une latéralité axiale et une latéralité distale et comme la latéralité distale est surtout une latéralité d'utilisation, on conçoit l'importance de l'échelle de M. Auzias dans l'évaluation clinique de la latéralité.

Par ailleurs, il apparaît que la latéralité n'est pas un « tout cohérent » mais un témoin des conduites praxiques qui comme celles-ci associe de façon indissociable une part d'hérédité et une part non moins grande d'exercice et d'adaptation personnels au milieu environnant.

Il ne peut donc plus être question d'attribuer à la latéralité un schéma d'organisation neurologique calqué sur celui que l'on peut attribuer à un simple mouvement.

b) La comparaison entre elles des deux épreuves de dominance manuelle de la batterie de tests de N. Galifret-Granjon (diadococinésie et épreuve des cartes) ne montre pas une évidente corrélation. A tel point (Tableau 8) qu'il faut multiplier les formules de dominance manuelle pour exprimer les résultats obtenus. Ainsi apparaît la notion de dominance manuelle forte, moyenne ou faible.

Tableau 8. Répartition des formules de dominance manuelle (épreuve 1 + épreuve 2). D'après N. Galifret-Granjon, 1969.

Age	Formules de dominances manuelle (vitesse + diadoco.)									Nombre
	DD	DG	GD	GG	=D	=G	D=	G=	=	= de sujets
6 ans	10	2	1	4	4	1			11	23
	43 %	8 %	5 %	17 %	17 %	5 %			5 %	
7 et 8 ans	37	7	7	7	8	2	5	2	4	79
	47 %	9 %	9 %	9 %	10 %	3 %	6 %	2 %	5 %	
9 et 10 ans	47	4	4	5	10	5	1		4	80
	60 %	5 %	5 %	6 %	12 %	6 %	1 %		5 %	
11 et 12 ans	43	5	8	7	1		2			66
	65 %	8 %	12 %	10 %	2 %		3 %			
13 et 14 ans	44	4	2	6	4	1				61
	72 %	6 %	3 %	10 %	6 %	2 %				

D: droiterie
G: gaucherie
= : ambivalence

Le «droit à la différence» que chacun peut donc revendiquer dans sa latéralisation apparaît aussi dans le tableau II qui précise qu'une dominance manuelle forte, moyenne ou faible varie avec l'âge.

Enfin si l'on compare (tableau 9) l'épreuve de distribution des cartes de N. Galifret-Granjon avec l'épreuve de pointillage de M. Stambak, on constate même une nette opposition qui indique que le choix de la «bonne main» peut varier avec les tâches à accomplir.

c) Une comparaison entre les épreuves de latéralité manuelle, les épreuves de latéralité visuelle et les épreuves de latéralité des membres inférieurs donne souvent des résultats si discordants que M. Stambak, V. Monod et J. de Ajuriaguerra (1961) ont pu écrire que «très peu

Tableau 9. Différence de rendement (en %) entre la main gauche et la main droite aux épreuves de pointillage et de distribution de cartes (tableau simplifié de M. Stembak et coll. (1961) sur 100 enfants de 6 à 14 ans amenés en consultation). On constate que le pourcentage d'enfants gauchers au test de pointillage diminue d'âge en âge alors que celui d'enfants droitiers augmente. Au contraire à la distribution des cartes le nombre de gauchers augmente alors que celui des droitiers diminue. M. Stembak et coll. (1961) expliquant cette divergence par le fait que le pointillage, étant une activité « papier-crayon », son rendement va de pair avec l'écriture par opposition à la distribution des cartes qui n'a que peu de rapport avec l'activité scolaire.

Ages	Différences en faveur de la main gauche		Différences en faveur de la main droite	
	Pointillage	Cartes	Pointillage	Cartes
6 ans	50	5	16	55
7-8	31	32	21	39
9-10	26	33	33	26
11-12	38	47	47	30
13-14	10	70	70	0

d'enfants sélectionnés comme gauchers présentent une dominance gauche homogène». Ils situent leur nombre entre 6 à 9 %. De leur côté Christians, Bize et Maurin (1963) ont trouvé: 14 % d'hommes et 21 % de femmes droitiers, offrant une gaucherie oculaire, tandis que 34 % d'hommes et 19 % de femmes gauchers ont une droiterie oculaire.

Ainsi, que le terme homogène indique une concordance entre les seules épreuves manuelles ou qu'il désigne une concordance entre les épreuves manuelles, les épreuves oculaires et celles relatives aux membres inférieurs, il ne peut s'appliquer qu'à un nombre limité de sujets.

Il n'est pas étonnant en particulier que la latéralité oculaire diffère de la latéralité manuelle : chaque œil informe les deux hémisphères cérébraux et chaque hémisphère cérébral est informé par les deux yeux.

Une latéralisation homogène de la main et de l'œil est le fait d'une coordination active qui «se fait en se faisant» et non d'une donnée anatomo-physiologique» «toute faite[4]» comme l'ont montré expérimentalement J. Paillard et D. Beaubaton (1978), M. Jeannerod et C. Prablanc (1978) et comme le montrent les études cliniques du développement neuro-psychique du nourrisson (C. Koupernik et R. Dailly, 1980). Cependant il est juste de préciser avec F. Bresson (1982) qu'il

---

[4] Clé en main, pourrait-on dire.

existe dès la naissance chez les humains une correspondance préétablie entre espace visuel et espace moteur qui se manifeste dans certaines conduites particulières.

d) Si la latéralisation dépend non seulement de facteurs héréditaires mais de l'action du milieu, celui-ci introduit éventuellement dans son organisation les effets du grand processus psychologique de l'imitation (qui prend sa source et se ressource sans cesse dans le grand processus biologique de l'accommodation piagétienne). Par le Test de Piaget-Head de N. Galifret-Granjon, on sait qu'une imitation de gestes en miroir peut se voir normalement jusqu'à 10 ans et plus tardivement chez les gauchers que chez les droitiers. On comprend alors que les difficultés ontogéniques de l'organisation spatiale que supposent ces faits induisent précocement «par imitation» des comportements de droitiers contrariés et surtout des gauchers contrariés.

Bibliographie

AJURIAGUERRA, J. de & STEMBAK, M., Evolution des syncinésies chez l'enfant. *Presse Médicale*, 1965, *63*, 817-819.
ANDRE-THOMAS, J. & AJURIAGUERRA, J. de, *Etude sémiologique du tonus musculaire*. Paris, Flammarion, 1949.
AUZIAS, M., Latéralité graphique. *Psychiatrie de l'Enfant*, 1973, *XVI* (fascicule 1), 179-214.
AUZIAS, M., *Enfants gauchers, enfants droitiers*. Neuchâtel, Delachaux et Niestlé, 1975.
BERGES, J., HARRISON, A. & STEMBAK, M., Etudes sur la latéralité. *Revue de Neuro-Psychiatrie Infantile*, 1963, *13* (3), 185-206.
BRESSON, F., Développement moteur et organisation de l'espace. In: *Naissance du Cerveau*, Colloque de Monaco 4, Edité par Nestlé et Guigoz, 1982.
CHRISTIANS, L., BIZE, P.R. & MAURIN, P., Les gauchers au travail. *Archives des Maladies Professionnelles*, 1963, *24* (1, 2, 3), 47-100.
GALIFRET-GRANJON, N., Tome I du *Manuel pour l'examen psychologique de l'enfant*, sous la direction de R. Zazzo. Neuchâtel, Delachaux et Niestlé, 1969 (3ᵉ édition). Voir notamment: Une batterie de dominance latérale (p. 25-48) et Batterie Piaget-Head (p. 49-85).
HECAEN, H. & AJURIAGUERRA, J. de, *Les gauchers*. Paris, Presses Universitaires de France, 1963.

JEANNEROD, M. & PRABLANC, C., Organisation et plasticité de la coordination œil-main. In: H. Hécaen & M. Jeannerod, *Du contrôle moteur à l'organisation des gestes.* Paris, Masson, 1978, 261-289.

KOUPERNIK, C. & DAILLY, R., *Développement neuropsychique du nourrisson.* Paris, Presses Universitaires de France, 1980 (4e édition).

PAILLARD, J. & BEAUBATON, D., De la coordination visuo-motrice à l'organisation de la saisie manuelle. In: H. Hécaen & M. Jeannerod, *Du Contrôle moteur à l'organisation des gestes.* Paris, Masson, 1978, 225-260.

STEMBAK, M., Epreuve de niveau et de style moteur - Les possibilités motrices. In: R. Zazzo, *Manuel pour l'examen psychologique de l'enfant,* Neuchâtel, Delachaux et Niestlé, 1969, tome I (3e édition), 178-217.

STEMBAK, M., MONOD, V. & AJURIAGUERRA, J. de, L'efficience motrice et l'organisation spatiale chez les gauchers. *Psychiatrie de l'Enfant,* 1961, *III* (fascicule 1), 69-110.

TARDIEU, G., Le dossier clinique de l'I.M.C. Méthode d'évaluation. *Revue de Neuropsychiatrie Infantile,* 1968, *16* (1-2), 6-90.

THIEFFRY, S., Le syndrome cérébelleux. Etude anatomo-clinique chez l'enfant. *Rapport à la XXIIe Réunion Neurologique Internationale.* Paris, Masson, 1958.

THIEFFRY, S., *La main de l'homme.* Paris, Hachette, 1973.

Chapitre IV
Le développement des dissymétries hémisphériques et comportementales au cours de la première année

F. BRESSON et S. de SCHONEN

On peut distinguer quatre types de dissymétries par rapport au plan sagittal médian dans l'organisation bilatérale du corps et du comportement : dissymétries morphologiques comportementales d'une part, dissymétries fonctionnelles et dans les vitesses de développement d'autre part. Les premières peuvent être apparentes à une observation directe, les autres impliquent des différences à partir des résultats de diverses épreuves. Les différentes dissymétries détectées ne se manifestent pas toutes au même moment et ne relèvent pas nécessairement toutes des mêmes causes; elles sont très différemment susceptibles d'un contrôle par l'environnement; elles n'apparaissent pas non plus réparties de la même manière à l'intérieur d'une même classe d'âge ou entre garçons et filles. L'étude du développement de ces dissymétries, particulièrement dans la première année est importante pour trois raisons : elle contribue à notre compréhension des facteurs qui contrôlent ces phénomènes, elle nous renseigne sur la maturation et la plasticité du système nerveux central, elle nous permet enfin d'approcher certains problèmes pathologiques ou de tenir compte des différences inter-individuelles dans l'éducation.

Le fait que nous ayons deux mains, que celles-ci soient nommées *gauche* et *droite*, que de nombreuses conduites culturellement importantes imposent ou demandent le choix de l'une de ces deux mains plutôt que l'autre, a fait de la latéralisation manuelle un phénomène scocialement repéré et d'apparence discontinue : il y a des droitiers et des gauchers. Lorsqu'on parle d'ontogenèse de la latéralisation, on pense d'abord au développement des comportements tels qu'ils sont évoqués dans les questionnaires destinés à évaluer la droiterie ou la gaucherie. Il s'agit donc des aspects les plus manifestes de la dissymétrie latérale, de ceux aussi qui sont les plus liés au contrôle de l'environnement comme apparaissent le manifester les tendances dites séculaires dans les statistiques de latéralité : le nombre des gauchers dans des activités telles que l'écriture croît régulièrement des populations de grands-parents, à celles des parents et à celles des enfants. D'autres facteurs que l'affaiblissement des contraintes sociales sur ces comportements peuvent jouer, mais il est hautement probable (bien que non prouvé) que cet affaiblissement est un facteur déterminant. Pour comprendre l'organisation de la latéralité il est alors préférable d'étudier d'abord les aspects qui sont les moins accessibles aux variations de l'environnement : nous présenterons donc successivement les données morphologiques, puis les données sur l'organisation fonctionnelle cérébrale avant d'aborder l'étude des aspects comportementaux. Les données que l'on possède sur les différences éventuelles de vitesse du développement seront présentées avec les fonctions ou les comportements sur lesquels elles portent. Enfin nous poserons les problèmes d'étiologie de dissymétries.

I. DIFFERENCES MORPHOLOGIQUES

Geschwind en 1968 a signalé le fait que le *planum temporale*[3] était nettement plus large dans l'hémisphère gauche que dans l'hémisphère droit. Cet accroissement de suface est trouvé avant la naissance (Galaburda, Le Hay, Kemper, Geschwind, 1978). Cette organisation dissymétrique a été mise en rapport avec le fait que le contrôle du langage est assuré par la région fronto-temporale de l'hémisphère gauche chez la plupart des hommes. Cette asymétrie est liée, pour Galaburda (Galaburda, Sanides, 1980; Galaburda, Sanides, Geschwind, 1978) au développement de l'aire temporo-pariétale (Tpt), partie du cortex auditif, qui occupe la région postéro-latérale du planum temporale (aire 22 de Brodmann); il trouve en outre une asymétrie correspondante du noyau thalamique latéral postérieur. A ces différences architectoniques s'ajouteraient des différences dans la répartition des neuro-médiateurs

---

[1] Cf. chapitre V pour sa définition

chimiques (Amaducci, Sorbi, Albanese, Gainotti, 1981). Toutefois on sait (Woods, 1980) que cette dissymétrie se rencontre, bien qu'à un moindre degré que chez l'homme, chez le chimpanzé, mais non chez le macaque. On sait aussi (Kopp, Michel, Carrier, Biron, Duvillard, 1977) que d'autres asymétries existent entre les hémisphères, les régions concernées étant tantôt plus développées à droite qu'à gauche, tantôt à gauche qu'à droite. On ne peut d'ailleurs préciser le lien fonctionnel que cette corrélation entre taille et localisation peut recouvrir, même si la conjecture de Geschwind paraît très plausible.

Les techniques modernes de tomographie ont été utilisées pour chercher des corrélats morphologiques *in vivo* des différences comportementales établissant la droiterie ou la gaucherie manuelle. A la différence de la tomographie fonctionnelle dont nous reparlerons, il n'est pas apparu chez l'enfant de résultats significatifs (Best, Hoffman, Glanville, 1982).

Un autre aspect de la morphologie lié au développement de la latéralisation est la maturation du corps calleux et sa lente myélinisation après la naissance. Ces différences sont apparues particulièrement importantes à travers la comparaison des comportements des sujets commissurectomisés (*split-brain*) tant avec les normaux qu'avec les sujets qui manifestent une agénésie de cette structure de liaison interhémisphérique (Brinkman, Kuypers, 1972; Chiarello, 1980; Salamy, 1978; Shucard, Shucard, Cummins, 1981).

Le point important qui relie cette anomalie morphologique que constitue l'agénésie, au comportement, c'est le fait que n'apparaissent pas, dans ce cas, les symptômes très clairs de disconnections observés après commissurectomie. Ce qui demeure le plus apparent c'est un déficit spatio-moteur; en ce qui concerne la localisation du langage les résultats ne sont pas clairs. Toutefois on peut reprendre ici la conclusion de C. Chiarello: le corps calleux apparaît nécessaire à un développement adéquat des fonctions «latéralisées». Elle ajoute: «nous devrions admettre la possibilité que le *développement latéralisé d'une fonction* est dissociable *d'un développement adéquat de fonctions que nous considérons normalement comme latéralisées* (Hiscock, Kinsbourne, 1978).

II. DIFFERENCES FONCTIONNELLES

A. Le langage

Les différences fonctionnelles entre les hémisphères ont d'abord été mises en évidence à propos du langage par la célèbre observation de Broca (1861). Ces différences fonctionnelles ont d'abord été inférées à partir des données de la pathologie, puis à partir des données comportementales : écoute dichotique, comparaison des champs visuels périphériques, etc., plus récemment on a pu mettre en relation des différences comportementales avec des indicateurs directs de l'activité cérébrale : test de Wada (injection carotidienne d'amytal sodique), analyse spectrale des électro-encéphalogrammes, étude de l'évolution des potentiels évoqués moyennés, tomographie avec différents traceurs (^{11}C, ^{13}N, ^{15}O); cette dernière technique qui a donné des résultats très intéressants chez l'adulte n'a pas encore fait l'objet de publications chez l'enfant (Phelds, Maziotta, Huang, 1982).

Il était important de savoir s'il existait ou non une spécialisation fonctionnelle hémisphérique chez le très jeune enfant pour comprendre la nature et l'origine de cette spécialisation, particulièrement en ce qui concerne le langage. Lenneberg, en 1967 (Lenneberg, 1967), croyait pouvoir déterminer une période critique pour l'acquisition du langage, correspondant au développement de la dominance cérébrale; il s'appuyait particulièrement sur les récupérations suivant les aphasies survenues avant la puberté, récupérations d'autant meilleures que la lésion était plus précoce. Il en était de même dans le cas d'hémidécortication gauche précoce où l'hémisphère droit semblait se substituer à l'hémisphère gauche. Ces faits ont amené non seulement à supposer une période critique de plasticité (jusqu'à 12 ans), mais à proposer que les hémisphères cérébraux soient *équipotentiels* en ce qui concerne au moins le contrôle de la fonction apparemment la plus clairement (à cause des aphasies) latéralisée : le langage.

Le problème apparaît aujourd'hui plus complexe. Si l'on admet que chez les sujets ayant eu une lésion gauche ou une hémidécortication gauche précoce, au moins avant cinq ans (Yeni-Komshian et Benson, 1976), il peut y avoir transfert fonctionnel à l'autre hémisphère, on estime aujourd'hui que le langage de ces sujets, malgré une maîtrise apparemment complète, présenterait néanmoins des différences avec le langage contrôlé par l'hémisphère gauche. Inversement pour les lésions droites, si celles survenues avant un an ne laissent pas de séquelles apparentes, il n'en va pas de même au-delà de cet âge : le

QI performance au test de Wechsler est plus bas que le QI verbal (Vargha, Khadem, Corballis, 1979). Toutefois, si l'hémisphère droit apparaît durant cette période de plasticité pouvoir supporter le contrôle du langage, il reste à comprendre pourquoi celui-ci est contrôlé par l'hémisphère *gauche* pour la quasi-totalité des droitiers de la main (au moins 94 % vérifié par le test de Wada), et qu'il l'est pour environ 50 % des sujets gauchers. Y a-t-il à la naissance une spécialisation initiale de l'hémisphère gauche ? Cette spécialisation va-t-elle en progressant au cours des premières années de l'établissement de langage ? On a tenté de répondre à ces questions par l'étude de trois types de données : l'écoute dichotique, les interférences entre comportements, l'analyse des potentiels évoqués corticaux, et, après la première année, par l'étude comparée de ces potentiels ou des interférences chez les sujets sourds et entendants.

L'écoute dichotique consiste à présenter simultanément des stimuli différents à l'oreille gauche et à l'oreille droite, et de tester de manière différentielle l'efficacité perceptive de ces deux canaux concurrents (chez les adultes, par le rappel). D. Kimura, inventeur de cette technique en 1961, l'appliqua dès 1970 à des enfants entre 5 et 8 ans et elle montra que les enfants dès cet âge manifestaient une dominance de l'oreille gauche (hémisphère droit) pour les stimuli non verbaux (cri d'animaux) et de l'oreille droite pour les stimuli verbaux (Knox, Kimura, 1970).

Ces recherches ont été étendues avec une technique d'habituation - déshabituation pour établir les différences d'efficacité perceptive à de très jeunes enfants.

Les résultats sont en faveur d'une différence pour l'oreille droite (hémisphère gauche) dès 4 à 6 jours pour la perception de syllabes /ba/, /da/, /ta/ et /pa/. Pour la différence entre musique et parole il semble qu'à 2 mois il existe une dominance de l'hémisphère droit (Bertoncini, 1982; Best, Hoffman, Blanville, 1982; Entus, 1977; Knox, Kimura, 1970; Turkewitz, Creighton, 1974). Ces recherches sont difficiles techniquement et l'interprétation, même chez les sujets plus âgés, n'est pas évidente, ce qui explique que les résultats ne concordent pas toujours; en outre il s'agit de montrer une efficacité supérieure de l'hémisphère gauche dans le traitement des sons du langage, ce qui ne préjuge pas de leurs modalités de traitement par l'hémisphère droit.

L'étude des potentiels évoqués apporte des données qui concordent avec celles de l'écoute dichotique (Molfese, 1977; Molfese, Molfese, 1979; Neville, 1977; Sherman, Galaburda, 1982) et il en est de même pour la perception des figures géométriques; chez le bébé, on constate aussi une dissymétrie dans des figures géométriques, entre 4 et 7 mois, et à partir de 7 mois pour les visages (Gil de Diaz, 1983).

Si l'on ne peut rien dire en ce qui concerne les nouveau-nés, il apparaît que dès 2 à 3 mois, une différence existe entre les potentiels évoqués au niveau des deux hémisphères, mais avec une différence entre garçons (dominance droite) et filles (dominante gauche).

La troisième technique utilisée consiste à faire effectuer une tâche latéralisée (par la main droite ou gauche), par exemple, et à voir si des stimuli verbaux (perçus ou produits) interfèrent plus avec la performance gauche ou droite. Ces situations, si elles sont réalisables dès 3 ans, et montrent alors une latéralisation gauche du langage (Hiscock, Kinsbourne, 1978) sont plus difficiles à réaliser avec des nouveau-nés. Toutefois on a pu montrer (Segalowitz, Chapman, 1980) que chez des prématurés l'audition de sons verbaux provoquait une réduction nette des mouvements présentés par les membres du côté droit, par opposition à l'effet de la musique ou de bruits.

La spécialisation de l'hémisphère gauche est bien établie lors de la seconde année pour le traitement du langage; elle est possible dès le premier semestre de la vie, bien que les données qui viennent d'être exposées ne soient ni massives, ni totalement concordantes.

B. Les expressions physionomiques

On a pu montrer chez l'adulte, et même chez l'enfant de 7 ans que la production d'expressions émotionnelles jouées (au moins utilisées dans des situations de communication sociale) était traduite plus par l'hémi-visage gauche, donc sous le contrôle de l'hémisphère droit, que par l'hémi-visage droit. On établit ce fait par les jugements de visages «chimères» obtenus photographiquement par la juxtaposition de deux hémi-visages gauches ou droits. Or cet effet semble inverse pour le sourire social entre 3 et 9 mois, plus contrôlé par l'hémisphère *gauche;* de 9 à 24 mois on ne constaterait pas de dissymétrie claire, et après 24 mois c'est l'asymétrie adulte qui apparaît: contrôle *droit* (Gil de Diaz, 1981). On pouvait se demander ce qu'il en était pour la perception. Chez l'adulte la perception des physionomies est contrôlée par l'hémisphère droit (Bertelson, 1982), ce qui donne un avantage au champ visuel gauche. Il faut noter toutefois des arguments qui plaident en faveur d'une relation, au moins à travers la plasticité du système nerveux pendant les années qui suivent la naissance. Ainsi Hécaen (Hécaen, 1984) cite deux cas rapportés dans la littérature de sujets amputés du bras droit, l'un à 10 ans, l'autre à 17 ans, qui présentèrent des aphasies à la suite de lésions de l'hémisphère droit. D'autre part il semble que l'écriture (et la lecture) puissent jouer un rôle dans la plus nette latéralisation des fonctions du langage.

Le facteur génétique pourrait d'ailleurs s'exprimer dans la régulation du développement du cerveau au cours de la vie fœtale qui rendraient compte des asymétries morphologiques et fonctionnelles. Ainsi chez le rat on a mis en évidence des différences entre le développement de l'hémisphère droit et de l'hémisphère gauche, différences qui ne sont pas indépendantes du sexe (Diamond, Johnson, Young, Sukhwinder, Singh, 1983; Diamond, Murphy, Akiyama, Johnson, 1982; Glick, Ross, 1981). Ces asymétries seraient liées au contrôle hormonale de l'ontogenèse du système nerveux central. L'hémisphère droit aurait un développement plus rapide, plus tôt achevé, que la gauche (De Bassio, Kemper, Galaburda, 1982); on a aussi mis en évidence (Sherman, Galaburda, 1982) la corrélation entre l'importance de l'asymétrie morphologique et l'intensité des comportements émotionnels chez le rat. Chez l'homme, Geschwind et Behan (Geschwind, Behan, 1982) ont montré l'existence d'une corrélation entre gaucherie et certaines affections auto-immunes. Chez l'homme aussi on a montré dans le cerveau de dyslexiques des modifications attribuables à des perturbations de la migration neuronale dans l'hémisphère gauche au cours de l'ontogenèse cérébrale pendant la gestation (Galaburda, Eidelberg, 1982; Galaburda, Kemper, 1979). Tous ces faits plaident en faveur du rôle des régulations hormonales dans la genèse des dissymétries morphologiques et fonctionnelles cérébrales. Une différence dans les vitesses de développement pourrait rendre compte dans la phylogenèse de l'installation du langage dans l'hémisphère le plus lentement mature; cette hypothèse est compatible aussi avec l'attribution possible d'un contrôle des émotions par l'hémisphère droit. Cette hypothèse, si on y ajoute la notion de plasticité du système nerveux au cours du développement, est aussi compatible avec l'existence d'une équipotentialité des hémisphères qui explique les récupérations du langage après lésions précoces de l'hémisphère gauche.

C. Vision

En dehors de ces données sur la dissymétrie dans la perception visuelle des visages, on a peu étudié la dissymétrie entre fonctionnalités hémisphériques chez l'enfant dans le cas de la vision. Toutefois il apparaît que chez le nouveau-né l'EEG est entraîné par une stimulation photique stroboscopique à 3 Hz de manière bilatérale, comme chez l'adulte, pour 19 % des enfants étudiés, unilatérale pour 18 % (16 % pour l'hémisphère droit, 2 % pour l'hémisphère gauche) et ne manifeste pas d'entraînement pour les autres : il y a peut-être là un indice du développement plus précoce de l'hémisphère droit, dont on sait aussi qu'il est mieux irrigué (Crowell, Jones, Kapuniai, Nakagawa, 1973).

On a pu montrer (Schonen, 1977 ; Schonen, Mc Kenzie, Bresson, Maury, 1978) d'autre part, que le champ visuel qui était étroit à 2 mois, d'environ 35°, et symétrique, était à 5 mois de 60° et symétrique. Mais entre ces deux états son accroissement se faisait d'abord à *droite* où son ouverture maximale était atteinte au même moment que se faisait la capture de la main droite par le regard, puis ensuite à gauche. Ce changement fonctionnel peut être mis en rapport avec les évolutions dissymétriques de la latéralisation notée depuis longtemps par Tournay, 1924 ; Sperry, 1982).

III. DISSYMETRIES COMPORTEMENTALES

On sait maintenant que la dissymétrie manuelle éprouvée sur une série de tâche unimanuelles ou bimanuelles (Oldfield, 1971) représente une distribution bimodale continue : les droitiers totaux représentent 67 % de la population, les gauchers totaux 3 %, et les situations mixtes (non stabilisées pour certains items ou non cohérentes entre items) 30 %. On a pu montrer d'autre part que trois mesures de dissymétrie brachio-manuelle : croiser les bras, croiser les doigts, sens du tour dans la fabrication d'un nœud, étaient toutes trois à la fois stables chez un même sujet (500 garçons de 9 ans), distribuées dans la population de manière significativement dissymétrique (1/3 - 2/3), et néanmoins totalement indépendantes (Andrango, Narvaez, Bresson, 1982). Le problème de la latéralisation manuelle, ou d'autres comportements, apparaît donc comme un problème complexe dès l'âge scolaire. Il était donc important de comprendre son développement.

Les comportements étudiés sont l'atteinte de l'objet (reaching), le serrement de main (grasping), le tapping, le placement du pied, l'orientation de la tête.

A. L'atteinte manuelle

L'atteinte unimanuelle d'un objet est présente dès le 5ᵉ jour après la naissance (Schonen, 1977; Schonen, 1980) si certaines conditions de posture et de viligance sont respectées. Cette atteinte est plus fréquente et plus précise lorsqu'elle se fait par la main gauche vers l'objet à gauche (il n'y a pas à cet âge atteinte de face): on peut penser que cette atteinte qui n'est plus contrôlée par la vision après le départ du lancé du bras est de type balistique et que la dissymétrie observée manifeste une dominance de l'hémisphère gauche dans un contrôle ipsilatéral de ce mouvement (Brinkman, Kuypers, 1972). Gesel et Ames notent que les mouvements d'atteintes balistiques entre 8 et 12 semaines sont majoritairement du côté gauche (Gesell, Ames, 1947; Seth, 1973). On voit apparaître dès la 25ᵉ semaine, pour un objet présenté au bout des doigts ou sur la paume de la main, un peu plus tard si l'objet est présenté sur un plateau (28ᵉ semaine) un comportement bimanuel différencié (Bresson, Maury, Pieraut, Le Bonniec, Schonen, 1977). La main *gauche* se place sur le support et la main droite glisse vers l'objet. Il s'agit là d'un comportement transitoire, mais bien établi, qui manifeste la première coordination bimanuelle. L'intérêt de cette conduite est que la main gauche (hémisphère droit) semble jouer un rôle de localisation et la main droite de préhension. Cette coordination bimanuelle est aussi contemporaine de la fin de l'atteinte balistique et du début du contrôle visuel du mouvement des doigts dont on sait qu'il est contro-latéral et implique la fonctionnalité du corps calleux (Brinkman, Kuypers, 1972).

D'autres types d'épreuves font apparaître la coordination bimanuelle plus tard, autour du 10ᵉ mois (Flament, 1976; Ramsay, Campos, Fenson, 1979; Schonen, 1977) et la relient au début du langage (Ramsay, 1980). L'organisation du serrement de main, dans son intensité et sa durée, manifeste aussi une différence latérale, et ceci dès le 17ᵉ jour après la naissance: significativement ces comportements (unimanuels) sont plus intenses et plus longs avec la main droite (Petrie, Peters, 1980). Le tapping, dès 10 mois, manifeste clairement aussi une préférence droite (Ramsay, 1979).

B. Le positionnement du pied

Le positionnement du pied apparaît aussi latéralisé à droite dès le premier jour après la naissance, et ce comportement demeure stable après une semaine (Melekian, 1981; Peters, Petrie, 1979).

C. L'orientation de la tête

Dès la naissance, 88 % des enfants, placés en décubitus dorsal, tournent leur tête vers la *droite,* seulement 9 % vers la gauche; en outre cette posture est très stable pour chaque enfant: 90 % du temps (Turkewitz, 1980). Ces observations ont été amplement confirmées, entre autres en établissant, après maintien de la tête en position médiane, la direction de son premier tour.

Cette orientation de la tête a des conséquences importantes pour la répartition du tonus et les stimulations sensorielles (Liederman, Coryell, 1981a; Liederman, Kinsbourne, 1980; Michel, 1981; Tournay, 1924; Turkewitz, Birch, 1971). Elle apparaît d'autre part liée à la manière dont les enfants sont portés dans les bras de leur mère: sur le bras gauche dans la très grande majorité des cas (Ginsburg, Fling, Hope, Musgrove, Andrews, 1979). Il y a donc à partir d'un biais du comportement qui s'exprime de manière très primitive, qui est peut-être lié à la position du fœtus avant la naissance, une série d'interactions qui renforcent la dissymétrie comportementale.

IV. LES CAUSES

Le caractère très primitif, très probablement antérieur à la naissance, de certaines des dissymétries morphologiques, fonctionnelles et comportementales n'implique ni que leur déterminisme soit unique, ni qu'il soit génétiquement déterminé. Les interactions avec l'environnement sont fort différentes pour chacune des modalités envisagées. D'autre part, comme on l'a vu (Andrango-Narvaez, Bresson, 1982), l'existence d'une répartition très dissymétrique du même ordre de grandeur, pour les comportements dont on pourrait s'attendre à ce qu'ils soient liés, n'implique nullement cette liaison. Même pour des déterminations comme la latéralisation hémisphérique du langage, les interactions avec l'environnement ne sont pas à écarter. Il apparaît très possible que les aphasies adultes n'aient pas la même évolution selon que les sujets sont ou non alphabétisés (Mehler, R., Lecours, 1982). Pour les sourds de naissance, ceux qui sont nés de parents eux-mêmes sourds, commencent à manifester la production du langage signé à la fin de la première année et il semble que ce soit sous le contrôle de l'hémisphère gauche (Neville, 1977); il n'en est pas de même pour ceux qui, enfants de parents entendants, commencent à signer beaucoup plus tard.

La notion de développement de la latéralisation qui s'établirait progressivement, comme le pensait Lenneberg, n'apparaît plus du tout aussi évidente. On a plutôt l'impression que des biais très clairs existent à la naissance, mais que les interactions avec l'environnement peuvent soit les renforcer, soit les éteindre. Le problème de l'origine de ces biais n'est pas tranché. Deux facteurs, d'ailleurs compatibles, sont actuellement discutés: un modèle génétique et une relation de la gaucherie à des traumatismes au moment de la naissance.

On a cru pouvoir éliminer un modèle de la détermination génétique à partir entre autres de l'étude des répartitions des jumeaux selon leur latéralité manuelle (Corballis, Morgan, 1978; Michel, 1981). En fait cette répartition apparaît différente de celle que donnerait une répartition binomiale (McManus, 1980). Bien qu'on observe toutes les situations: D - D, D - G, G - G, ceci n'exclut nullement un modèle génétique de type de celui proposé par Annett (Andrango, Narvaez, Bresson, 1982; Brinkman, Kuypers, 1972).

La plupart des auteurs pensent que la latéralisation massive à gauche du langage, la différence morphologique du *planum temporale,* plaident en faveur d'un biais lié à l'espèce pour cette dissymétrie fonctionnelle. C'est en effet tout autre chose d'admettre *une* dissymétrie, et que celle-ci soit *toujours* à gauche. Le lien entre cette dissymétrie fonctionnelle et la latéralité manuelle est plus obscure, mais elles apparaissent liées, sans que l'on puisse y voir comme on l'a longtemps cru une relation causale de la main au langage. Celle-ci est maintenant très certainement à rejeter dans l'ontogenèse. Elle doit très probablement l'être dans la phylogenèse.

Le second type de causalité invoqué a été le rôle d'un stress à la naissance dans la détermination de la senistralité: les gaucheries non familiales. Cette relation proposée par Satz en 1972, et de manière différente par Bakan en 1973, n'apparaît pas aujourd'hui nettement établie, même si certaines observations récentes semblent l'appuyer (Liederman, Coryell, 1981b; McManus, 1981).

V. CONCLUSION

Il nous reste beaucoup a apprendre sur l'organisation bilatérale du système nerveux, tant dans les facteurs qui la contrôlent, que dans son dynamisme fonctionnel, son évolution et ses conséquences. La multiplicité des travaux de plus en plus fins sur ces problèmes a fait apparaître leur complexité. Il n'est plus question de penser ces questions dans des termes aussi rudimentaires qu'*inné* et *acquis*. Les nouvelles conceptions sur le développement du système nerveux sont en train de renouveler ces questions, de même que les recherches comparatives sur l'animal ou sur les ancêtres de l'homme actuel. Les problèmes des relations entre cette organisation des dissymétries fonctionnelles hémisphèriques au début de la vie et ce qu'il adviendra plus tard des enfants, les relations avec la dyslexie d'évolution par exemple, ou avec les styles cognitifs, ou les différences entre garçons et filles, tous ces problèmes qui impliquent l'intervention des environnements socioculturels, rendent encore plus nécessaires que nos connaissances progressent en ce domaine.

Bibliographie

AMADUCCI L., SORBI S., ALBANESE A. et GAINOTTI G. (1981), Choline acetyltransferase activity differs in right and left human temporal lobes. *Neurology, 31,* 799-805.
ANDRANGO-NARVAEZ A. et BRESSON F. (1982), Habitus moteur et latéralisation. Paris, *Travaux du Centre d'Etude des Processus Cognitifs et du Langage.*
ANNET M. (1978), Genetic and nongenetic influences on handedness. *Behavior Genetics, 8,* 227-249.
BERTELSON P. (1982), Lateral differences in normal man and lateralization of brain function. *Journal International de Psychologie, 17,* 173-210.
BERTONCINI J. (1982), *Quelques aspects de la perception de la parole chez l'enfant de 0 à 2 mois.* Paris, thèse, EHESS.
BEST C.T., HOFFMAN H. et GLANVILLE B.B. (1982), Development of infant ear asymetries for speech and music. *Perception and Psycholphysics, 31,* 75-85.
BRESSON F., MAURY L., PIERAUT-LE BONNIEC G. et SCHONEN S. de (1977), Organization and lateralization of reaching in infants: an instance of dissymetric functions in hands collaboration. *Neuropsychologia, 15,* 311-320.
BRINKMAN J. et KUYPERS H. (1972), Splitbrain monkeys: cerebral control of ipsilateral and contralateral arm, hand and finger movements. *Science, 176,* 536-539.
CARTER-SALTZMAN L. (1980), Biological and sociocultural effects on handedness: comparison between biological and adoptive families. *Science, 209,* 1263-1265.
CHIARELLO C. (1980), A house diveded? Cognitive functioning with callosal agenesis. *Brain and Language, 11,* 128-158.

CORBALLIS M.C. et MORGAN M.J. (1978), On the biological basis of human laterality. I. Evidence for a maturational left-right gradient. *The Behavioral and Brain Sciences, 2,* 261-269.

CROWELL D.H., JONES R.H., KAPUNIAI L.E. et NAKAGAWA J.K. (1973), Unilateral cortical activity in newborn humans: an early index of cerebral dominance? *Science, 180,* 205-207.

DAVIDSON R.J. et FOX N.A. (1982), A symmetrical brain activity discrimates between positive and negative affective stimuli in human infants. *Science, 218,* 1235-1237.

DENNIS M. et WHITAKER H.A. (1976), Language acquisition following hemidecortication: linguistic superiority of the left over the right hemisphere. *Brain and Language, 3,* 404-433.
corticaction: linguistic superiority of the left over the right hemisphere. *Brain and Language, 3,* 404-433.

DEVEL R.K. et MORAN C.C. (1980), Cerebral dominance and cerebral asymmetries on computed tomogram in childhood. *Neurology, 30,* 934-938.

DIAMOND M.C., JOHNSON R.E., YOUNG D. et SUKHWINDER SINGH S. (1983), Age-related morphologic differences in the rat cerebral cortex and hippocampus: male-female; right-left. *Experimental Neurology, 81,* 1-13.

DIAMOND M.C., MURPHY G.M.J., AKIYAMA K. et JOHNSON R.E. (1982), Morphological hippocampal asymetry in male and female rats. *Experimental Neurology, 76,* 553-565.

ENTUS A.K. (1977), Hemispheric asymmetry in processing of dichotically presented speech and nonspeech stimuli by infants. In: S.J. Segalowitz et F. Gruber (Eds.): *Language Development and neurological theory.* New York: Academic Press.

FLAMENT F. (1976), *Coordination et prévalence manuelle chez le nourrisson.* Aix-Marseille, Editions du C.N.R.S.

GALABURDA A.M. et EIDELBERG D. (1982), Symmetry and asymmetry in the human posterior thalamus. II. Thalamic lesions in a case of developmental dyslexia. *Archives of Neurology, 39,* 333-336.

GALABURDA A.M. et KEMPER T.L. (1979), Cytoarchitectonic abnormalities in developmental dyslexia: A case stdy. *Annals of Neurology, 6,* 94-100.

GALABURDA A.M., LE MAY M., KEMPER T.L. et GESCHWIND N. (1978), Right-left asymmetries in the brain. *Science, 199,* 852-856.

GALABURDA A.M. et SANIDES F. (1980), Cytoarchitectonic organization of the human auditory cortex. *Journal of Comparative Neurology, 190,* 597-610.

GALABURDA A.M., SANIDES F. et GESCHWIND N. (1978), Cytoarchitectonic left-right asymmetries in the temporal speech region. *Archives of Neurology, 35,* 812-817.

GESCHWIND N. et BEHAN P. (1982), Left-handedness: Association with immune disease, migraine, and developmental disorder. *Proceedings of the National Academy of Sciences,* 5097-5100.

GESELL A. et AMES L.B. (1947), The development of handedness. *Journal of Genetic Psychology, 70,* 155-175.

GIL DE DIAZ M. (1981), *Ontogenèse de l'asymétrie fonctionnelle interhémisphérique: étude préliminaire des asymétries faciales expressives chez le jeune enfant.* Marseille D.E.A. Neurosciences du Comportement.

GIL DE DIAZ M. (1983), *Développement d'une asymétrie fonctionnelle interhémisphérique chez l'enfant de 4 à 12 mois: reconnaissance des visages.* Marseille, thèse de Neurosciences et Sciences du Comportement.

GINSBURGH H.J., FLING S., HOPE M.L., MUSGROVE D. et ANDREWS C.

(1979), Maternal holding preferences: a consequence of newborn head-turning response. *Child Development, 50,* 280-281.
GLICK S.O. et ROSS D.A. (1981), Right-sided population bias and lateralization of activity ni normal rats. *Brain Research, 205,* 222-225.
HECAEN H. (1976), Acquired aphasia in children and the ontogenesis of hemispheric functional specialization. *Brain and Language, 3,* 134-144.
HECAEN H. (1984), *Les gauchers.* Paris, P.U.F.
HISCOCK M. et KINSBOURNE M. (1978), Ontogeny of cerebral dominance: evidence from time-sharing asymmetry in children. *Developmental Psychology, 14,* 321-329.
LENNEBERG E.H. (1967), *Biological Foundations of Language.* New York: Wiley.
KNOX C. et KIMURA D. (1970), Cerebral processing of nonverbal sounds in boys and girls. *Neuropsychologia, 8,* 227-237.
KOPP N., MICHEF F., CARRIER H., BIRON A. et DUVILLARD P. (1977), Etude de certaines asymétries hémisphériques du cerveau humain. *Journal of the Neurological Sciences, 34,* 349-363.
LIEDERMAN J. et CORYELL J. (1981a), Right-hand preference facilitated by rightward turning biases during infancy. *Development Psychobiology, 14,* 439-450.
LIEDERMAN J. et CORYELL J. (1981b), The origin of left-hand preference: pathological and nonpathological influences. Présenté à la *Society for Research in Children Development* (à paraître).
LIEDERMAN J. et KINSBOURNE M. (1980), The mecanism of neonatal rightward turning bias: a sensory or motor asymetry? *Infant Behavior and Development, 3,* 223-238.
McMANUS I.C. (1980), Handedness in twins: a critical review. *Neuropsychologia, 18,* 347-355.
McMANUS I.C. (1981), Handedness and birth stress. *Psychological Medicine, 11,* 485-496.
MEHLER J. et LECOURS A.R. (1982), *Travaux du Centre d'étude des Processus Cognitifs et du Langage.*
MELEKIAN B. (1981), Lateralization in the human newborn at birth - asymmetry of the stepping reflex. *Neuropsychologia, 19,* 707-711.
MICHEL G.F. (1981), Right-handedness: a consequence of infant supine head orientation preference? *Science, 212,* 685-687.
MOLFESE D.L. (1977), Infant cerebral asymmetry. In: S.J. Segalowitz et F.A. Gruber (Eds): *Language Development and Neurological Theory.* New York: Academic Press.
MOLFESE D.L. et MOLFESE V.J. (1979), Hemisphere and stimulus differences as reflected in the cortical responses of newborn infants to speech stimuli. *Developmental Psychology, 15,* 505-511.
MORGAN M.J. et CORBALLIS M.C.. (1978), On the biological basis of human laterality: II the mecanisms of inheritance. *The Behavioral and Brain Science, 2,* 270-336.
NEVILLE H. (1977), Electroencephalographic testing of cerebral specialization in normal and congenitally deaf children: a preliminary. In: S.J. Segalowitz et F.A. Gruber: *Language Development and Neurological Theory.* New York: Academic Press.
OLDFIELD R.C. (1971), The assessment and analysis of handedness: The Edimburg inventory. *Neuropsychologia, 9,* 97-113.
PHELDS M.E., MAZZIOTTA J.C. et HUANG S. (1982), Study of cerebral function with position computed tomography. *Journal of Cerebral Blood Flow and Metabolism, 2,* 113-162.
PETERS M. et PETRIE B.F. (1979), Functional asymmetries in the stepping reflex of human neonates. *Canadian Journal of Psychology, 33,* 198-200.
PETRIE B.F. et PETERS M. (1980), Handedness: left/right differences in intensity of

grasp response and duration of rattle holding in infants. *Infant Behavior and Development, 3,* 215-223.

RAMSAY D.S. (1979), Manual preference for tapping in infants. *Developmental Psychology, 15,* 437-442.

RAMSAY D.S. (1980), Beginnings of bimanual handedness and speech in infants. *Infant Behavior and Development, 3,* 67-77.

RAMSAY O.S., CAMPOS J.J. et FENSON L. (1979), Onset of bimanual handedness in infants. *Infant Behavior and Development, 2,* 69-76.

SALAMY A. (1978), Commissural transmission: maturational changes in humans. *Science, 200,* 1409-1410.

SCHONEN S. de (1977), Functional asymmetries in the development of bimanual coordinations in human infants. *Journal of Human Movement Studies, 3,* 144-156.

SCHONEN S. (1980), Développement de la coordination visuo-manuelle et de la latéralisation manuelle des conduites d'atteinte et de prise d'objet. Paris, *Travaux du Centre d'Etude des Processus Cognitifs et du Langage.*

SCHONEN S. de, McKENZIE B., BRESSON F. et MAURY L. (1978), Central and peripheral objects distances as determinants of the effective visual field in early infancy. *Perception, 7,* 499-506.

SEGALOWITZ S.J. et CHAPMAN J.S. (1980), Cerebral asymmetry for speech in neonates: a behavioral measure. *Brain and Language, 9,* 281-288.

SETH G. (1973), Eye-hand ordination and «handedness»: a developmental study of visuo-motor behavior in infancy. *British Journal of Education Psychology, 43,* 35-49.

SHERMAN G.F. et GALABURDA A.M. (1982), Cortical volume asymmetry and behavior in the albino rat. *Neuroscience Abstracts, 8,* 627.

SHUCARD J.L., SHUCARD D.W. et CUMMINS K.R. (1981), Auditory evoked potentials and sex-related differences in brain development. *Brain and Language, 13,* 91-102.

SPERRY R. (1982), Some effects of disconnecting the cerebral hemispheres. *Science, 217,* 1223-1226.

TOURNAY A. (1924), L'asymétrie dans le développement sensitivo-moteur de l'enfant. *Journal de Psychologie Normale et Pathologique,* 125-144.

TURKEWITZ G. (1980), Mechanisms of a neonatal rightward turning bias: a reply to Liederman and Kingsbourne. *Infant Behavior and Development, 3,* 239-244.

TURKEWITZ G. et BIRCH G.H. (1971), Neurobehavioral organization of the human newborn. In J. Hellmuth (Ed.), *Exceptional Infant, 2: Studies in abnormalities.* New York: Brunner et Marel.

TURKEWITZ G. et CREIGHTON S. (1974), Changes in lateral differential of head posture in the human neonate. *Developmental Psychology, 8,* 85-89.

VARGHA-KHADEM F. et CORBALLIS M.C. (1979), Cerebral asymmetry in infants. *Brain and Language, 8,* 1-9.

WOODS B.T. (1980), The restricted effects of the right hemispher lesions after age one, Wechsler Test data. *Neuropsychologia, 18,* 65-70.

YENI-KOMSHIAN G.H. et BENSON D.A. (1976), Anatomical study of cerebral asymmetry in the temporal lobe of humans, chimpanzees, and rhesus monkeys. *Science, 192,* 387-389.

ZACK M. (1981), *Edute comparative des perturbations fonctionnelles consécutives à des lésions temporales droites de l'enfance et de l'âge adulte.* Paris, mémoire de l'EHESS.

Chapitre V
Latéralisation et organisation cérébrale

D. PARAIN et M. MOSCATO

La latéralisation, dans ses rapports avec les diverses commandes comportementales, peut être illustrée en analysant les liens unissant la dominance cérébrale et la prévalence manuelle. Nous disons *illustration* et non *réduction* car il est vrai, comme le souligne J.P. Changeux dans son remarquable ouvrage, *l'Homme Neuronal* (1983), que l'on ne peut assimiler la dominance cérébrale à l'usage préférentiel d'une main. C'est une semblable idée que nous rappelle le Docteur H. Wintrebert à propos de l'écriture: «l'écriture n'est évidemment pas un bon critère de la latéralité spontanée de l'enfant et plutôt un piège pour ceux qui croient que parce qu'il écrit à droite ou à gauche, l'enfant est droitier ou gaucher» (1980, p. 144). Il reste que la prévalence manuelle est la conséquence la plus visible de la dominance cérébrale. La majorité des individus sont plus habiles du côté droit et ceci est corrélé avec l'importance très souvent prépondérante de l'hémisphère gauche dans l'organisation de mouvement. Il n'était pas évident que les autres activités corticales soient latéralisées. L'étude des lésions cérébrales chez l'adulte nous a appris que le langage, l'organisation visuo-spatiale, la sensibilité musicale, le développement du schéma corporel, sont le reflet d'une fonction corticale asymétrique. Il en est de même pour certaines activités très spécialisées comme la reconnaissance d'un visage humain.

L'étude des fonctions corticales fait l'objet de la neuropsychologie qui s'est enrichie de certaines situations expérimentales comme l'écoute dichotique ou les commissurotomies. Mais si la neuropsychologie de l'adulte s'est développée considérablement en un siècle, il faut reconnaître que la neuropsychologie de l'enfant est encore rudimentaire. Plusieurs explications sont possibles: un grand nombre de lésions cérébrales ont lieu durant la vie intra-utérine et il est difficile de reconnaître exactement leur mécanisme, leur étendue et leurs effets immédiats, et surtout il est difficile d'apprécier l'effet exact d'une lésion cérébrale sur une fonction qui n'est pas encore apparue ou est en voie de développement.

Cependant, grâce à une étude plus rigoureuse des fonctions corticales, grâce au scanner cérébral qui permet un éclairage souvent impossible auparavant sur la localisation et l'étendue des lésions, grâce à nos connaissances nouvelles sur la pathologie neurologique intra-utérine, le développement de la neuropsychologie de l'enfant est une tâche prometteuse qui s'impose à la neuropédiatrie pour les années à venir.

I. ASPECTS NEURO-PSYCHOLOGIQUES

Depuis Galien (IIe siècle après J.C.), l'idée de localiser les fonctions comportementales dans les ventricules cérébraux était communément admise. C'est au début du XIXe siècle que l'anatomiste Franz Gall donna les bases d'une neurologie moderne. Malgré l'inexactitude de ses concepts qui faisaient correspondre un trait comportemental prononcé au développement d'un sillon cortical précis, il fut le premier à souligner l'existence d'une relation entre fonction et structure corticale. En 1861, la découverte de Broca permit de localiser le langage dans l'hémisphère gauche. Progressivement il fut mis en évidence qu'à différents troubles du langage, correspondaient différentes localisations dans l'hémisphère gauche.

Le concept de dominance cérébrale de l'hémisphère gauche ainsi introduit pour le langage fut renforcé par les constatations de Liepmann sur l'apraxie. En 1907, il étudia un malade atteint d'une hémiplégie droite et une maladresse de la main gauche: il était incapable d'imiter des gestes ou de manipuler correctement les objets. A l'autopsie, il présentait une lésion pontique gauche responsable de son hémiplégie droite et un infarctus de corps calleux. Liepmann conclut que l'hémisphère gauche contenait non seulement les engrammes du langage, mais également ceux des activités motrices élaborées vers un but.

Cette lésion du corps calleux déconnectait l'aire motrice hémisphérique droite de l'aire responsable des praxies sur l'hémisphère gauche.

On définit habituellement l'apraxie comme une perturbation dans la réalisation des mouvements appris, élaborés et orientés vers un but qui n'est pas due à une faiblesse musculaire, une anomalie du tonus ou de la coordination.

La recherche d'une apraxie doit envisager plusieurs aspects du mouvement:

- la pantomime,
- l'imitation de la pantomime,
- l'utilisation d'un objet actuel,
- l'imitation de l'examinateur utilisant un objet actuel. Le mouvement doit être exécuté par un membre (surtout la main) ou la face (surtout la bouche). Il peut être isolé (par exemple souffler sur une allumette) ou consister en une série d'actes (allumer une bougie).

A. Hémisphère gauche et apraxie

L'hypothèse calleuse de Liepmann fut vérifiée par l'existence de lésions hémisphériques gauches entraînant une apraxie. Chez les droitiers presque tous les cas d'apraxie sont dus à des lésions gauches (Hécaen et Sauguet, 1971). L'apraxie est souvent associée à l'aphasie. Il a été suggéré que l'aphasie et l'apraxie sont des manifestations d'un trouble primaire de la symbolisation. Les performances motrices de certains apraxiques sont en effet souvent médiocres sur ordre ou imitations alors qu'elles sont améliorées par l'utilisation d'un objet. Cependant, il existe parfois une importante discordance entre les pertubations aphasiques et apraxiques.

On distingue avec Ajuriaguerra, Hécaen et Angelergues (1960) quatre types d'apraxies:

1. L'*apraxie idéatoire* dans laquelle le sujet n'a plus la représentation mentale de la séquence des actes à accomplir pour exécuter une tâche déterminée. Il est par exemple incapable d'allumer une bougie avec une allumette. Il peut frotter la bougie sur la boîte ou présenter l'allumette non enflammée à la bougie. Chaque geste élémentaire est cependant bien exécuté.

2. L'*apraxie idéo-motrice* où la conception idéatoire des actes complexes est conservée alors qu'il existe une impossibilité d'exécuter les mouvements nécessaires pour réaliser un geste simple. Ce trouble se

révèle surtout en situation d'examen, alors que l'activité motrice de la vie courante est moins perturbée que dans le cas précédent.

3. *L'apraxie constructive* est mise en évidence lorsqu'on demande au patient de dessiner spontanément ou d'après un modèle. Le trouble peut être massif avec incapacité de reproduire la moindre forme simple, ou plus subtil avec mauvaise utilisation de l'espace, mauvaise inclinaison ou jonction des lignes, impossibilité de réaliser une figure indépendante du modèle (phénomène du «closing-in» surchargeant chacun des traits du modèle proposé). Ce type d'apraxie n'est pas spécifique aux lésions de l'hémisphère gauche. Il peut être associé aux lésions droites en rapport avec des troubles visuo-spatiaux.

4. *L'apraxie de l'habillage* est marquée, comme l'indiquent Ajuriaguerra, Hécaen et Angelergues (1960) «par une désorganisation des gestes concernant seulement l'habillement, en l'absence d'apraxie idéatoire ou idéomotrice» (p. 571). L'orientation et la disposition du vêtement présenté au sujet constituent pour celui-ci une première difficulté. Les désordres observés lors de l'habillement sont caractéristiques: «Il le manipule (le vêtement) de façon incohérente, le tourne et le retourne, le saisit au hasard, s'étonne, le renverse et se conduit en un mot comme s'il attendait d'une bonne fortune la disposition correcte de l'objet» (p. 571-572). Généralement le sujet ne parvient pas à se vêtir, ou y parvient sans que le vêtement soit placé correctement.

La figure 1, empruntée à Ajuriaguerra et coll. (1960) fait apparaître le lien unissant le type de lésion et les formes d'apraxie.

B. Importance de l'hémisphère droit

Il a fallu attendre 70 ans après la découverte de Broca concernant le rôle de l'hémisphère gauche dans le langage, pour que soient mises en évidence les fonctions cognitives essentielles de l'hémisphère droit. Plusieurs explications de ce retard ont été proposées:

- Une lésion très localisée de l'hémisphère gauche entraîne habituellement de gros troubles des fonctions supérieures, alors qu'une lésion de taille identique à droite entraîne exceptionnellement un dysfonctionnement important.

- Les troubles entraînés par des lésions hémisphériques droites sont souvent difficiles à mettre en évidence et ne perturbent pas grossièrement la vie de tous les jours.

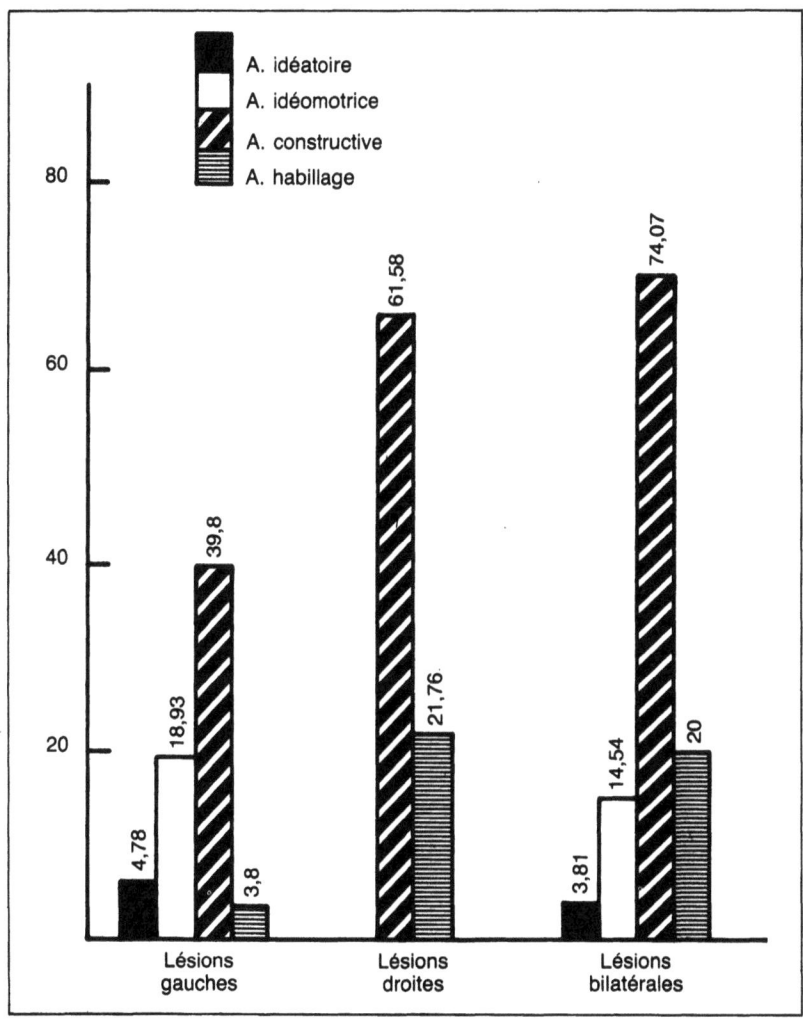

Fig. 1. Fréquences des variétés de l'apraxie selon l'hémisphère lésé (d'après Ajuriaguerra, Hécaen et Angelergues, 1960, p. 573).

Le concept de supériorité de l'hémisphère droit pour certaines fonctions corticales est le résultat de l'étude des conséquences de lésions acquises sur ce même hémisphère. Cette supériorité intéresse plusieurs domaines : l'organisation visuo-spatiale, le schéma corporel et la musique. Mais, d'emblée, il faut signaler que la localisation corticale de ces fonctions est souvent moins latéralisée que ne l'est le langage sur l'hémisphère gauche chez le droitier.

1. L'agnosie visuo-spatiale.

Elle entraîne une désorganisation dans les capacités d'orientation du patient. Il est incapable de se souvenir d'un itinéraire familier. Il peut même se perdre dans sa propre maison. Il existe souvent associée, une perturbation dans l'exploration systématique de l'espace par le regard, ce qui gêne l'appréhension visuelle globale d'un tout. Le patient va se fixer sur quelques détails et avoir des difficultés à reconnaître des formes complexes. L'échec à l'épreuve des cubes de Kohs ou de la figure de Rey est massif. Cette difficulté peut prendre parfois un aspect très spécifique dans les cas de *prosopragnosie* où le sujet est incapable de reconnaître un visage familier. Il va utiliser d'autres indices comme la voix ou un vêtement pour compenser son déficit.

2. Les troubles du schéma corporel.

La connaissance que nous avons de notre corps est le résultat d'un apprentissage très long qui va progressivement fixer des engrammes dans des localisations corticales différentes selon certains de ses aspects. La connaissance comportementale et relationnelle du corps semble s'inscrire sur des régions diffuses avec une participation importante des lobes frontaux.

Par contre la connaissance posturale se fixe essentiellement au niveau des aires associatives de la région pariétale inférieure droite.

Les troubles du schéma corporel sont observés au cours des lésions étendues du carrefour pariéto-temporo-occipital droit. Le malade présente une hémiparésie gauche, mais son hémicorps droit est incapable d'opérer une quelconque compensation pour l'aider à se lever du lit, à marcher et à organiser un espace accessible à sa main droite. Il existe souvent associée une anosognosie du déficit et une véritable hémiasomatognosie, c'est-à-dire une non-reconnaissance par le malade que cet hémicorps hémiparétique lui appartient. Il a un sentiment teinté de perplexité que ce bras et cette jambe ne sont pas à lui.

3. Les troubles de la reconnaissance musicale et de l'expression mélodique.

Ces perturbations sont le résultat de lésions temporales droites. Le sujet a de grandes difficultés à reconnaître un air familier. Quand il l'a reconnu, il est capable d'en donner le titre et les paroles. Il est par contre incapable de le chanter ou le fredonner.

Parallèlement à ces difficultés de l'expression mélodique, il existe un trouble de la prosodie du langage. Sa voix est devenue monotone et geignarde. Il est incapable de changer d'intensité ou de registre.

C. Dominance cérébrale et gaucherie

Après avoir découvert le principe de la dominance cérébrale gauche pour le langage, Broca suggérait que l'hémisphère droit était dominant pour le langage chez le gaucher. En fait, les premières études systématiques sur les lésions hémisphériques unilatérales chez les gauchers (Goodglass, 1954) ont montré qu'il n'y avait pas de dominance inversée pour la représentation du langage, mais plutôt une organisation cérébrale différente.

Le fait que les gauchers récupèrent plus rapidement et complètement des lésions cérébrales aphasiogènes (Hécaen et Ajuriaguerra, 1963) renforce l'hypothèse que les gauchers ont une représentation bilatérale du langage.

Hécaen et Sauguet (1971) ont comparé les déficits produits par des lésions hémisphériques droites et gauches chez les gauchers et droitiers. Ces différences interhémisphériques sont nettement moins importantes chez les gauchers, surtout pour les activités verbales et à un moindre degré pour les activités visuo-spatiales. D'après Satz (1979), la représentation cérébrale du langage chez le gaucher aurait une telle répartition : unilatérale gauche (40 %), unilatérale droite (20 %), bilatérale (40 %).

Le rôle de l'histoire familiale de la gaucherie (G.F.) a été étudié récemment d'une manière systématique par Hécaen, de Agostini et Monzon-Montes (1981) sur 141 gauchers et 130 droitiers ayant des lésions hémisphériques unilatérales. Il existerait une relation très nette entre G.F. (gaucherie familiale) d'une part et la bilatéralité de la représentation du langage d'autre part. Il y aurait également moins de différence entre lésion antérieure et postérieure pour les troubles du langage en présence du G.F. Ces relations ont été retrouvées non seulement chez les gauchers, mais à un moindre degré chez les droitiers. Au contraire il n'y a pas de relation entre G.F. et l'organisation hémisphérique des fonctions spatiales.

D. Les mouvements en miroir

Les mouvements bimanuels obligatoirement associés ou «mouvements en miroir» sont un aspect particulier des troubles de la latéralité manuelle. Ces mouvements prédominent aux membres supérieurs. Il sont des syncinésies d'imitation. Mais au lieu d'être d'une intensité modérée et de disparaître avec la maturation vers l'âge de 10 ans comme chez l'enfant normal, ils vont persister toute la vie. Presque tous les mouvements volontaires d'une main vont être associés à un mouvement de l'autre main, le plus souvent d'amplitude moindre, entraînant des difficultés dans certaines activités très asymétriques comme monter à une corde.

Cette symptomatologie peut s'intégrer dans plusieurs entités:

1. Les mouvements en miroir hériditaires. Dans ce cas il n'y a pas d'autre signe associé mais seulement une transmission autosomique dominante.

2. Les mouvements en miroir associés à une pathologie neurologique. L'entité la plus fréquemment rencontrée est l'hémiplégie congénitale. Des lésions de la moëlle associées à une malformation des vertèbres cervicales notamment dans le cadre du syndrome de Klippel-Feil s'accompagnent souvent de mouvements symétriques des mains.

3. Les cas strictement isolés sans éléments héréditaires ou pathologiques associés.

De nombreuses théories explicatives ont été proposées (voir Schott et coll., 1977) parmi lesquelles nous retiendrons:

- Dans le cas du syndrome de Klippel-Feil, une insuffisance dans la décussation des fibres pyramidales à la partie basse du tronc cérébral a été rapportée par l'étude anatomo-pathologique.

- Dans les autres cas on évoque une insuffisance dans les phénomènes inhibiteurs du mouvement controlatéral associé, à partir de l'hémisphère ipsilatéral au mouvement volontaire par l'intermédiaire de voies cortico-spinales. Cette atteinte des influx inhibiteurs pourrait être familiale ou d'origine lésionnelle (hémiplégie congénitale, par exemple).

E. Sexe et dominance cérébrale

La supériorité féminine pour les tâches verbales et la supériorité masculine pour les tâches visuo-spatiales ont été fréquemment confirmées du moins à l'âge adulte. Sandra Witelson a pu tester chez l'enfant la latéralisation des fonctions spatiales. Le sujet prend un objet dans chaque main, en dehors de la vue, pour en déterminer la forme au toucher. Par la suite, il doit reconnaître ces objets parmi un groupe qui lui est présenté visuellement. S. Witelson a étudié 200 enfants droitiers de 6 à 13 ans. Les garçons avaient un score de réussite meilleur avec la main gauche alors que les filles ne montraient pas de différences entre les 2 mains. On peut penser que ces résultats supposent une certaine latéralisation des fonctions spatiales sur l'hémisphère droit chez le jeune garçon.

L'étude anatomique de Wada (1975) montre que la différence entre le *planum temporale*[1] droit et gauche est faible et parfois inversée chez la femme, alors que chez l'homme cette structure est presque toujours plus développée du côté gauche. Par contre la partie postérieure du corps calleux serait plus développée chez la femme.

Ces constatations renforcent l'impression que la femme a dans l'ensemble une activité corticale moins latéralisée, tant au niveau du langage que des activités visuo-spatiales. L'homme aurait tendance à utiliser ses hémisphères d'une manière successive là où la femme les utiliserait d'une manière simultanée.

La technique du calcul des débits sanguins cérébraux locaux au cours de tâches cognitives par la méthode d'inhalation du xenon radioactif et du recueil de cette radioactivité par des caméras à scintillation, confirme que le cerveau féminin présente une spécialisation hémisphérique moins importante.

Cette moindre spécialisation a été proposée comme explication au pourcentage plus faible de filles présentant une dyslexie, un retard du langage ou une aphasie grave.

II. ASPECTS EXPERIMENTAUX

Si l'étude des lésions cérébrales a permis de découvrir certains aspects de la dominance cérébrale, quelques situations post-opératoires

---

[1] Le *planum temporale* est l'aire du lobe temporal située en arrière du gyrus de Heschl. Il s'étend d'avantage à gauche dans 65 % des cas et à droite dans 11 % des cerveaux (cf. Hécaen, 1978, p. 355-358). L'asymétrie du *planum temporale* découverte par Wada a été doublement confirmée: avant lui dès 1972, sur le cerveau de foetus et de nouveaux nés, par Teszner, Tzavaras, Gruner et Hécaen, et après lui, en 1978, par Geschwind et Letvitsky (cf. Hécaen, 1978, p. 355-358).

et expériences de laboratoire ont apporté un éclairage nouveau dans la compréhension des modes de traitement des informations dévolues à chaque hémisphère.

A. Les commissurotomies

Depuis plusieurs décades on sait qu'une décharge épileptique focalisée peut diffuser à l'autre hémisphère par l'intermédiaire du corps calleux. La commissurotomie a été proposée pour améliorer certaines épilepsies rebelles. Avec l'amélioration de la technique opératoire, le succés sur les crises était parfois impressionnant, contrastant avec l'absence de modification évidente sur la personnalité, l'intelligence et le comportement, malgré la déconnection quasi complète des deux hémisphères.

Grâce à l'étude particulièrement ingénieuse de R. Sperry et M. Gazzaniga, les symptômes apparurent avec leur subtilité.

Le sujet est incapable de dénommer un objet qu'il tient dans sa main gauche et qu'il ne voit pas. Ce trouble n'est dû ni à un déficit perceptif ni à une aphasie. Il est capable d'utiliser correctement cet objet avec la main gauche, mais ne peut imiter le mouvement avec sa main droite. Il est incapable de discerner cet objet dans un groupe qui lui est présenté visuellement sur son hémi-champ gauche par étude tachitoscopique. Toutes les informations qui lui arrivent sur l'hémisphère gauche par le toucher de la main droite ou par la vision sur son hémi-champ droit sont parfaitement verbalisées. Toutes les informations qui lui arrivent d'une façon homologue sur l'hémisphère droit sont correctement traitées par cet hémisphère mais ne peuvent passer sur l'hémisphère controlatéral et entre autres, ne peuvent être verbalisées.

Certains sujets présentent également une difficulté à associer un nom à un visage. La reconnaissance du visage étant une fonction très spécifique de l'hémisphère droit, on conçoit que sa dénomination impose un transfert calleux. Le sujet aura tendance à isoler un ou des aspects particuliers du visage pour le verbaliser (par exemple : Pierre a des lunettes et une moustache). Par un mécanisme similaire, il existerait une diminution des performances en géométrie qui nécessite une bonne représentation spatiale et une activité de langage.

B. Le test de Wada

Il consiste à anesthésier temporairement un seul hémisphère par l'injection intracarotidienne unilatérale d'un barbiturique à action rapide, en général l'amytal sodique. Ce test est utilisé par les chirurgiens pour déterminer la latéralisation du langage, avant d'intervenir sur un lobe temporal. On demande au sujet de lever les bras. La chute du bras controlatéral à l'injection va signifier que l'hémisphère est anesthésié. Le patient va rester bien vigilant pendant quelques minutes durant lesquelles on pourra tester son langage, sa capacité de reconnaissance des formes et sa mémoire.

Il a pu être ainsi confirmé que 95 % des droitiers et 70 % des gauchers avaient leur langage latéralisé du côté gauche. En cas de lésion hémisphérique gauche acquise à un âge précoce, la prédictibilité de la prévalence manuelle sur l'organisation cérébrale diminue. En effet, 20 % des droitiers et 70 % des gauchers ont un langage latéralisé à droite.

C. L'écoute dichotique

D. Kimura, travaillant au Neurological Institute de Montréal, fut la première à montrer que dans certains conditions les sujets normaux ont une capacité d'identification des mots supérieure par l'oreille droite que par la gauche.

Les mots sont présentés en série par l'intermédiaire d'écouteurs soit successivement à l'oreille droite puis gauche, soit simultanément. On teste alors les capacités de répétitions des mots en comptabilisant les erreurs et les oublis. Lorsque la présentation est successive, les performances de l'oreille droite et gauche sont équivalentes. En présentation dichotique, c'est-à-dire simultanément, le sujet fait moins d'oublis et d'erreurs avec les mots présentés à l'oreille droite.

Chaque oreille présente des projections bilatérales vers le cortex avec une prépondérance de la voie controlatérale. Lors d'une stimulation bilatérale il y aurait une inhibition de la voie ipsilatérale. On comprend ainsi les résultats de l'écoute dichotique qui montre une supériorité de l'oreille droite lors des stimulations verbales. L'oreille droite est directement connectée avec le lobe temporal gauche; les stimulations présentées à l'oreille gauche ne peuvent accéder à l'hémisphère gauche que par le corps calleux, le voie ipsilatérale étant inhibée.

Il existe par ailleurs une supériorité de l'oreille gauche pour les stimulations musicales.

Chez les commissurotomisés, lors d'une présentation successive, il n'y a pas de différence entre les deux oreilles. Mais l'asymétrie des résultats en écoute dichotique est très accentuée, la stimulation de l'oreille gauche ne pouvant accéder à l'hémisphère gauche par la voie calleuse.

On conçoit l'intérêt de cette technique pour déterminer l'hémisphère dominant pour le langage. Ces résultats sont habituellement corrélés avec ceux du test de Wada.

III. ASPECTS ELECTROENCEPHALOGRAPHIQUES

Il existe une asymétrie physiologique de l'électroencéphalogramme (E.E.G.), surtout chez l'adolescent, en particulier pour l'amplitude du rythme alpha de repos qui est habituellement plus ample sur l'hémisphère droit. Cette asymétrie n'est pas corrélée avec la latéralité des sujets (Chevance, Samson-Dollfus et Dailly, 1978). Les résultats de l'analyse spectrale au cours des tâches cognitives sont assez décevants. D'après Chevance et coll. (1978), le calcul et le vocabulaire favorisent une diminution significative de l'alpha, plus marquée pour le calcul que pour le vocabulaire. Cette réactivité s'exprime sur les deux hémisphères pendant le calcul, mais est plus marquée à gauche pour le vocabulaire. Pour Gevins et coll. (1979), il n'y a pas d'asymétrie de l'analyse spectrale lors d'une rotation mentale de formes géométriques, d'une addition sérielle d'une colonne de chiffres et d'une subsitution de lettre suivie de reconnaissance du mot. Ces tâches ont été sélectionnées pour diminuer les facteurs non cognitifs qui auraient pu interférer avec les résultats comme les mouvements des membres ou oculaires. Aucun signe de latéralisation n'apparut donc sur l'E.E.G. au cours de ces différents types d'activités cognitives.

Bibliographie

AJURIAGUERRA, J. de, HECAEN, H. et ANGELERGUES, R., Les apraxies. Variétés cliniques et latéralisation lésionnelles. *Revue Neurologique*, 1960, *102* (6), 566-594.

CHANGEUX, J.P., *L'Homme Neuronal*. Paris, Fayard, 1983.

CHEVANCE M., SAMSON-DOLLFUS D. et DAILLY R., Approche électroencéphalographique de la latéralisation de l'enfant. *Arch. Franc. Ped.*, 1978, *35*, 504-511.

GEVINS A.S., ZEITLIN G.M., DOYLE J.C., SCHAFFER R.E. et CALLAWAY E., EEG pattern during cognitives tasks II. Analysis of controlled tasks. *Electroenceph. Clin. Neurophysiol.*, 1979, *47*, 704-710.

GOODGLASS J. et QUADFASEL F.A., A language laterality in lefthanded aphasies, *Brain*, 1954, *77*, 521-548.

HECAEN, H., *La dominance cérébrale. Une anthologie*. Paris, Mouton, 1978.

HECAEN H. et AJURIAGUERRA J., *Les gauchers, Prévalence manuelle et dominance cérébrale*. Paris, Presses Universitaires de France, 1963.

HECAEN H., DE AGOSTINI M. et MOUZON-MONTES H., Cerebral organization in left handers. *Brain and Language*, 1981, *12*, 261-284.

HECAEN H. et SAUGUET J., Cerebral dominance in left handed subjects. *Cortex*, 1971, *7*, 19-48.

SATZ P., A test of same models of hemispheric speech organization in the left and right handed. *Science*, 1979, *203*, 1131-1133.

SCHOTT G.D. et WYKE M.A., Obligatory Bimanual associated mouvements. *Journal of the neurological science*, 1977, *33*, 301-312.

TESZNER, D., TZAVARAS, A., GRUNER, J. et HECAEN, H., L'asymétrie droite-gauche du *planum temporale* à propos de l'étude anatomique de 100 cerveaux. *Revue Neurologique*, 1972, *126*, 444.

WADA J.A., CLARK R., HAMM A., Cerebral Hemisphere Asymmetry in Humans. *Archives of Neurology*, 1975, *32*, 239-246.

WINTREBERT, H., La latéralisation chez l'enfant, organisation fonctionnelle et psychopathologique. *Journée Médicale d'Etude sur la Latéralisation*, G.R.A.S.P., Créteil, 20 septembre 1980, Document Ronéotypé, p. 143-162.

WITELSON S.F., Sex and the simple hemisphere: Specialisation fo the right hemisphere for spatial processing. *Science*, 1976, *193*, 425-427.

Chapitre VI
Latéralisation et représentation spatiale
N'y aurait-il que la gauche et la droite ?

H. LEHALLE

Si les problèmes de latéralité se situent essentiellement à un niveau non représentatif (les tests de latéralité — par exemple Galifret-Granjon, 1958 — s'attachent à utiliser les épreuves motrices les plus spontanées possible), il reste que la représentation[1] des relations spatiales suppose une connaissance pratique de l'espace où l'organisation droite/gauche peut jouer un rôle, parmi d'autres repérages possibles.

Bon nombre des recherches en ce domaine ont consisté à étudier la genèse de la compréhension de termes linguistiques sensés correspondre à des rapports spatiaux. C'est une démarche ancienne puisque Piaget, dès 1924 (*Le jugement et le raisonnement chez l'enfant*), étudiait la signification pour l'enfant de termes tels que « à droite », « à gauche » et interprétait ses observations dans le cadre du développement d'une « logique des relations ». Mais les travaux plus récents de E. et H. Clark (1973, en particulier) ont quelque peu renouvelé la problématique sous-jacente et suscité de nouvelles recherches. C'est cet ensemble de travaux que nous commencerons par analyser, en insistant sur les interprétations génétiques qu'ils suscitent.

---

[1] Nous utiliserons ici le terme de « représentation » dans son sens classique, celui de la représentation sémiotique par opposition aux actions sensori-motrices (cf. Piaget, Wallon, etc...). Nous discutons ailleurs (Lehalle, à paraître) la possibilité et la signification génétique de « représentations » sensori-motrices.

C'est ensuite en considérant les représentations graphiques que nous montrerons, là encore mais plus rapidement, l'importance de l'organisation sensori-motrice préalable, en particulier du point de vue de la latéralisation.

Ce faisant, nous n'examinerons qu'une petite partie des problèmes concernant la représentation spatiale, tels qu'ils apparaissent par exemple dans Piaget et Inhelder (1947) ou dans Laurendeau et Pinard (1968). Ce sont essentiellement les problèmes de la représentation des rapports topologiques (et de sa genèse) qui seront abordés. Cependant, la considération de «l'espace projectif», en particulier la droite projective, sera utile pour interpréter le fait que certaines représentations n'apparaissent que relativement tardivement au cours de la genèse.

I. ANALYSE DES PROPOSITIONS THEORIQUES DE H. CLARK (1973).

L'essentiel de la thèse de H. Clark (1973) consiste à considérer que l'espace perceptif n'est pas uniforme, qu'il est déjà organisé selon les trois axes de l'espace (vertical, sagittal, latéral) et que la genèse des repésentations verbales de l'espace et du temps dépend de cette organisation préalable.

Plus précisémment, H. Clark considère que la simple perception des objets et de leurs mouvements réels ou apparents définit l'organisation d'un espace perceptif (*P-space*). Du point de vue du sujet, trois plans délimitent des zones différemment valorisées. Ainsi, le plan frontal délimite un avant et un arrière : l'avant est positivement marqué en raison du fait qu'il correspond à l'orientation principale des organes récepteurs (la vue, l'ouïe, etc...). Le plan horizontal, celui du sol, définit vers le haut un espace positivement valorisé par rapport à ce qui est en dessous et que l'on ne voit pas. Enfin, le plan sagittal sépare deux zones, la gauche et la droite qui sont considérées par H. Clark comme étant perceptivement symétriques (aucune n'est valorisée positivement ou négativement par rapport à l'autre).

En bonne logique euclidienne, les trois axes orthogonaux correspondent, deux à deux, à chacun de ces plans. Deux de ces axes sont également orientés dans la mesure où, comme on l'a vu, l'expérience perceptive valorise un pôle plutôt qu'un autre. Ainsi, l'axe vertical qui correspond par exemple à la chute des corps, à la gravité, est valorisé vers le haut (et d'ailleurs pour voir « sous » un objet, ne faut-il pas opérer une transformation inverse par rapport à la gravité ?... tandis que le dessus correspond à l'expérience quotidienne). L'axe sagittal est, lui, valorisé d'avant en arrière pour deux raisons principales : d'abord la communication ordinaire se fait « face à face », d'où valorisation de ce qui est devant, et d'autre part, le mouvement apparent des objets lorsque l'on se déplace, et l'approche des personnes venant à la rencontre du sujet, se font d'avant en arrière. L'axe droite/gauche par contre est « symétrique » dans l'analyse de H. Clark.

Cette théorisation conduit Clark à formuler deux hypothèses principales concernant le développement du langage chez l'enfant (au moins dans le cas de la langue anglaise). Tout d'abord, « l'hypothèse de corrélation » postule un parallélisme entre le langage et la perception : le niveau représentatif doublerait en quelque sorte le niveau perceptif, et donc l'organisation de l'espace perceptif serait transposée au niveau de l'espace représenté. Par ailleurs, « l'hypothèse de complexité » indique que si un terme B comporte toutes les règles d'emploi (au niveau des présuppositions par exemple) d'un terme A, plus une supplémentaire, ce terme B sera génétiquement appris après le terme A. En particulier, dans le cas des dimensions de l'espace, le marquage « négatif » se surajoute au marquage « positif » et les termes tels que « sous » ou « derrière » devront être appris après les termes positifs correspondants (respectivement « sur » ou « devant »).

L'analyse de H. Clark semble pouvoir être discutée selon plusieurs directions. Tout d'abord, sur un plan général, la place que H. Clark attribue à la perception devrait sans doute revenir à l'*action* tout entière et à son organisation sensori-motrice. Dans l'optique de H. Clark, le sujet apparaît essentiellement passif et, à la limite, contemplatif des événements extérieurs, or c'est l'aspect actif de la perception qui permet la structuration de l'espace et plus tard des symboles. D'ailleurs, H. Clark lui-même fait appel à l'action, par exemple pour jusitifier l'orientation psychologique de l'axe sagittal (rôle des déplacements du sujet, de la mise en place dans les interactions « face à face », etc...) ou pour distiguer « l'objet focal » déplacé par rapport à un autre objet. On pourrait alors penser que parler d'action plutôt que de perception n'est qu'une simple question de vocabulaire. Toute perception est en effet action car il ne s'agit jamais d'une simple réception sensorielle, et d'autre part toute action nécessite l'activité des récepteurs sensoriels. Cependant, parler d'action marque justement que l'aspect cognitif dans son ensemble est en jeu dans la structuration de l'espace. Cela permet par ailleurs de faire explicitement le lien avec les analyses piagétiennes et de considérer que la représentation spatiale est à envisager par rapport à l'ensemble des organisations sensori-motrices, éventuellement sous leur aspect structuré (groupe des déplacements).

Si, donc, on parle en terme d'actions, certaines hypothèses plus spécifiques de H. Clark peuvent être discutée. Ainsi, sur l'axe vertical, H. Clark estime que «sous» ou «en dessous de...» (*under*) sont marqués négativement car placer un objet A sous un objet B nécessite une action antigravitationnelle (soulever B) contrairement, par exemple, au fait de placer un objet «sur» une table. C'est oublier un peu vite que placer des objets «sur» d'autres nécessite parfois une action quelque peu antigravitationnelle (par exemple, placer un objet sur une armoire... ou même sur une table quand on a deux ans). La seule différence est que le placement «sous» quelque chose nécessite souvent le déplacement préalable de ce quelque chose, mais le traitement de la gravitation est symétrique dans les deux cas. Par exemple, faire tomber un cube «sous» la table quand on est soi-même assis à table sur une chaise n'est guère antigravitationnel et ne nécessite aucun déplacement préalable.

Par ailleurs, on peut penser que H. Clark aurait pu considérer d'autres transformations ou actions sensori-motrices que celles qu'il a envisagées, conduisant éventuellement à rendre asymétrique le rapport droite/gauche. On peut penser par exemple à la rotation de la tête ou du tronc, qui il est vrai garde sans doute la symétrie droite/gauche. Par ailleurs, si on considère le développement de la latéralisation et par exemple la distinction progressive de la main qui effectue l'action par rapport à celle qui prépare l'action ou qui l'accompagne, on peut envisager que l'axe droite/gauche puisse devenir asymétrique, même si cette asymétrie n'est pas la même pour tous les individus. Remarquons que H. Clark (en note page 48) déclare explicitement ne pas avoir pris en compte la latéralité et que cette prise en compte, envisageable, ne remettrait pas en cause son modèle général. Ainsi, l'analyse de H. Clark (1973) ne peut être considérée comme définitive, même à un niveau purement théorique.

En restant à ce niveau théorique, on peut se poser la question du statut psychologique (et cognitif) des dimensions distinguées par H. Clark. Comme on le verra dans la suite en analysant certains résultats expérimentaux, parler d'axes à un niveau représentatif suppose que le sujet ait quelque appréhension de la droite projective. Or, Piaget et Inhelder (1947) ont montré que cette notion de droite projective n'apparaît guère avant 7 ans. Chez les enfants plus jeunes, ce sont les rapports topologiques qui sont pris en compte et représentés sans que de véritables axes puissent être abstraits. Ainsi, si deux points suffisent dans la géométrie euclidienne pour définir une droite... on est tenté de dire qu'il en faut au moins trois («alignés») pour que l'on puisse parler psychologiquement de dimensions spatiales (voir paragraphe 2). «Devant/derrière», «sur/sous», etc... ne suffisent pas à définir de tels axes du points de vue des jeunes enfants.

Enfin, si on souligne l'importance de l'action sur les objets et de l'information abstraite de l'action des objets les uns sur les autres, une distinction fondamentale paraît devoir être soulignée, et conduire à des hypothèses, sinon nouvelles, du moins particulièrement plausibles. Cette distinction consiste à différencier la structuration du corps propre, et la localisation spatiale par rapport au corps propre, de la structuration «projetée» dans les objets (par assimilation au corps propre) et de la localisation par rapport à des objets éventuellement structurés. Nous verrons que ces distinctions qui ne paraissent pas fondamentales pour H. Clark (il semble mettre sur le même plan les références «naturelles» comme le niveau du sol ou la gravité, et les références liées au corps propre), correspondent à des différences importantes d'un point de vue génétique.

II. LES REPRESENTATIONS VERBALES DE POSITIONS SPATIALES

Comme on l'a vu en introduction, les travaux de H. et E. Clark ont renouvelé la problématique piagétienne (depuis 1924) et suscité de nombreuses recherches concernant la compréhension par les enfants des termes du langage servant à représenter certaines relations spatiales. Cependant, des problèmes de méthode se sont très vite posés, comme on le verra tout d'abord, avant d'exposer les principaux résultats concernant le développement des codages verbaux de positions spatiales.

A. Questions de méthode

La méthode la plus simple pour étudier la genèse des représentations verbales pouvait consister à observer la manière dont les jeunes enfants comprennent des injonctions verbales comportant des termes tels que «dans», «sur», «sous» (*in, on, under*). Malheureusement, comme le font remarquer Grieve, Hoogenraad et Murray (1977), Corrigan et al.

(1981) après d'autres auteurs (E. Clark, 1973b; Wilcox et Palermo, 1974/75), les réponses des jeunes enfants (2 à 3 ans) peuvent être déterminées non pas par la consigne elle-même et la préposition considérée, mais par le contexte extra-linguistique et en particulier par la nature même des objets utilisés et leur usage canonique. Il n'est pas nécessaire par exemple de se référer à la consigne pour placer «correctement» un bateau «sous» un pont ou un camion «sur» une route. Ainsi, une «bonne réponse» dans ce type de situation n'est pas en soi une preuve de la compréhension de la préposition étudiée. Réciproquement (comme le remarquent Grieve et al., 1977), une mauvaise réponse dans d'autres situations ne doit pas systématiquement être considérée comme le signe d'une incompréhension de la préposition. Elle peut résulter en effet d'un conflit entre la compréhension de la préposition et ce que le sujet pense être une réponse appropriée à la situation. Par exemple, «mettre le bateau *sur* le pont» peut induire un conflit tranché en faveur de ce qui paraît normal dans le contexte (un bateau, ça passe plutôt sous les ponts, sauf à Briare!).

Dans d'autres situations, par exemple celles utilisées par Lurçat (1976, 1978) ou par Cox (1981), la consigne elle-même n'a pas d'interprétation univoque (cet aspect est également souligné par H. Clark, 1973). Soit un sujet qui a, posé devant lui, une poupée qui lui tourne le dos (la poupée «regarde» donc au loin dans la même direction que le sujet); si on demande alors un sujet de placer une balle «devant» la poupée, il peut la placer soit entre lui-même et la poupée (ce que font 25 % des adultes selon Cox), soit de l'autre côté (devant le devant de la poupée). De fait il n'y a aucune raison logique ou sémantique, pour privilégier une réponse plutôt qu'une autre. Simplement, la consigne est *interprétée* du point de vue de la poupée dans un cas, ou du point de vue de l'observateur/sujet dans l'autre[2]. Mais continuons ces expériences hypothétiques en remplaçant la poupée par un verre (objet non orienté); dans ce cas, l'accord sera pratiquement unanime pour placer la balle entre soi-même et le verre (pour «devant le verre») et si, de plus, on demande de placer la balle «à gauche» ou «à droite» du verre le sujet placera sans problème la balle sur les côtés du verre correspondant à sa propre gauche ou à sa propre droite. Mais, raffinement subtil, remplaçons le verre par une voiture miniature disposée de telle sorte qu'elle pourrait éventuellement rouler en marche avant vers le sujet (position du type «face à face»). Dans ce cas, placer la balle «devant» la voiture ne pose aucun problème, mais placer la balle

---

[2] Surtout, que l'on ne dise pas que, dans cette situation, l'interprétation du point de vue de la poupée et plus «décentrée»!...

«à gauche» ou «à droite» de la voiture mérite réflexion. Là encore, contrairement à ce que suggère Lurçat, il n'y a pas de bonne solution. Le sujet peut soit, comme l'écrit Lurçat, procéder par «rotation» et placer la balle «à gauche» ou «à droite» du point de vue de la voiture, soit placer la balle en fonction de son point de vue d'observateur/sujet et procéder comme pour le verre. Cette procédure est appelée «mixte 2» par Lurçat (ni «translation», ni «rotation») alors qu'il s'agit simplement d'un placement tout à fait cohérent selon le point de vue de l'observateur, malgré l'apparente contradiction par rapport à une interprétation du point de vue de la voiture. Les travaux de Lurçat, qui sont pourtant parmi les rares à porter sur la relation droite/gauche sont donc difficilement interprétables, d'autant plus que les analyses en termes de «translation» ou de «rotation» sont parfois discutables (en placement «face à face», même si une rotation de 180° du schéma corporel du sujet aboutit effectivement au «schéma» de l'objet situé «en face», on ne peut en conclure que le sujet procède effectivement par rotation, si les réponses sont conformes à cette rotation).

Ces quelques exemples, parmi d'autres possibles, indiquent bien la nécessité de quelques précautions méthodologiques à la fois dans le choix des situations et dans l'interprétation des réponses.

B. «Dans», «sur», «sous» (in, on, under).

Venons-en à l'exposé de quelques résultats concernant la genèse des représentations spatiales utilisant les termes du langage, et tout d'abord aux prépositions «dans», «sur», «sous», qui ont souvent été étudiées au cours des mêmes expériences. Rappelons que le problème, ici, était de trouver des situations qui permettent de neutraliser «la signification»[3] des objets utilisés. C'est ainsi que Grieve, Hoogenraad et Murray (1977) utilisent deux boîtes (une grande et une petite) dans deux types de tâches: une tâche de reconnaissance (le sujet doit choisir parmi trois arrangements celui correspondant à la phrase prononcée: préposition *in, on,* ou *under*), et une tâche classique de compréhension des instructions (le sujet doit disposer les boîtes selon la phrase prononcée). De plus, dans cette seconde tâche, les boîtes sont soit présentées sans références significatives, soit référées «comme si» elles représentaient une *chaise* et une *table,* un *bébé* et une *baignoire,* un *bol* et une *table.* Peu d'enfants furent observés (14 en deux groupes de 2;3 ans

---

[3] «Signification» dans un sens connotatif, voir par exemple Lehalle (à paraître).

en moyenne et de 3;4 ans). Dans l'ensemble, on trouve que les prépositions *in* et *on* ne posent guère de problèmes aux enfants; la préposition *under* par contre est plus difficile, elle conduit à des erreurs systématiques chez les enfants plus jeunes (par exemple, placement de la petite boîte «dans» la grande, et donc selon le placement le plus spontané). Dans l'ensemble également la tâche de reconnaissance est plus facile que la tâche de compréhension. L'introduction de «significations» ne fut pas possible pour les enfants les plus jeunes (2;0 à 2;4 ans). Pour les autres, des erreurs systématiques s'observent pour *under* en fonction d'habitudes linguistiques (erreurs pour «table *under* chaise/bol» et pour «baignoire *under* bébé», alors que l'inverse, par exemple, «bébé *under* baignoire», est réussi; l'interprétation fait appel aux habitudes concernant le choix du sujet de la préposition). En fait, on trouve une grande variété de réponses; par exemple, l'enfant (3;5 ans) qui, à l'injonction «mettre le bébé *sur* la baignoire», place le bébé «dans» la baignoire et déclare effectivement qu'il a mis le bébé «dans» la baignoire (transformation de la consigne).

Corrigan et al. (1981) ont tenté, auprès d'enfants âgés de 18 à 35 mois (trois groupes d'âge), de comparer l'appréhension cognitive (non linguistique) des relations spatiales et la compréhension des termes linguistiques correspondants (*in, on, under*). L'évaluation cognitive pratiquée est quelque peu discutable (par exemple, on présente à l'enfant une boîte et des cubes et on observe s'il place spontanément ces objets «dans», «sur» ou «sous», les uns par rapport aux autres; en fait, le placement «sous» n'est pas spontané, d'où une situation d'imitation dans laquelle le sujet doit reproduire un arrangement effectué par l'expérimentateur; l'évaluation selon les positions considérées est donc hétérogène car la compétence pour *under* est essentiellement évaluée *via* une tâche d'imitation). L'évaluation de l'aspect linguistique consiste en une tâche de reconnaissance (choix d'un arrangement conforme à la phrase). Les résultats dans cette tâche sont clairs: *in* est plus facile que *on* qui est plus facile que *under* (analyse hiérarchique). D'autre part, pour *in* et *on* la tâche cognitive (tâche de construction) est plus facile que la tâche linguistique (on observe l'inverse pour *under*). Dans l'ensemble, les résultats pour *under* tranchent sur les résultats pour *in* et *on* qui sont assez voisins (malgré la plus grande précocité de *in*). L'évolution génétique est sensible de 18 à 26 mois (surtout de 18 à 22 mois).

Enfin, Pierart (1978) a étudié les prépositions «sur», «au-dessus de», «sous» et «en dessous de» dans trois types de tâches: *description* de configurations réalisées par l'expérimentateur, *compréhension* par placement d'objets selon injonctions, *compréhension* en dessinant les objets conformément aux injonctions. 144 enfants ont été interviewés (3;0 à 7;11 ans). La tâche de production est particulièrement intéressante : « sur » et « en dessous de » sont produits dès 3;0 ans; « au-dessus de » est utilisé rarement avant 4;0 ans (« sur » est employé à la place); « sous » n'est jamais employé, ni par l'enfant ni par l'adulte; « en dessous de » est préféré (au moins en Belgique, comme le remarque l'auteur) et ces deux prépositions ne sont pas sémantiquement distinguées. De plus, il semble bien que la notion d'infrativité/supérativité selon l'axe vertical (distinction par exemple, de « au-dessus de » et de « sur » où « sur » est réservé pour indiquer le contact) soit assez tardive (6-7 ans). Elle nécessite en effet une première ébauche de l'axe projectif vertical. Les enfants les plus jeunes (dès trois ans) prennent en considération le contact (de façon topologique) en opposant « sur » et « en dessous de » mais pas la séparation selon l'axe vertical (« sur » non distingué de « au-dessus de »).

C. « Devant », « derrière », « à côté de »

Concernant ces prépositions, c'est sans doute la recherche de Kuczaj et Maratsos (1975) qui apporte le plus d'informations, non seulement sur les prépositions elles-mêmes, mais aussi sur les processus de la genèse des représentations spatiales. Cinq types de tâches furent proposés à des enfants âgés de 2;6 à 4;0 ans (trois groupes d'âge). Il s'agissait à chaque fois d'indiquer « le devant », « le derrière », et « le côté » (*front, back, side*) mais dans des situations différentes : placer un objet par rapport à soi-même, indiquer le « devant » (etc...) d'objets orientés (jouets tels que camion, téléphone, chien), placer un objet par rapport à ces objets orientés, placer un objet par rapport à des objets non-orientés (verre, balle etc...) — dans ce cas la « bonne réponse » était le placement entre le sujet et l'objet pour « devant » —, tâche de généralisation à des objets non famliers. Or les résultats de cette recherche indiquent la séquence développementale suivante (échelle de Guttman) :

- L'enfant sait placer un objet « devant » et « derrière » lui-même.

- L'enfant sait indiquer le « devant » et le « derrière » d'objets orientés.

- L'enfant sait placer un objet quelconque « devant » et « derrière » un objet orienté.

- L'enfant en arrive à la notion de « à côté ». Il sait placer un objet « à côté » de lui-même et également « à côté » d'objets orientés.

- L'enfant est capable de généraliser les notions de « devant » et « derrière » à des objets nouveaux pour lui (par exemple, un bizarre

« vaisseau spatial » que le sujet manipule librement... indiquant ainsi sans le savoir le sens de déplacement de l'objet et donc son « orientation »).

Utilisation de soi-même comme référent dans le cas d'objets non orientés.

La recherche de Cox (1981) indique l'évolution ultérieure (de 4 à 9 ans et aussi chez l'adulte) de la compréhension de *in front of* et de *behind* pour le placement d'un objet par rapport à une poupée (objet orienté) — qui peut soit être « face à face » avec le sujet, soit lui tourner le dos — ou par rapport à un objet non orienté (une balle). Dans le cas de la poupée, l'évolution génétique est négligeable. Dans le cas de la balle, on peut distinguer un placement par « translation » (pour reprendre la terminologie de Lurçat) où le devant sera situé de l'autre côté de la balle par rapport au sujet, et un placement selon le point de vue du sujet (« devant » sera situé entre le sujet et la balle). On observe alors en fonction de l'âge une diminution de la fréquence du placement par translation, mais ce type de placement était déjà au départ moins fréquent (31 % à 4 ans). Cox et al. (1981) ont repris ce type de recherche dans une perspective interculturelle.

D. Distance et proximité: « près de », « loin de », « contre »

Utilisant là encore une épreuve de compréhension suivie d'une épreuve de description, Piérart (1976) trouve pour les prépositions « près de », « loin de », et « contre », des résultats analogues à ceux que l'on a cité pour l'axe vertical : à 3 ans, « loin de », « près de » et « contre » sont indifférenciés ; puis à partir de 4 ans « près de » et « contre » sont différenciés de « loin de » (opposition binaire : proximité/distance). C'est seulement à partir de 7-8 ans que la distinction entre « près de » et « contre » est de plus effectuée. Cette recherche confirme par ailleurs celle de Kuczaj et Maratsos (1975) pour « à côté de » (placement latéral vers 4 ans).

E. La droite et la gauche

Peu de recherches ont été effectuées spécifiquement sur la droite et la gauche, et on a vu que les résultats de Lurçat (1976, 1978) étaient difficilement interprétables de ce point de vue. En fait, les analyses les plus claires sont encore celles de Piaget (1924). D'un point de vue empirique, ces épreuves piagétiennes ont été standardisées par Galifret-Granjon (1958). On observe très nettement trois niveaux de réussite correspondant à trois types d'épreuves : dès 6 ans (aucun enfant plus jeune n'a été interrogé), on observe 86 % de réussite pour l'épreuve consistant à désigner sa main droite et sa main gauche; la deuxième épreuve (indiquer la main droite et la main gauche de l'observateur situé «face à face») est réussie à 80 % chez les enfants de 8 ans (50 % environ à 7 ans; 34 % pour les droitiers de 6 ans et 9 % pour les gauchers de 6 ans; dans l'ensemble, cette épreuve est nettement mieux réussie par les droitiers jusqu'à 8 ans); la troisième épreuve, qui consiste à relativiser la droite et la gauche pour trois objets alignés, n'est réussie que progressivement (48 % de réussite aux 6 items à 9-10 ans; 62 % à 11-12 ans; 66 % à 13-14 ans).

F. Interprétations générales et hypothèses

La discussion des résultats expérimentaux que nous venons de rapporter brièvement, peut se faire autour de quatre aspects principaux. Tout d'abord, on peut remarquer que les hypothèses de H. Clark (1973) ne sont pas toujours vérifiées. Si, de fait, la préposition *on* paraît acquise avant *under,* il n'en est plus de même pour l'axe sagittal où «devant» et «derrière» sont acquis simultanément. Kuczaj et Maratsos réfutent à ce propos explicitement l'hypothèse de H. Clark. Remarquons que cela ne signifie pas que «devant» ne soit pas psychologiquement marqué positivement par rapport à «derrière». Cependant, l'hypothèse de complexité garde sa valeur descriptive : ainsi «à côté de» paraît bien présupposer et nécessiter le couple «devant/derrière», de même la distinction «près de/contre» est secondaire à la distinction proximité/distance, etc... (pour des résultats analogues, interprétables en termes d'acquisitions progressives de traits sémantiques, voir E. Clark, 1973b).

Mais l'un des facteurs importants que l'on peut abstraire de l'ensemble des résultats cités est que les acquisitions par rapport au corps propre précèdent systématiquement les acquisitions par rapport à des objets du monde expérieur. Cela est particulièrement net dans les résultats de Kuczaj et Maratsos et dans ceux de Piaget. Cet aspect est également souligné par Lurçat (1976, 1978) qui interprète la structuration de l'espace comme une «projection» du schéma corporel. On peut remarquer que cette différence génétique entre le corps propre et les objets est surtout sensible chez les jeunes enfants. Ainsi, pour «à côté de», l'acquisition est à la fois plus tardive et simultanée pour les objets et le corps propre. Conformément à ces observations, on peut souligner que l'usage de métaphores faisant intervenir une symbolique corporelle («allongé», «debout», etc...) sont très souvent utilisées dans le langage courant pour décrire les positions spatiales des objets; ces métaphores sont également utilisées, dans des tâches de production, par les enfants dès 4-6 ans (Lehalle, 1978).

Un autre point important consiste à analyser ces résultats par rapport à l'ensemble du développement cognitif. Il est remarquable à ce niveau que certaines acquisitions tardives s'interprètent bien si on considère que les premières représentations spatiales sont essentiellement de nature topologique, et que la notion de «droite projective» ou d'axe spatial est plus tardive et ne peut guère intervenir avant 6-7 ans. Ainsi, la distinction de trois positions sur un axe — «contre», «près de», «loin de» et «au-dessus de», «sur», «en dessous de» — n'est effective que respectivement à partir de 7-8 ans et de 6-7 ans (Pierart, 1976 et 1978). On peut donc faire l'hypothèse que c'est l'intervention d'une approche projective qui permet l'affinement des distinctions entre représentations spatiales. Les acquisitions précédentes restent topologiques et la simple notion de ligne ne suffit pas à la notion d'axe spatial qui suppose par exemple, comme la droite projective, que les différents points puissent se masquer sous un certain point de vue, etc... (pour plus de détails, voir Piaget et Inhelder, 1947, en particulier p. 181).

Toujours dans le cadre des interprétations cognitives, on peut souligner que traditionnellement les notions de droite et de gauche sont analysées dans le cadre du développement opératoire (transformation génétique d'un codage en termes de propriétés en un codage en termes de relations réversibles). Cependant, on peut également considérer la droite et la gauche comme des marquages supplémentaires par rapport à la relation «à côté de», et on pourrait alors en étudier la genèse, de ce point de vue, chez les enfants autour de 4 ans (qui selon Kuczaj et Maratsos, et aussi Pierart, semblent maîtriser la notion de «à côté de»). Réciproquement, il serait intéressant d'étudier les autres marqueurs spatiaux d'un point de vue plus directement opératoire (par exemple, trois objets A, B, C, alignés sur l'axe vertical: l'objet B peut-il être à la fois «sur» C et «sous» A? etc...). En assimilant suffisamment les épreuves les unes aux autres, on pourrait ainsi avoir une idée de la relative précocité des structurations opératoires selon les dimensions de l'espace.

Un dernier aspect — qui reste très ouvert — serait de considérer les différences interculturelles dans la genèse des représentations spatiales. Cox et al. (1981) présentent quelques résultats sur ce point. Mais ce sont peut-être les analyses qui considèrent les différences linguistiques qui paraissent, ici, particulièrement intéressantes. Slobin (1981) par exemple remarque que les langues rendent plus ou moins saillantes pour l'enfant telle ou telle notion. Ainsi, les suffixes sont plus saillants que les préfixes, et les postpositions plus que les prépositions. Par conséquent, lorsque les représentations spatiales sont encodées par des suffixes (comme en hongrois) ou par des postpositions (comme en turc), elles sont acquises plus tôt que lorsque l'encodage se fait par des préfixes (comme en bantu) ou par des prépositions (comme en anglais). Cependant, l'*ordre* d'acquisition des notions est le même quel que soit le type de langue considéré... ce qui est assez piagétien (ordre identique, mais décalage dans les âges d'acquisition selon les facteurs spécifiques du milieu).

III. A PROPOS DES REPRESENTATIONS GRAPHIQUES

En ce qui concerne les représentations graphiques, il est particulièrement intéressant de noter — du point de vue de la latéralisation — que des asymétries droite/gauche sont facilement observables. On sait par exemple depuis longtemps (Zazzo, 1950) que les dessins de profils humains sont beaucoup plus fréquemment orientés vers la gauche que vers la droite. Cette asymétrie se retrouve pour de nombreux objets orientés (voitures, animaux, etc...) et cela dès la maternelle (72 % d'orientation senestre selon Château, 1965, cité par Simounet, 1975).

De nombreuses interprétations ont été proposées pour expliquer ce phénomène, depuis les simples contraintes du mouvement graphique (Zazzo) jusqu'à l'influence du sens de lecture et de l'écriture (par exemple, l'orientation senestre serait déterminée par le fait que le dessin commence dans la partie gauche du cadre et se déroule vers la droite et par le fait que l'on commence par représenter la partie antérieure de l'objet). Simounet (1975) examine l'ensemble de ces hypothèses de façon critique en confrontant un grand nombre de recherches, en particulier interculturelles. Il en arrive à un système explicatif qui fait une part importante aux contraintes du milieu culturel. En effet, cet auteur remarque par exemple que dans les dessins préhistoriques l'orientation « à droite » est aussi fréquente que l'orientation « à gauche », alors que les représentations de profils sont actuellement le plus souvent orientés à gauche. Plus précisément, l'interprétation de Simounet consiste à considérer d'abord la latéralisation au niveau central (et non pas périphérique, comme c'est le cas si on considère uniquement la latéralisation manuelle). A ce niveau hypothétique, les droitiers seraient plus nombreux que les gauchers et, confrontés aux modèles culturels, l'orientation senestre de leurs schèmes moteurs se trouverait renforcée. Pour les gauchers, moins nombreux, l'influence du milieu irait à l'encontre de leurs schèmes moteurs qui les conduiraient « spontanément » à orienter leur représentation vers la droite, d'où conflit aboutissant à une diminution de cette orientation à droite. L'interprétation de Simounet fait donc intervenir simultanément la latéralité et les pressions sociales.

Cependant, il est probable que de nombreux facteurs interviennent et différemment selon les objets à représenter. Si on considère par exemple les observations de Chateau (1968), le dessin d'une flèche (objet pourtant «orienté») se fait préférentiellement vers la droite, en raison sans doute des habitudes graphiques (vraisemblablement elles-mêmes liées au sens de l'écriture). Par ailleurs le dessin d'un objet manipulé (par exemple, une tasse ou une casserole) se fait le plus souvent en plaçant la partie manipulée vers la droite. Pour les objets manipulés, cette asymétrie s'observe dès la maternelle !

En définitive, l'orientation des représentations graphiques paraît essentiellement liée à des facteurs de trois ordres : les habitudes motrices sur le plan des *moyens* de la représentation (le geste graphique), les habitudes motrices (et éventuellement l'organisation sensori-motrice) liées aux objets ou situations *représentés*, l'influence des *modèles culturels* et des *contraintes sociales*.

IV. CONCLUSION

Nous avons donc examiné les liens possibles entre d'une part les représentations verbales ou graphiques — représentations de rapports spatiaux ou représentations spatialisées — et d'autre part les organisations sensori-motrices préalables ou sous-jacentes.

Ce faisant, on peut constater que ce domaine de recherche est riche d'enseignements d'un point de vue génétique. Ainsi, les résultats concernant les représentations verbales conduisent à penser qu'il n'y a pas grand sens à rechercher « l'âge » à partir duquel la signification de telle ou telle forme linguistique est « comprise » par l'enfant. En fait, il faut prendre en compte l'ensemble du contexte (les significations connotatives de la situation, la manière dont l'enfant aborde le problème posé). De plus, on peut fondamentalement voir les choses comme une *succession d'acquisitions même pour un seul terme*: par exemple, «sur» est en un sens acquis très tôt, mais sa différenciation d'avec «au-dessus de» est tardive compte tenu sans doute de l'appréhension projective que cela nécessite.

On peut souligner également l'importance de la structuration et du repérage par rapport au corps propre qui paraissent, dans beaucoup de cas, nécessairement préalables à la structuration des objets et à leur repérage les uns par rapport aux autres sur un plan représentatif.

Enfin, l'ensemble du développement cognitif est à considérer. Certaines représentations verbales pourraient être explicitement étudiées de ce point de vue et, de plus, le développement de l'appréhension cognitive de l'espace explique sans doute les décalages génétiques dans la compréhension ou la production de formes linguistiques.

Bibliographie

CHATEAU J., *Attitudes intellectuelles et spatiales dans le dessin*, Paris: C.N.R.S. (Monographies), 1965.
CHATEAU J., La flèche de l'arc. Etude génétique d'une opposition d'attitudes, *Psychologie Française*, 1968, *13* (1), 39-48.
CLARK E., Nonlinguistic strategies and the acquisition of word meanings, *Cognition*, 1973a, *1*, 161-182.
CLARK E., What's in a word? On the child's acquisition of semantics in the first language, dans: Moore T.E., éd., *Cognitive development and the acquisition of language*, New York: Academic Press, 1973b.
CLARK H., Space, time, semantics and the child, dans: Moore T.E., éd., *Cognitive development and the acquisition of language*, New York: Academic Press, 1973.
CORRIGAN R., HALPERN E., AVIEZER O., GOLDBLATT A., The development of three spatial concepts: in, on, under, *International Journal of Behavioral Development*, 1981, *4*, 403-419.
COX M.V., Interpretation of spatial prepositions «in front of» and «behind», *International Journal of Behavioral Development*, 1981, *4*, 359-368.
COX M.V., BATRA P., SINGHAL S., A cross-cultural study of young children's understandig of spatial preposition, *International Journal of Behavioral Development*, 1981, *4*, 469-476.

GALIFRET-GRANJON N., A/ Une batterie de dominance latérale, B/ Batterie Piaget-Head, dans: Zazzo R., (1958), *Manuel pour l'examen psychologique de l'enfant, Tome 1,* Neuchâtel: Delachaux et Niestlé, 1969 (3ᵉ édition).
GRIEVE R., HOOGENRAAD R., MURRAY D., On the young child's use of lexis and syntax in understanding locative instructions, *Cognition,* 1977, *5,* 235-250.
KUCZAJ S.A., MARATSOS M.P., On the acquisition of *Front, Back,* and *Side, Child Development,* 1975, *46,* 202-210.
LAURENDEAU M., PINARD A., *Les premières notions spatiales de l'enfant,* Neuchâtel: Delachaux et Niestlé, 1968.
LEHALLE H., Le langage de l'espace, dans: Azemar G. et al., *Approches psychopathologiques de l'espace et de sa structuration,* Paris: P.U.F. (Publications de l'Université de Rouen), 1978.
LEHALLE H., Représentation/Signification et développement logico-mathématique. Analyse à propos de la fonction sémiotique, dans: Moscato M. et Pierrant - Le Bonniec G., (Eds.), *Pensée et Langage chez l'enfant,* 1985, à paraître.
LURÇAT L., *L'enfant et l'espace. Le rôle du corps,* Paris: P.U.F., 1976.
LURÇAT L, Le repérage dans l'objet, les rapports du schéma corporel et de l'objet, dans: Azemar et al., *Approche psycho-pathologiques de l'espace et de sa structuration,* Paris: P.U.F. (Publications de l'Université de Rouen), 1978.
PIAGET J. (1924), *Le jugement et le raisonnement chez l'enfant,* Neuchâtel: Delachaux et Niestlé, 1963 (5ᵉ édition).
PIAGET J., INHELDER B. (1947), *La représentation de l'espace chez l'enfant,* Paris: P.U.F., 1972 (2ᵉ édition).
PIERART B., L'acquisition du langage, patron sémantique et développement cognitif: à côté de, contre, loin de, près de, *Le Langage et l'Homme,* 1976, 27-36.
PIERART B., Acquisition du langage, patron sémantique et développement cognitif - observations à propos des prépositions spatiales *au-dessus de, en dessous de, sous* et *sur, Enfance,* 1978 (4-5), 197-208.
SIMOUNET C., La droite et la gauche dans le dessin de l'enfant et de l'adulte, *Enfance,* 1975 (1), 47-69.
SLOBIN D.I., Psychology without linguistics = language without grammar, *Cognition,* 1981, *10,* 275-280.
WILCOX S., PALERMO D., *In, on, under* revisited, *Cognition,* 1974/75, *3,* 245-254.
ZAZZO R. (1950), Le geste graphique et la structuration de l'espace, dans: Zazzo R., *Conduites et Conscience, Tome 1,* Neuchâtel: Delachaux et Niestlé, 1962.

Chapitre VII
Latéralisation et contrôle bimanuel

J. FAGARD

I. GENERALITES

Le développement du contrôle manuel, qui marque une étape importante de la phylogénèse et, au sein de l'espèce humaine, de l'ontogenèse, est depuis toujours l'objet d'intérêt de la part des philosophes, psychologues, physiologistes, anthropologues, etc.

Par contre la coordination entre les deux mains, qui est nécessaire à la plupart des activités manuelles, n'intéresse les chercheurs que depuis relativement peu de temps. Ce changement est dû aux travaux en ergonomie et surtout aux progrès de la neuropsychologie : en effet, l'étude du contrôle bimanuel s'inscrit dans le cadre des recherches sur le contrôle volontaire des activités pluri-segmentaires; comme le contrôle bimanuel implique l'intégration des fonctions entre les hémisphères (de façon beaucoup plus importante que le contrôle unimanuel), l'analyse de la performance motrice bimanuelle apporte à l'étude de l'organisation motrice volontaire d'autres éclairages que celle des performances unimanuelles (Wolff, 1980).

A. De la main-outil à la main-presse-bouton

On pense aujourd'hui que le développement de l'instrument-main a été rendu possible par sa libération de la locomotion et son utilisation intelligente par le développement cortical qui a accompagné la station debout (Leroi-Gourhan, 1974).

L'utilisation des membres supérieurs pour la préhension se retrouve chez beaucoup de mammifères. Ainsi les rongeurs et les carnassiers utilisent leurs pattes de devant pour chercher la nourriture : chez eux l'action manuelle se combine avec celle de la bouche et, comme les membres supérieurs leur servent aussi à se déplacer, ils sont obligés de s'immobiliser pour s'en servir. Chez les rongeurs, l'action de la main ne vient que seconder celle de la face, tandis que les primates font intervenir d'abord la main et sont capables d'actions de la main uni- ou bilatérales se déroulant sans participation faciale. Pour Leroi-Gourhan, «*cette inversion du rapport main-face pour une série d'actes qui ne sont pas foncièrement différents de ceux qu'effectuent les rongeurs à main préhensive suffit à isoler les primates du reste des mammifères*» (Leroi-Gourhan, 1974, p. 38).

La différenciation de la main et du pied comme organes manipulatoires est un trait caractéristique des primates. La manipulation manuelle est rendue possible par l'évolution des caractéristiques structurales des membres supérieurs et par le développement concomitant des régions corticales sensorielles et motrices et de leurs interconnexions (Connolly et Elliott, 1972). Convergence, divergence, préhensibilité et opposabilité pouce-doigts[1] forment, selon Napier (1962), les fondements de la manipulation manuelle.

L'utilisation de l'outil, qui apparaît de façon rudimentaire chez le singe et se développe chez l'homme, suppose une activité cognitive, faite d'imagination, d'anticipation, de plan d'action aboutissant à des activités coordonnées complexes[2].

La manipulation bimanuelle n'est pas non plus le privilège de l'homme. En témoignent l'écureil qui décortique sa noisette ou les chimpanzés observés par Koehler. Ceux-ci, grands amateurs de plantes, en trouvaient difficilement sur leur place de jeu après la saison des pluies. Ils pouvaient voir qu'il en restait de l'autre côté du treillage. «*Ils*

---

[1] Cette séparation entre le pouce et les autres doigts est d'abord une séparation anatomique (chez les prosimiens, il y a 50 milions d'années) avant d'être accompagnée d'une séparation neurologique permettant la pince digitale (Reynolds, 1975).
[2] On trouve des coordinations sensori-motrices avec anticipation donnant lieu à des séquences d'actions complexes bien avant l'utilisation de la main comme outil. Mais il s'agit alors de pré-coordinations, relativement stéréotypées au sein de l'espèce. Avec l'outil apparaissent des coordinations nouvelles, des réponses à la fois moins spécialisées, peut-être moins parfaites, mais caractérisées par une plus grande plasticité.

passaient alors un piquet entre les mailles, pressaient les touffes contre le grillage avec le bout du bâton de sorte que la main libre pouvait saisir les tiges» (Koehler, 1927, p. 298). Koehler raconte aussi que la construction d'une sorte de nœud faisait partie du répertoire de jeux, sans préciser toutefois si les deux mains y participaient. D'autre part, on dit que les chimpanzés à qui on a appris à «parler» ont également appris à jongler (Buhler et Graham, 1982).

Les capacités de manipulation bimanuelle deviennent plus élaborées lorsqu'à la pince de puissance s'ajoute, chez certains singes mais surtout chez l'homme, la pince de précision. L'enrichissement des capacités manipulatoires de l'homme par rapport au singe est surtout dû au développement du contrôle cortical qui a transformé chez l'homme la fonction de la main.

Ainsi, l'action manipulatrice directe des primates est-elle suivie avec les premiers hominiens par celle de la main porteuse d'outil: chez l'homme, le rôle assigné à l'habileté manuelle a évolué avec les progrès techniques. Avec la construction des premières machines la motricité devient *indirecte,* la main n'apportant souvent que son impulsion motrice à une machine qui prolonge le geste ou le transforme. La force elle-même devient de moins en moins importante au cours des temps et de l'utilisation de forces de remplacement (vent, eau, animaux, vapeur, électricité...). D'autres qualités prennent une plus grande place: ainsi l'agilité des doigts des enfants était très appréciée au siècle dernier dans les ateliers de tissage où leur rôle était de *«rattacher les fils brisés, nettoyer les bobines de fils...».* L'enfant est ici *«irremplaçable car ses doigts délicats et flexibles sont plus convenables que ceux des hommes pour le rattachage»* (encore que ces arguments techniques donnés par les premiers industriels cachaient l'argument principal: la faible rémunération des enfants!) (Sandrin, 1982, p. 112).

A l'âge de l'ordinateur et plus généralement de l'électronique, le rôle de la main se transforme encore: il n'est bien souvent que simple déclencheur de processus préprogrammés: ce rôle de «presse-bouton» est particulièrement frappant dans l'engouement actuel des enfants pour les jeux électroniques. Cependant les habiletés manuelles fines gardent un rôle important, par exemple pour la manipulation des claviers qui demande un usage discriminatif rapide des différents doigts: la construction de robots se heurte à de grandes difficultés techniques lorsque ceux-ci doivent remplacer une activation différenciée des doigts; il en est de même lorsque le robot doit réaliser un «geste» bimanuel.

B. Contrôle manuel ou contrôle bimanuel?

Parler du rôle de la main, de l'activité manuelle, c'est isoler arbitrairement un segment. Or il suffit d'observer les activités quotidiennes pour s'apercevoir que la plupart de ces activités implique l'usage, non pas d'une main, mais des deux. Ainsi il faut deux mains pour découper avec des ciseaux, lacer les souliers, boutonner une chemise, dévisser un couvercle...

Pour avoir une idée de l'importance de la coordination bimanuelle il est intéressant d'écouter le témoignage des personnes amputées d'une main ou d'un bras. Beaucoup d'activités leur sont impossibles ou très difficiles: des gestes professionnels tels que souder, scier, limer, visser, conduire un hélicoptère, tourner une pièce..., la plupart des activités musicales, des loisirs comme le billard, les cartes, la pêche... Cette dernière qui à première vue semble réalisable avec une seule main demande en réalité beaucoup de coordination entre les deux mains: pour accélérer le déplacement du leurre tout en lui donnant l'apparence de la nage réelle, tenir l'épuisette et la canne, fixer l'èche à l'hameçon... (Gillot).

La plupart des sports impliquent une coordination bimanuelle; la voile par exemple, qui du reste nous servira à illustrer plusieurs aspects du contrôle bimanuel, est un sport qui demande une coordination entre une main qui contrôle la direction (celle qui barre) et une main qui contrôle la puissance (celle qui tient l'écoute). Le rugby demande au moment de la passe une coordination particulière entre les deux mains, puisque les deux mains sont utilisées pour propulser le ballon tandis qu'une seule oriente sa trajectoire. Au tennis il est clair que les deux mains sont indispensables pour le service, mais même en dehors du service le manchot rencontre d'énormes difficultés à pratiquer ce sport: sans un second bras il a beaucoup de mal à se rééquilibrer lorsqu'il renvoie la balle.

On doit également ajouter que peu d'activités sont purement «manuelles», qu'elles impliquent en général l'usage des bras mais aussi la participation de tout le corps: une activité manuelle n'est possible que si la posture est contrôlée. Pour reprendre l'exemple de la voile, l'apprenti navigateur doit faire face à une première difficulté qui est celle d'avoir à maintenir son équilibre en l'absence de points d'appui stables. Il lui faut inhiber ses réactions habituelles de terrien, apprendre à ne pas réagir à la déséquilibration du bateau par une recherche de points d'appui avec les mains car cela compromet le contrôle de la direction et de la puissance qu'assurent les mains. Ensuite seulement

le navigateur peut avoir les mains libres pour contrôler d'une main la barre et de l'autre la voile. Apprendre à naviguer c'est donc apprendre à dissocier :
- le bras qui dirige le voilier,
- le bras qui règle la puissance des voiles,
- le reste du corps qui maintient l'équilibre (Gillot, op. cit.).

Lorsqu'on s'intéresse à la coordination manuelle et à son évolution avec l'âge, il semble difficile, à la lumière de ces quelques exemples, d'isoler une main de l'autre comme du reste d'isoler les mains des bras et du corps tout entier. *Le contrôle manuel est un contrôle bimanuel qui nécessite la stabilisation de la posture.*

La latéralité est un autre aspect important du contrôle des mains. Dans l'exemple de la navigation à voile, nous avons vu les rôles différents impartis aux deux mains pour piloter le bateau. Dans ce cas, comme la barre reste fixe à l'arrière du bateau, les deux mains doivent assurer tour à tour les deux rôles lorsque le navigateur change de côté sur son bateau. Par contre la plupart de nos activités quotidiennes sont fortement latéralisées et les rôles non interchangeables : nous coupons toujours la viande de la même façon, taillons les crayons de la même façon. Nous verrons qu'à cette latéralité correspond une asymétrie du rôle des deux mains.

C. Bimanualité et latéralité

La performance musicale offre des exemples particulièrement intéressants et variés de l'asymétrie dans une tâche bimanuelle. Oldfield (1969) remarque que les premiers instruments, tels que la cythare ou la harpe, étaient joués par la main droite directement sur les cordes, la main gauche soutenant simplement l'instrument. Avec l'introduction des barrés qui permettent une plus grande variété tonale, la main gauche a un rôle plus important que celui de support : elle doit préparer les cordes en appuyant certains doigts à un endroit précis de l'instrument; le rôle de la main droite est plus délicat car c'est une modulation continue du lieu et de la force de la pression sur la corde qui permet l'infinie variation des sons. Cette répartition des rôles se retrouve dans presque toutes les activités bimanuelles. Le plus souvent la main préférée manipule l'objet que l'autre main maintient. Si, d'après Oldfield, les instruments de musique sont généralement joués de la même façon par les gauchers et par les droitiers, il n'en n'est pas de même pour la plupart des activités bimanuelles : les gauchers montrent souvent une inversion du rôle des deux mains par rapport aux droitiers, que ce soit lorsque les deux mains manipulent un seul objet (batte de base-ball, balai) ou lorsqu'elles doivent saisir deux objets ou deux parties d'objet (utiliser un couteau et une fourchette, sortir une allumette de sa boîte...) (Davison, 1948).

L'asymétrie du rôle des deux mains est liée à l'organisation du contrôle moteur volontaire.

D. Coordination bimanuelle et contrôle moteur volontaire

Ce n'est pas le lieu de ce chapitre de faire un long développement sur le contrôle volontaire du mouvement. La coordination bimanuelle n'est qu'un exemple particulier d'activité pluri-segmentaire et l'objet de ce chapitre est d'envisager plutôt ce qui fait la spécificité du contrôle bimanuel. Cependant il est utile de faire brièvement un certain nombre de rappels puisque non seulement les aspects descriptifs mais aussi les mécanismes sous-jacents à la coordination bimanuelle et à son apprentissage seront abordés dans ce chapitre.

Une activité motrice coordonnée suppose une activation de la musculature ordonnée dans l'espace et dans le temps; ceci implique des liaisons sensori-motrices dont les modalités dépendent de nombreux facteurs (Leplat, 1963). Les modes de contrôle du mouvement varient avec les caractéristiques du mouvement, la phase d'exécution du geste, la maîtrise que le sujet en a, etc... Les différents modèles proposés pour expliquer le contrôle moteur ne peuvent être présentés ici. Quel que soit le modèle retenu, il apparaît que la motricité volontaire doit être considérée comme un système de contrôle à niveaux multiples (Glencross, 1977; Paillard, 1980) comprenant à la fois des régulations centrales proactives et des régulations périphériques rétroactives (Beaubaton, 1983). L'apprentissage correspond à une diminution de l'importance des régulations rétroactives. Le passage d'un mode de contrôle rétroactif à un mode de contrôle proactif se fait par l'élaboration progressive de ce qu'on a appelé successivement projet d'action, image du mouvement, programme, plan ou schéma d'action suivant le pouvoir de définition du geste plus ou moins détaillée qui lui est attribué. Il est de plus en plus admis que cette commande s'applique non individuellement à tel ou tel muscle, mais à des ensembles de muscles groupés en *synergie*. Dans le cas de la coordination bimanuelle, le rôle particulier des synergies musculaires sera envisagé plus loin.

Les différents modes de régulation du geste nécessitent la participation de structures nombreuses. On connaît de mieux en mieux le rôle des structures corticales, sous-corticales et spinales impliquées dans le contrôle moteur volontaire (Paillard, 1976; Beaubaton, 1983). Les voies qu'empruntent ce contrôle sont nombreuses et variées. Rappelons que la voie pyramidale cortico-spinale est particulièrement importante dans la dextérité manuelle, et que 70 à 80 % de ses fibres croisent au niveau de la pyramide bulbaire (Paillard, 1976). Les mouvements individuels des doigts sont contrôlés exclusivement par l'hémisphère contralatérale, tandis que la motricité proximale mais aussi les mouvements distaux non différenciés peuvent être contrôlés par les voies ipsilatérales. Les deux hémisphères[3] sont en relation essentiellement grâce aux structures interhémisphériques, en particulier le corps calleux.

La coordination bimanuelle diffère de beaucoup d'autres activités plurisegmentaires par la coordination interhémisphérique qu'elle suppose. Le rôle du corps calleux est donc particulièrement important dans la motricité bimanuelle, plus d'ailleurs dans les apprentissages nouveaux, c'est-à-dire quand les échanges d'informations sensorielles sont importants, que dans les activités automatisées : c'est du moins ce qui ressort des études faites sur des sujets chez qui le corps calleux a été sectionné (Ettlinger et Morton, 1963; Kreuter et al., 1972; Preilowski, 1975).

Ces échanges interhémisphériques requièrent la maturation des structures qui en sont responsables. Cette maturation, qui n'est pas terminée à la naissance, est un des facteurs de développement de la coordination bimanuelle avec l'âge.

II. ONTOGENESE DU CONTROLE BIMANUEL

Entre les premières manifestations de bilatéralité et la coordination impliquée dans la manipulation d'un objet se situe une série d'étapes au cours desquelles la co-activation des deux mains évolue avec les progrès de la motricité volontaire.

---

[3] De nombreuses recherches ont par ailleurs montré que les deux hémisphères acquièrent normalement une spécialisation dans tel ou tel type de fonctionnement : ainsi les activités séquentielles, qu'elles soient motrices ou cognitives, seraient préférentiellement contrôlées par l'hémisphère gauche, les activités spatiales par l'hémisphère droit, ceci étant valable pour les droitiers et pour une partie des gauchers.

Au terme de cette évolution la coordination bimanuelle se caractérise par la complémentarité de mouvements où chaque main assume un rôle différent et spécifique dans la réalisation de l'activité.

Chez le *nouveau-né* on peut observer une bilatéralité dans certains mouvements spontanés de l'avant-bras (Bergeron, 1948) ou dans des mouvements déclenchés par la vue de l'objet (de Schonen, 1977). Une bilatéralité symétrique se voit dans certains réflexes comme dans le réflexe de Moro[4] et également dans les positions préférentielles au repos (Peiper, 1962). Mais l'*asymétrie* prévaut à cet âge dans l'utilisation active des mains (Michel, 1983) et est aussi particulièrement évidente dans le réflexe tonique asymétrique du cou dont l'importance culmine vers six-huit semaines (dans ce réflexe, lorsque la tête est tournée d'un côté le bras du même côté est en extension tandis que l'autre est fléchi). D'autre part, les positions des mains pendant le sommeil et pendant l'éveil sont également souvent asymétriques et le mouvement spontané d'une main peut être unilatéral (Cobb et al., 1966). La motricité distale du nouveau-né est soumise aux contraintes posturales qui sont très fortes au cours des étapes précoces du développement. Si on aide le nouveau-né à soutenir sa tête, on peut observer chez lui des mouvements unilatéraux d'atteinte de l'objet (Grenier, 1983).

Ainsi à la naissance l'activation des mains peut être *unilatérale* ou *bilatérale*. C'est le caractère de masse de la motricité qui entraîne parfois une co-activation bilatérale et même souvent des quatre membres à la fois. On ne peut parler à cet âge de coordination vraie mais de pré-coordination qui tient plus à la dépendance des différents segments qu'à leur coopération.

Après *six semaines* l'extension *unilatérale* du bras prédomine sur l'extension bilatérale jusque vers le quatrième mois. Bien que la main qui ne pointe pas vers l'objet ne soit pas complètement inactive on peut dire que l'enfant devient de plus en plus capable d'activer isolément un seul bras. Pour Flament (1971), cette indépendance relative des bras est liée à la maîtrise que le bébé a acquise pour pointer vers un objet. Vers trois mois les progrès du contrôle céphalique entraînent une prééminence de posture sur le plan médian, tandis que le réflexe tonique du cou commence à disparaître: les gestes bilatéraux qui prédominent dans la prochaine étape vont être alors le plus souvent symétriques.

---

[4] Le réflexe de Moro comprend une abduction et une extension des bras déclenchées lorsque l'enfant, après avoir été soulevé, se retrouve brutalement sans support.

Chez le bébé de *quatre à cinq mois* on observe la plupart du temps, en direction d'un objet situé dans le plan médian, une extension *bilatérale* et *symétrique* des bras (bien que le mouvement unilatéral soit bien sûr possible). De Schonen (op. cit.) parle à ce propos d'une coordination posturale des bras, coordination n'intéressant que la phase de transport du bras. Ces mouvements simultanés et symétriques favorisent la rencontre des deux mains et c'est aussi à cet âge que l'enfant commence à jouer avec ses mains, témoignant ainsi d'une première coordination des deux mains sous contrôle visuel.

A l'âge où les gestes d'atteinte ne sont plus seulement déclenchés mais sont aussi guidés par la vision, vers *cinq ou six mois,* les développements de la préhension vont s'accompagner d'un nouveau changement dans la bilatéralité. Les gestes d'approche de l'objet sont encore simultanés et dans le même plan mais ils ne sont pas parfaitement symétriques: un bras, le plus souvent le droit, arrive au contact de l'objet avant l'autre (Ames, 1949; Flament, 1971); la saisie est alors unimanuelle, l'autre main entrant secondairement au contact de l'objet. On observe par ailleurs à cet âge les débuts d'une coopération *bilatérale asymétrique;* ainsi, si l'objet est présenté sur un support, l'enfant atteint d'abord le support avec une main (le plus souvent la gauche) et prend l'objet avec l'autre main. Toutefois, ce comportement varie avec les caractéristiques du support (Bresson et al., 1977). Pour Bresson et coll., la main gauche, en repérant le support, permet une localisation spatiale nécessaire à l'atteinte de l'objet par la main droite: ainsi s'amorce à cet âge une *différenciation du rôle des deux mains* qui subsistera chez l'adulte entre une main-support et une main-agissante (Ames, 1949; Bresson et al., 1977). Cette capacité de différenciation du rôle des deux mains est la clé de toute coordination bimanuelle fine. Cependant on ne peut pas encore parler à cet âge de réelle indépendance des mains: en effet, même lorsque la saisie de l'objet devient à prédominance unimanuelle, vers cinq-six mois, elle s'accompagne pendant un certain temps d'une ouverture réflexe de l'autre main (Ames, 1949; Flament, 1971; Bruner, 1970). De ce fait la manipulation simultanée de deux objets n'est pas possible chez des bébés avant six mois. Ce n'est qu'à cet âge que le bébé devient capable de garder dans une main un premier objet tout en en attrappant un deuxième de l'autre main, capable aussi de transférer un objet d'une main dans l'autre, ce qui prouve déjà une capacité de coordonner des mouvements complémentaires entre les deux mains.

Un stade suivant est franchi lorsque l'enfant montre un *coordination bimanuel associative,* c'est-à-dire lui permettant d'établir des relations d'association[5] entre deux objets par coopération entre les deux mains. Le développement de nouvelles capacités cognitives participe sans doute à ce progrès des activités bimanuelles: Fenson, Kagan et al. (1976) ont ainsi montré que la capacité de combiner deux objets dans le jeu se développait vers *neuf mois*. C'est à cet âge que le bébé est capable de combiner les actions de ses deux mains, par exemple pour prendre un cube au fond d'une tasse puis, mais un peu plus tard, pour le remettre dedans (Flament, 1971).

L'utilisation combinée et complémentaire des deux mains est nettement plus fréquente à partir de la fin de la première année et l'enfant peut dès quinze mois réaliser des activités bimanuelles complexes. Ainsi Bruner a présenté à des bébés une tâche où il faut soulever un couvercle pour prendre un jouet dans une boîte totalement transparente: l'épreuve n'est pas réussie avant un an, pour des raisons qui ne sont du reste pas forcément d'ordre purement moteur. Bruner décrit comment les approches successives de la tâche consistent à cogner le couvercle d'une main (très fréquent entre 6 et 11 mois), à ouvrir et fermer le couvercle sans prendre le jouet (fréquent surtout entre 9 et 11 mois), ouvrir le couvercle d'une main et prendre l'objet de la même main (fréquent entre 9 et 11 mois, moins fréquent de 12 à 17 mois), utiliser les deux mains pour ouvrir le couvercle sans que l'organisation temporelle de l'acte permette d'assurer sa réussite (12 à 14 mois), utiliser les deux mains pour ouvrir le couvercle, une main tenant ensuite le couvercle, pendant que l'autre prend le jouet (15-17 mois); la différenciation complète du rôle des deux mains, une main tenant le couvercle tandis que l'autre prend le jouet, se fait plus fréquente après un an et devient bien structurée après un an et demi, bien que demandant encore une concentration importante de la part du bébé.

Ainsi on peut dire que la *coordination bimanuelle* proprement dite s'affirme dans le *courant de la deuxième année*. Par la suite l'enfant ne fera qu'enrichir son répertoire de synergies bimanuelles, lui ouvrant l'accès à des praxies de plus en plus complexes. Ceci n'empêche pas que chaque nouvel apprentissage favorise le retour à des stratégies plus archaïques de mouvements simultanés non différenciés, comme nous le verrons plus loin.

---

[5] Par relation d'association, Flament caractérise une manipulation utilisant l'association pratique de deux objets.

Latéralité et bimanualité

Il ressort de ces travaux que latéralité et bimanualité sont fortement intriquées; l'asymétrie de la motricité des deux mains chez l'enfant de cinq mois, par laquelle une des mains entre au contact avec l'objet avant l'autre, permet le passage d'une bilatéralité non différenciée à une différenciation, puis à une complémentarité du rôle des mains. Cette différenciation est un aspect essentiel de la coordination bimanuelle. Mais on peut aussi dire que l'asymétrie commence à s'affirmer dans la bilatéralité des premiers réflexes posturaux. Le réflexe tonique du cou, considéré par Gesell (1947) comme un premier indice de latéralité, représente aussi une des premières manifestations de bilatéralité précoordonnée.

La phase de bilatéralité qui accompagne les premiers gestes guidés par la vision met en évidence, quand l'objet est présenté sur un support, une tendance des bébés à atteindre le support avec la main gauche et à saisir l'objet d'abord de la main droite. Comme le font remarquer Bresson et coll. (1977), cette répartition du travail entre les deux mains se retrouve dans beaucoup d'activités de l'adulte, telles que peler une pomme, tailler un crayon, etc...

D'après les études longitudinales et transversales de Ramsay et coll. (1979)[6], cette *latéralité bimanuelle,* favorisant la main droite pour les activités de manipulation, semble être établie de façon stable *entre 12 et 14 mois.* La proportion d'enfants utilisant leur main gauche pour manipuler dans une activité bimanuelle (16 %) est à peu près semblable au pourcentage de gauchers unimanuels dans la population.

On peut penser avec Flament (1975) que cette asymétrie est néanmoins dépendante de la difficulté de la tâche et de la façon dont elle est présentée à l'enfant. Plus une activité est nouvelle, difficile ou requiert de la précision, plus la main préférée sera utilisée pour assumer le rôle actif. Les rôles seront d'autant plus interchangeables que l'activité est simple ou connue.

La question reste posée de savoir si cette asymétrie entre une main qui assure le rôle de calibrage spatial ou de support et une main qui prend en charge l'activité de manipulation reflète une spécialisation hémisphérique. Que la coordination bimanuelle et son asymétrie s'affirment à l'âge où se développe particulièrement le langage contribue

---

[6] Ramsay utilise pour tester la coordination bimanuelle des jouets qui requièrent l'utilisation des deux mains tels que une vis et un écrou, un téléphone, etc.

à l'hypothèse de l'établissement ou du renforcement d'une spécialisation hémisphérique vers cette période de la vie, hypothèse qui est cependant loin d'être démontrée.

Conclusion sur l'évolution de la coordination bimanuelle

La description des paliers d'évolution du contrôle bimanuel est rendue difficile par le fait que la prédominance des formes bimanuelles et unimanuelles du geste alterne au cours de ce développement.

On peut résumer ces *paliers d'évolution* de la façon suivante :
- *nouveau-né* : unilatéralité et bilatéralité des mouvements spontanés; asymétrie de la bilatéralité; unilatéralité possible des gestes d'atteinte de l'objet quand on libère l'enfant des contraintes posturales;
- *de 1 mois 1/2 à 4 mois* : extension fréquemment unilatérale du bras;
- *4 mois* : extension le plus souvent bilatérale et symétrique des bras;
- *vers 5-6 mois* : bilatéralité des gestes d'approche de l'objet qui deviennent contrôlés par la vision, avec une asymétrie en fin de geste entraînant une saisie unilatérale suivie d'une manipulation bilatérale;
- *6 mois* : possibilité de passer un objet d'une main dans l'autre; début de différenciation de l'activité volontaire des deux mains;
- *6-8 mois* : capacité de saisir un deuxième objet tout en gardant le premier;
- *jusqu'à un an* : prédominance des comportements unimanuels;
- *9-12 mois* : les comportements bimanuels deviennent coopératifs;
- *15 mois* : cette capacité de coordination bimanuelle s'affirme et s'étend à des activités de plus en plus complexes.

S'il est difficile à l'heure actuelle de dégager les règles de transformations qui régissent le développement bimanuel, on peut néanmoins déjà énoncer quelques principes.

Les progrès de la coordination bimanuelle font partie de l'acquisition du contrôle volontaire du mouvement : l'évolution de la posture et celle de la motricité distale qu'elle permet y jouent un rôle important.

L'asymétrie des gestes simultanés est un élément fondamental de l'acquisition du contrôle bimanuel : c'est par elle que passe la différenciation du rôle des deux mains qui va elle-même permettre leur coopération et leur complémentarité.

Le sens de l'utilisation simultanée des deux mains change beaucoup pendant les dix-huit premiers mois : toutefois la distinction entre bilatéralité et bimanualité n'a sans doute de signification qu'à l'intérieur de chaque activité, l'apprentissage revenant à dépasser une bilatéralité peu différenciée pour construire une synergie efficace de gestes complémentaires. Gesell, puis Flament ont en effet noté un «*retour à l'activité simutanée des mains dans les périodes de tâtonnements face à une tâche nouvelle*» (Flament, 1971, p. 114).

Pour notre part, nous avons pu observer chez des enfants de 8-10 ans ce retour à des stratégies plus archaïques de mouvements simultanés non différenciés. Nous avons en effet montré avec P.H. Wolff que l'apprentissage d'une tâche bimanuelle de type télécran[7] met en évidence chez ces enfants une difficulté à désynchroniser les mouvements simultanés et parallèles[8] des deux mains lorsque le sujet doit aller deux fois plus vite avec une main qu'avec l'autre pour tracer une ligne; les débuts de la performance montrent une tendance soit à aller à la même vitesse lorsque les mains fonctionnent ensemble, soit à dissocier carrément l'activité des deux mains (Fagard, Morioka et Wolff, à paraître; Fagard, 1982). Ainsi peut-on dire avec Bruner (op. cit.) que l'apprentissage consiste à segmenter les synergies existantes pour les réintégrer en une synergie nouvellement coordonnée et adaptée à la tâche nouvelle.

En plus du rôle joué par les progrès posturaux dans l'émergence de la coordination bimanuelle, on peut penser avec Flament que c'est le progrès de l'inhibition contralatérale au cours de la première année qui permet l'abandon des syncinésies «naturelles» au profit de nouvelles coordinations. Il est probable que l'inhibition contralatérale continue à jouer un rôle lorsqu'un nouvel apprentissage entraîne un retour à une bilatéralité indifférenciée.

Il reste à comprendre comment asymétrie fonctionnelle et inhibition contralatérale s'articulent pour aboutir à la coopération bimanuelle.

---

[7] Cette tâche consiste à tracer une ligne sur un écran en combinant les mouvements de rotation d'une main qui contrôle l'axe des x et de l'autre qui contrôle l'axe des y.
[8] D'après des résultats de pré-expériences qui vont être reprises systématiquement, il semblerait que cette difficulté à désynchroniser deux gestes rotatifs simultanés est encore plus forte quand les gestes sont non plus parallèles mais en miroir. Ceci se comprend lorsque l'on sait que les mouvements en miroir associés au geste unilatéral volontaire persistent jusque vers 12 ans et qu'une coactivation contralatérale se voit encore à l'enregistrement E.M.G. sur les muscles homologues chez l'adulte (Cernacek, 1961). Il est probable que lorsque les gestes sont en miroir la prégnance de ces syncinésies rend encore plus difficile le processus d'inhibition des synergies «naturelles» que nécessite la désynchronisation.

III. COMPRENDRE LE CONTROLE BIMANUEL

A. Des activités bimanuelle.

D'une activité bimanuelle à l'autre la relation entre les deux mains impliquée par la coordination varie considérablement. Le rôle respectif des deux mains n'est pas le même lorsqu'on tricote, lorsqu'on dévisse un couvercle ou lorsqu'on pointe les doigts simultanément sur deux cibles.

La notion d'activité bimanuelle recouvre donc des activités variées que l'on peut distinguer par un certain nombre d'aspects.

• Tout d'abord le *rôle respectif* des deux mains peut aller d'une complémentarité entre une main active et une main passive qui sert de support (éplucher des pommes de terre, couper avec des ciseaux, scier, etc...) à une association entre deux mains ayant des rôles plus ou moins équivalents (tricoter, jouer du piano, jouer au «télécran», etc...). Cette équivalence implique rarement une symétrie[9] totale du rôle des deux mains : ainsi dans la plupart des œuvres au piano la main droite joue la mélodie et la main gauche l'accompagnement.

• Les activités bimanuelles peuvent ainsi varier par leur *structure temporelle :* elles peuvent être simultanées sans autre critère de coordination bimanuelle (dans ce cas on parlera d'actions bilatérales), synchronisées, alternées, en phase ou totalement désynchronisées.

• Les *relations entre les muscles* impliqués peuvent distinguer les activités bimanuelles. S'il s'agit de muscles homologues on parle de gestes en miroir. Les gestes peuvent également être alternés, parallèles ou totalement différents. Ces relations dépendent des paramètres spatiaux des mouvements.

• La coordination peut demander un *ajustement plus ou moins continu* d'une main sur l'autre : la prise en compte de l'activité d'une main par l'autre est d'autant plus importante que le geste se déroule sans support fixe, les rétroactions provenant alors en grande partie de la position de l'autre main.

Classer les activités bimanuelles reviendrait donc à privilégier tel ou tel aspect de l'acte bimanuel alors que les différents aspects peuvent

---

[9] Même quand la symétrie parfaite est souhaitée elle est difficilement atteinte : il est connu que dans les compétitions de brasse il n'est pas rare que la brasse soit comptée comme «nage libre», ce qui arrive à chaque fois que le nageur ne nage pas parfaitement symétriquement.

se combiner de façon variée. Cependant, il se peut que la complexité d'une tâche bimanuelle soit plus associée à l'un ou à l'autre de ces aspects comme nous le verrons plus loin.

Il est fréquent de lire ou d'entendre dire que toute activité bimanuelle complexe nécessite une *indépendance fonctionnelle* entre les deux mains. Cette notion d'indépendance des deux mains reste floue et il serait souhaitable de la préciser: indépendance par rapport à quoi? indépendance pour quoi?

B. Quelle indépendance?

En Chine, le summum de l'habileté est traditionnellement symbolisé par la capacité de tracer un cercle d'une main et un carré de l'autre (Kourilski, 1968). Dans les pays occidentaux, on donne souvent comme exemple de coordination difficile le fait de pouvoir se taper sur la tête avec une main tout en se frottant le ventre d'un geste circulaire de l'autre.

Pourquoi, alors qu'il est si facile de faire ces gestes séparément, éprouvons-nous de la difficulté à les faire simultanément? On dit qu'il y a entre les deux activités une *interférence*[10]. Le problème se pose à l'origine de cette interférence.

Quelle interférence?

Un certain nombre de recherches expérimentales ont permis de mettre en évidence comment deux actions bilatérales interfèrent entre elles. Ces recherches utilisent comme paradigme des tâches bilatérales simples telles que les pointages sur cibles (Marteniuk et Mc Kenzie, 1980; Kelso, Southard et Goodman, 1979) ou les mouvements de flexion et extension des bras (Cohen, 1970, 1971; Wyke, 1969). Il ressort de ces études les points suivants:

• Le temps de réponse et le temps de mouvement sont plus longs lorsqu'une action est faite bilatéralement que lorsque la même action est réalisée unilatéralement; l'allongement du temps est plus important si les mouvements sont asymétriques dans leur déplacement spatial par rapport à l'axe du corps que s'ils sont symétriques (Wyke, 1969; Taniguchi, Nakamura et Oshima, 1977). On sait aussi que le contrôle

---

[10] La notion d'interférence est employée ici avec un sens légèrement différent de celui qu'elle a dans la théorie de l'apprentissage. C'est la *simultanéité* des phénomènes qui cause l'interaction.

d'une seule manette est toujours plus rapide que celui de deux manettes séparées (Poulton, 1966).

• Deux pointages sur des cibles de taille et d'éloignement différents qui, s'ils étaient accomplis isolément, auraient d'après la loi de Fitts[11], un temps de mouvement différent, montrent, lorsqu'ils sont simultanés, certains paramètres temporels communs : ces paramètres sont soit le début et la fin du mouvement (Kelso et al., 1979), soit plus généralement le temps de mouvement, indépendamment du moment d'accélération ou de décélération (Marteniuk et Mc Kenzie, 1980).

• Cette symétrie de certains paramètres temporels du geste peut jouer dans le sens d'une facilitation (accélération d'un geste par couplage avec un autre plus rapide) ou d'une inhibition (ralentissement par couplage avec un geste plus lent) (Marteniuk et Mc Kenzie, 1980).

• La synchronisation dans l'initiation du mouvement dépend de la relation entre les muscles impliqués dans chaque main : elle est plus importante dans le cas de muscles homologues que dans celui de muscles non homologues (Paillard, 1949; Cohen, 1970).

• Enfin cette tendance à la symétrie de l'activité des deux mains ne concerne pas seulement les paramètres temporels mais bien d'autres tels que la force, le déplacement spatial, etc.

Quel que soit le modèle proposé pour expliquer l'interférence dans une tâche bilatérale, il est clair qu'il existe une dépendance entre les contrôles simultanés des deux mains, celle-ci prenant place à un certain niveau de système nerveux central et à un certain moment de la commande motrice. C'est cette dépendance qui devra éventuellement être surmontée ou du moins remodelée dans le cas de nouveaux apprentissages bimanuels.

A quelle phase de l'activité motrice se situe cette dépendance ?

On sait que l'on peut distiguer plusieurs phases dans l'acte moteur volontaire : le traitement des informations et la mobilisation d'un plan d'action précédent la commande motrice proprement dite. Mais le traitement des informations n'est pas limité à la phase qui précède l'action puisque, sauf dans le cas de gestes strictement en boucle ouverte, les réafférences sensorielles sont utilisées pour les corrections et le guidage terminal du geste (réafférences essentiellement visuelles

---

[11] D'après les calculs de Fitts, dans une activité de pointage sur cible le temps de mouvement augmente linéairement avec la longueur du geste et la précision requise (Fitts, 1954).

et proprioceptives, les dernières prenant plus d'importance que les premières au fur et à mesure de l'apprentissage).

On peut donc se demander si l'interférence observée dans les gestes bilatéraux vient d'une dépendance située au niveau sensori-moteur (difficulté de surveiller et contrôler deux sources d'informations) ou au niveau moteur (difficulté de donner simultanément deux commandes motrices différentes). Bien entendu les deux propositions alternatives ne sont pas forcément exclusives l'une par rapport à l'autre.

Pour certains, l'analyse simultanée des rétroactions venant des deux membres impose une charge excessive au mécanisme central de traitement de l'information : la synchronisation des gestes est alors interprétée comme un mécanisme destiné à réduire le taux d'informations à traiter. Dans le cas de mouvements impliquant des muscles homologues, la synchronisation entraîne même une redondance de l'information (Cohen, 1971).

Ce point de vue rejoint celui de chercheurs comme Shaffer (1976), Peters (1981), Klapp (1979) qui pensent que la distribution de l'attention a des limites et que ces limites expliquent que deux activités ne peuvent pas toujours être menées de front, ou ne peuvent l'être qu'au détriment de la performance.

On sait aussi que lorsque les deux activités simultanées sont des activités manuelles, l'attention ne se répartit pas également sur les deux mains : les sujets droitiers ont tendance à contrôler visuellement leur main droite beaucoup plus que leur main gauche (Honda, 1981).

D'un autre côté, si l'interférence n'était due qu'au mécanisme de réafférences sensorielles elle devrait être absente lorsque les gestes bilatéraux ont été préalablement appris isolément de façon suffisamment intensive : en effet, une réduction considérable de l'utilisation des boucles de réafférence accompagne l'automatisation d'un geste. Or Bender a montré que, même après 225 essais séparés de deux gestes unimanuels, on observe une baisse de la vitesse des mouvements et de leur précision dès que les gestes [12] sont faits simultanément (Bender, 1980). On sait par ailleurs, que l'apprentissage d'un morceau de piano par des débutants se fait d'abord pour chaque main isolément [13]

---

[12] La tâche utilisée par Bender consistait à dessiner une figure (différente pour chacune des deux mains).
[13] Toutefois les nouvelles tendances dans l'apprentissage du piano favorisent un apprentissage simultané des deux mains.

et que la performance retombe à un niveau inférieur lors du jeu combiné.

Il semble donc que l'on ne puisse pas localiser exclusivement l'interférence à telle ou telle phase de l'acte moteur, la réduction des réafférences sensorielles permettant de limiter l'interférence mais non de la supprimer. Les modèles proposés pour expliquer la coordination bimanuelle prennent en compte ces différents niveaux d'interférence.

C. Quelques modèles

Il peut paraître surprenant de partir de ce qui gêne la coordination bimanuelle pour essayer de comprendre ce qui la permet. Mais nous avons vu, lors de l'étude ontogénétique du contrôle bimanuel, que la coopération bimanuelle succède à une phase de bilatéralité symétrique. De la même façon chaque nouvel apprentissage nécessite de se libérer de cette interférence qui tend à synchroniser les deux mains.

Pour Marteniuk et Mc Kenzie (1980), c'est l'interaction entre les voies afférentes ipsilatérales et contralatérales qui est responsable de l'interférence entre gestes simultanés des deux mains. Ces auteurs partagent avec Preilowski (1975), l'hypothèse que l'excitation ipsilatérale peut, à un niveau sous-cortical, s'opposer à l'excitation contralatérale provenant de l'autre hémisphère. Dans les conditions habituelles ce contrôle ipsilatéral est dominé par l'importance beaucoup plus forte du contrôle contralatéral et l'interférence est faible. Dans certaines conditions pathologiques l'interférence est dominante : il en est ainsi dans certains syndromes pathologiques de mouvements en miroir.

Selon Marteniuk et Mc Kenzie, l'interférence ne joue pas sur tous les paramètres du geste : elle n'agit pas sur les facteurs spatiaux (distance à parcourir) mais essentiellement sur l'intensité du geste (rapport force-temps) qui est préétablie au niveau médullaire avant le début du mouvement. Etant donné son mode d'activité, par irradiation de l'influx moteur, l'interférence est proportionnelle à l'intensité de l'activité.

Deux observations contredisent en partie ce modèle. On sait que l'irradiation contralatérale observable dans les syncinésies n'est pas directement proportionnelle à l'intensité de l'activité : d'autres facteurs jouent un rôle au moins aussi important comme la répétition du geste, la difficulté du geste et la concentration qu'il nécessite (Fagard, en préparation). D'autre part, les syncinésies, qui peuvent être considérées comme une manifestation de la dépendance entre les commandes motrices des deux mains, sont très importantes dans des gestes distaux pour lesquels il n'existe pratiquement pas de voies motrices ipsilatérales (Brinkman et Kuypers, 1972).

Dans d'autres modèles, l'interférence n'est pas seulement considérée sous l'angle négatif de ce qui gêne mais elle est vue comme la manifestation d'un *couplage* qui permet de résoudre les problèmes liés à l'activité sensori-motrice simultanée de plusieurs effecteurs.

Pour Cohen, la synchronisation de deux activités simultanées témoigne d'un couplage des commandes motrices qui permet de réduire la charge des rétroactions à traiter simultanément. Le couplage se fait par voies inter-hémisphériques et est d'autant plus étroit que des muscles homologues sont co-activés : *« Les commandes motrices centrales prenant leur origine dans un hémisphère facilitent les motoneurones corticaux homologues de l'autre hémisphère par le corps calleux »* (Cohen, 1971).

Dans le modèle de Kugler et al., ce ne sont pas seulement les muscles homologues mais *« le système entier* (qui) *peut être contraint a être synchronisé sur le même rythme »* (Kugler et al., 1980, p. 3). Ces auteurs remarquent après Lashley (1951) que les rythmes suivis dans une activité ont tendance à contaminer toute autre activité. Ainsi les mains peuvent être *« contraintes à agir comme une seule unité »* (Kugler et al., 1980, p. 3), de même que n'importe quels sous-systèmes opérant simultanément, quel que soit leur éloignement : par exemple notre activité gestuelle est souvent en rythme avec notre activité verbale (et vice versa).

Pour Kelso et coll. cette synchronisation est due à un couplage des unités d'action sous la forme de *« structures de coordination »*[14]. Ce couplage entraîne une réduction du nombre d'effecteurs sur lequel doit s'exercer le contrôle moteur, ce qui résout ce que Bernstein appelait le problème de la multiplicité des «degrés de liberté »[15] de la machine motrice (Bernstein, 1967).

L'originalité de ce modèle est dans l'idée que le couplage est une conséquence naturelle du fonctionnement moteur qui se fait par génération d'oscillations. *« Un groupe de muscles contraints d'agir comme une unité fait partie de la classe des structures dissipatives caractérisées*

---

[14] La notion de structure de coordination est utilisée de préférence au terme synergie et ne représente qu'un groupement *fonctionnel* de muscles (Kelso et al., 1983, p. 139).
[15] Les multiples degrés de liberté sont dus au nombre de muscles et d'articulations uni ou pluri-axiales.

par un cycle limite d'oscillations et c'est en vertu de cette appartenance que le contrôle et la coordination des mouvements sont comme ils sont» (Kugler, Kelso et Turvey, 1980, p. 3). Deux mains agissant simultanément sont comme deux horloges attachées sur une même planche de bois et dont la période oscillatoire est forcément en harmonie.

Mais, ajoutent les auteurs, ces contraintes temporelles peuvent et doivent être changées avec l'apprentissage puisque la plupart des tâches motrices nécessitent que les mains agissent d'une manière relativement indépendante. L'acquisition d'une nouvelle habileté motrice passerait donc par une libération de ce type d'invariance temporelle, sans doute aussi par la création d'une nouvelle invariance temporelle à l'intérieur des structures de coordination sélectionnées.

Dans un tel modèle la programmation de l'acte moteur consiste d'abord à spécifier les structures coordinatives au niveau médullaire («prescription structurale» définissant l'activité relative des muscles ainsi couplés) et secondairement le niveau absolu de l'activité («prescription métrique»). Lorsque le niveau absolu de l'activité change, son niveau relatif[16] à l'intérieur de la structure de coordination ne change pas.

Ce modèle permet d'expliquer que, lors d'un apprentissage bimanuel, les synergies les plus faciles à établir sont celles qui impliquent une même vitesse des deux mains étant donné que cela correspond à la tendance naturelle du système (Fagard, Wolff et Morioka, à paraître). Quand les deux mains doivent aller à des vitesses différentes, le couplage sera plus facile si l'une des vitesse est à un harmonique de l'autre, que si les vitesses sont totalement désynchronisées (Klapp, 1979): ceci s'explique par la priorité d'entraînement sous-harmonique des processus oscillatoires.

Lorsque les vitesses sont totalement désynchronisées on a trouvé que certaines combinaisons de mouvements étaient plus ou moins faciles suivant les caractéristiques temporelles relatives assignées aux mains droite et gauche: ainsi dans le cas du jeu de «télécran» il est plus facile d'aller plus vite avec la main droite qu'avec la main gauche que l'inverse (Preilowski, 1975; Fagard et al., à paraître). Dans une tâche de tapping du doigt, il est plus facile de suivre un métronome avec la main gauche, tout en tapant soit le plus vite possible, soit

---

[16] Cette invariance des vitesses relatives à l'intérieur d'une synergie lors d'un changement de vitesse absolue à souvent été notée: ainsi Orlowski remarque-t-il que chez le chat une stimulation cérébelleuse pendant la locomotion affecte l'amplitude de la contraction musculaire mais pas la durée de la période ni son cycle.

d'après un rythme complexe avec la main droite, que l'inverse (Peters, 1981; Ibbotson et Morton, 1981).

Cette asymétrie évoque bien sûr la possibilité d'un contrôle prédominant d'un hémisphère lorsque les gestes des deux mains sont couplés.

Ainsi *à un couplage de l'activité simultanée des deux mains se juxtaposerait la prédominance d'un hémisphère pour le contrôle de la synergie.*

Dans ces conditions comment peut-on expliquer l'acquisition du contrôle bimanuel et l'apprentissage d'une nouvelle coordination bimanuelle?

Nous avons vu dans la deuxième partie de ce chapitre que les progrès de la posture, ceux de la motricité distale, et la différenciation du rôle des deux mains permettent qu'une vraie coopération bimanuelle soit possible dès la deuxième année. Néanmoins les contraintes dues au système entraînent, lors de l'apprentissage d'une nouvelle coordination bimanuelle, même chez l'adulte, un retour à une bilatéralité non différenciée; cette non-différenciation touche les paramètres temporels (tendance à aller à la même vitesse) ou spatiaux (facilitation des gestes en miroir). Elle est particulièrement évidente dans les premières phases de l'apprentissage: à ce stade les paramètres de chaque main ne sont pas encore bien définis et l'importance des corrections rétroactives se heurte aux limites dans la distribution de l'attention. Les débuts d'un apprentissage bimanuel consistent donc, si celui-ci implique des mouvements différents des deux mains, à établir une nouvelle synergie entre les mains.

Pour faire face à ce problème le sujet peut utiliser différentes *stratégies*: exercer chaque main l'une après l'autre, jouer sur la vitesse (il est connu que la plupart des combinaisons de rythmes qui se désorganisent quand on accélère, sont tout à fait réalisables à faible vitesse; toutefois une vitesse trop lente peut aussi augmenter la difficulté d'une tâche), avoir un abord plus ou moins cognitif (en pensant à ce que chaque main doit faire).

Sans doute *l'inhibition contralatérale* joue-t-elle aussi un rôle dans la suppression de la symétrie des gestes à ce stade de l'apprentissage. C'est en tout cas ainsi que Preilowski (1975) interprète la difficulté rencontrée par les malades callosectomisés à apprendre une activité bimanuelle leur demandant d'aller à des vitesses différentes avec les deux mains: chez ces malades la suppression du contrôle visuel entraîne un retour spectaculaire à une synchronie de vitesse.

La maîtrise d'une activité bimanuelle correspond donc à l'établissement d'une synergie où les rapports temporels et spatiaux entre l'activité des deux mains ne sont plus forcément des rapports de symétrie. Par contre les contraintes de l'appareil moteur sont telles que le couplage lui-même ne disparaît pas et qu'une structure de coordination préside sans doute toujours au contrôle bimanuel.

On peut donc penser que les progrès de la coordination bimanuelle — avec l'âge ou avec l'apprentissage — permettent essentiellement de *créer de nouvelles dépendances entre les deux mains,* autant et même plus que de créer une «indépendance» entre elles.

C'est sans doute parce qu'il y a couplage de l'activité des deux mains, et donc contrôle unilatéral, qu'il existe une asymétrie du contrôle bimanuel comme il existe une asymétrie du contrôle unimanuel.

Dans une telle perspective l'évolution du contrôle bimanuel avec l'âge, une fois que les progrès posturaux-moteurs ont permis l'accès à une coopération bimanuelle, consiste à étendre le répertoire de synergies et surtout à le rendre plus modifiable.

CONCLUSION

Le mécanisme par lequel la coordination bimanuelle se développe n'est pas encore vraiment expliqué et sa compréhension dépasse largement le simple cadre du contrôle de deux mains. Il serait du reste naïf de penser qu'un seul mécanisme peut rendre compte de tâches différentes alors que chaque tâche peut sans doute être réalisée de multiples façons.

Tout au plus a-t-il été possible de dégager certains aspects intervenant dans l'acquisition d'une nouvelle synergie bimanuelle et dans l'évolution de la coordination bimanuelle avec l'âge :

• Le contrôle simultané de deux sources de rétroactions s'oppose aux limites de la distribution de l'attention.

• Il existe un couplage des commandes motrices des deux mains lorsque leur activité est simultanée : les limites de l'attention ou l'organisation du système moteur efférent lui-même, indépendamment de ces limites, peuvent expliquer ce couplage.

• Ce couplage entraîne une tendance à la symétrie des paramètres temporels et, à un moindre degré, des paramètres spatiaux des gestes.

• Ces contraintes doivent être dépassées dans la plupart des activités bimanuelles, du moins dans celles qui impliquent des mouvements différents des deux mains. Les différentes stratégies utilisées par le sujet et, à un autre niveau, l'inhibition contralatérale permettent de les dépasser.

• L'apprentissage revient à créer de nouvelles synergies où le couplage peut entraîner des rapports variés et nombreux, ceci dans certaines limites liées au système moteur.

• La coordination bimanuelle proprement dite, c'est-à-dire la prise en compte de l'activité d'une main par l'autre, permet de déterminer les caractéristiques de l'activité de chaque main au sein de la synergie en fonction du but poursuivi.

Lorsque les progrès des premiers mois permettent à l'enfant de combiner ses deux mains en une seule activité, ce dernier se trouve confronté à ces contraintes: il acquiert petit à petit des moyens de plus en plus appropriés pour les résoudre. Cependant tout apprentissage nouveau est susceptible de réactiver ces contraintes.

Bibliographie

AMES, L.E., 1949, Bilaterality, *The Journal of Genetic Psychology, 75,* 45-50.
BEAUBATON, D., 1983, Contrôles proactif et rétroactif de la motricité. Rôle des ganglions de la base et du cervelet dans la programmetion et l'exécution du mouvement. Thèse de Doctorat-Sciences, Aix-Marseille.
BENDER, P.A., 1980, Limitation in Execution of Two-Handed Movements, *Psychology of Motor Behavior and Sports, 177.*
BERGERON, M., 1948, *Les manifestations motrices spontanées chez l'enfant,* Paris, Hermann.
BERNSTEIN, N., 1967, *The coordination and Regulation of Movements,* London: Pergamon Press.
BRESSON, F.; MAURY, L.; PIERAUT-LE-BONNIEC, G. & De SCHONEN, S., 1977, Organization and lateralization of reaching in infants: an instance of asymmetric functions in hands collaboration, *Neuropsychologia, 15,* 311-320.
BRINKMAN, J. & KUYPERS, H.G., 1972, Split-brain monkeys: cerebral control of ipsilateral and contralateral arm, hand and finger movements, *Science, 176,* 536-539.
BRUNER, J.S., 1970, The growth and structure of skill, in: Connolly, *Mechanisms of motor skill development,* New York: Academic Press.

BUHLER, J. et GRAHAM, R., 1982, L'art de jongler, *La Recherche*, vol. 13, *135*, 856-867.
CERNACEK, J., 1961, Contralateral motor irradiation. Cerebral dominance, *Arch. Neurol. Psychiat.*, *4*, 165-172.
COBB, K., GOODWIN, R. et SAELENS, E., 1966, Spontaneous hand positions of newborn infants, The *Journal of Genetic Psychology*, *108*, 225-237.
COHEN, L., 1970, Interaction between limbs during bimanual voluntary activity, *Brain*, *93*, 259-272.
COHEN, L., 1971, Synchronous bimanual movements performed by homologous and nonhomologous muscles, *Perceptual and Motor skills*, *32*, 639-644.
CONNOLLY, K. et ELLIOTT, J., 1972, The Evolution and Ontogeny of Hand Function, in Blurton Jones (Ed.), *Ethological Studies of Child Behavior*, Cambridge, University Press.
DAVISON, A.H., 1948, The relationships between unimanual and bimanual handedness, *Journal of Experimental Psychology*, *38*, 3, 276-283.
ETTLINGER et MOTRON, 1963, Callosal Section: Its effect on Performance of a Bimanual skill, *Science*, Feb., 485-486.
FAGARD, J.; WOLFF, P.H. et MORIOKA, M., Early Stages in the acquisition of a bimanual motor skill (à paraître).
FAGARD, J., 1982, le contrôle moteur de 6 à 10 ans, Paris, thèse de 3e cycle.
FAGARD, J., Manual Asymetries, contralateral inhibition and bimanual coordination in Tapping, en préparation.
FENSON, KAGAN, J., KEARSLEY, B. et ZELAZO, P.H., 1976, The developmental progression of manipulative play in the first two years, in: *Child Development*, *47*, 232-236.
FITTS, P.M., 1954, The information complexity of the human motor system in controlling the amplitude of movement, *Journal of Experimental Psychology*, *47*, 381-391.
FLAMENT, F., 1971, Intelligence pratique et latéralité, thèse de doctorat de 3e cycle.
FLAMENT, F., 1975, Latéralisation manuelle et latéralisation de la tâche chez l'enfant de 1 à 4 ans, *Journal de Psychologie*, *3*, 291-310.
GESELL, A., 1947, The development of handedness, *Journal of Genetic Psychology*, *70*, 155-175.
GILLOT, G., Recherches psycho-sociales sur les problèmes de latéralité en éducation physique et sportive, Dijon, thèse de 3e cycle.
GLENCROSS, D.J., 1977, Control of skilled movements, *Psychol. Bull.*, *84*, 14-29.
GRENIER, 1983, Conférence à l'hôpital des Enfants Malades, Paris.
HONDA, H., 1981, Eye movements and Performance during bilateral tracing tasks, *Acta Psychologica*, *49*, 201-213.
IBBOTSON, N.R. et MORTON, J., 1981, Rythm and dominance, *Cognition*, *9*, 125-138.
KELSO, J.A.S., SOUTHARD, D.L. & GOODMANN, D., 1979, On the coordination of two-Handed Movements, in: *Journal of Experimental Psychology: Human Perception and Performance*, *5*, 2, 229-238.
KELSO, J.A.S., 1983, A «Dynamic Pattern» Perspective on the control and coordination of movement, in: P.F Macneilage (Eds.), *The production of speech*, 138-173.
KLAPP, S., 1979, Doing two things at once: the role of temporal *Compatibility*, 7(5), 375-381.
KOEHLER, W., 1927, *L'Intelligence des singes supérieurs*, Paris, Alcan.
KOURILSKI, 1968, *Main droite et main gauche*, Paris, P.U.F.
KREUTER, C.; KINSBOURNE, M. et TREVARTHEN, C., 1972, Are deconnected cerebral hemispheres independent channels? A preliminary study in the effect of unilateral loading on bilateral Finger tapping. *Neuropsychologia*, *10*, 453-461.

KUGLER, P.N.; KELSO, J.A.S. et TURVEY, M.T., 1980, On the concept of coordinative structures as dissipative structures: I. theoretical lines of convergence, in: G.E. Stelmach & J. Requin (Eds.), *Tutorials in Motor Behavior*, North-Holland Publishing Company.
LASHLEY, K., 1951, The problem of serial order in Behavior, in: L.A. Jeffress (Ed.), *Cerebral mechanisms in behavior*, New York, Wiley.
LEPLAT, J., 1963, Les liaisons sensori-motrices, in: P. Fraisse et J. Piaget, *Traité de Psychologie Expérimentale*, vol. II, chap. VII, Paris, P.U.F.
LEROI-GOURHAN, A., 1974, *Le geste et la parole*, Paris, Albin Michel.
MARTENIUK, R.G. & Mac KENZIE, C.L., 1980, A preliminary theory of two-hand co-ordinated control, in: G.E. Stelmach & J. Requin (Eds.), *Tutorials in Motor Behavior*.
MICHEL, G.F., 1983, Development of hand-use preference during infancy, in *Manual Specialisation and the Developing Brain*: longitudinal studies. Young, Segalowitz, Corted, Trehub (Eds.), New York: Academic Press.
NAPIER, J.R., 1962, The evolution of the hand, *Scientific American*, 207, 56-62.
OLDFIELD, R.C., 1969, Handedness in musicians, *British Journal of Psychology*, 60, 1, 91-99.
PAILLARD, J., 1949, Quelques données psychophysiologiques relatives au déclenchement de la commande motrice, *L'Année Psychologique*, 47, 28-47.
PAILLARD, J., 1976, Tonus postures et mouvement, in: Kayser Ch. (Ed.), *Traité de Physiologie*, tome III, chap. 6, 3e éd., Paris, Flammarion.
PAILLARD, J., 1980, Nouveaux objectifs pour l'étude neurobiologique de la performance motrice intégrée: les niveaux de contrôle, in: Roberts (Eds.). *Psychology of motor behavior and sport*, Nadeau, Halliwell.
PEIPER, A., 1962, Réflexes de posture et de mouvement chez le nouveau-né, in: *Revue de Neuropsychiatrie Infantile*, 10, 511-530.
PETERS, M., 1981, Attentional asymmetrics during concurrent bimanual performance, *Quarterly Journal of Experimental psychology*, 33A, 95-103.
POULTON, E.C., 1966, Tracking skill and manual control, in: E.A. Bilodeau (Ed.), *Acquisition of skill*, New York, Academic Press.
PREILOWSKI, B., 1975, Bilateral motor interaction: Perceptual motor performancce of partial and complete «split brain» patients, in: K.J. Zulch, O. Creutzfeldt & G.C. Galbraith (Eds.), *Cerebral localization*, Berlin, Springer.
RAMSAY, D.S.; CAMPOS, J.J. et FENSON, L., 1979, Onset of Bimanual Handedness, in Infants, *Infant Behavior and Development*, 2, 69-76.
REYNOLDS, P.C., 1975, Handedness and the evolution of the primate forelimb, *Neuropsychologia*, vol. 13, 499-300.
SANDRIN, J., 1982, *Enfants trouvés, Enfants ouvriers*, Paris, Vrin.
SCHONEN, S. de, 1977, Functional Asymmetries in the Development of Bimanual Coordinations in Human Infants, *Journal of Human Movement Studies*, 3, 144-156.
SHAFFER, L.H., 1976, Intention and Performance, *Psychological Review*, 5, 375-393.
TANIGUCHI, R.; NAKAMURA, R. et OSHIMA, Y., 1977, Reaction Time in Simultaneous motions, *Perceptual and Motor skills*, 44, 709-710.
WOLFF, P.H.; COHEN, C., 1980, Dual Task performance during bimanual coordination, *Cortex*, 16, 119-133.
WYKE, M., 1969, Influence of direction on the rapidity of bilateral arm movements, *Neuropsychologia*, 7, 189-194.

Chapitre VIII
Conditions psychosociales de la latéralisation : le choix de la main pour écrire

J. BERGES et M.A. DU PASQUIER

Une perspective psychosociale de la latéralité permet de mettre tout d'abord l'accent sur le poids très lourd que fait peser la société sur les gauchers dans le monde occidental.

Nous voudrions aborder cette question sur un cas particulier mais qui nous paraît exemplaire par la fréquence de sa mise en question et les implications pratiques : le « choix » de la main pour l'écriture.

L'écriture guide le graphisme dans une forme signifiante, une trace donnée à voir, à déchiffrer, à lire.

Le geste qui va marquer cette trace est sous-tendu dans son expressivité et sa réalisation, par la motricité en tant qu'elle est latéralisée.

En effet, le geste graphique n'est pas seulement à l'origine d'une « lisibilité » à travers des symboles; il est aussi une réalisation : formalisation d'un fonctionnement praxique, mais sous le regard d'autrui. Le scripteur s'engage aux yeux de l'autre, le lecteur, dans une « communication » radicalement différente de celle de l'interlocuteur, dans la mesure où pour celui qui écrit, celui qui lit est absent. C'est cette absence qui vient mettre l'accent sur le miroir, l'image ; c'est dans cette perspective renversée que les questions de droite et de gauche viennent revêtir un aspect aussi prégnant : la main qui écrit est sous le coup de l'imaginaire.

I. LE CHOIX DE LA MAIN ET L'APPRENTISSAGE DE L'ECRITURE

C'est à la fin de la maternelle et au début du C.P. que se pose la question avec acuité : la famille, l'institutrice sont prises dans une certaine urgence, qui est le plus souvent soulignée par l'expression «Que va-t-on faire?». Dans ce questionnement, la famille vient apporter sa propre histoire, et l'école ses conceptions pédagogiques.

L'histoire de la famille est ici en effet impliquée au premier chef. La droiterie ou la gaucherie de la majorité ou de tous les membres de la famille vient évidemment peser de tout son poids : poids respectif de la famille du père, ou de la mère; poids respectif des hommes ou des femmes de la famille; poids relatif des grands-parents, dépositaires au premier chef de l'héritage génétique comme de l'héritage tout court; importance de certains membres de la parenté, ou même de ceux à qui revient le parrainage. Ces diverses influences jouent soit dans la perspective d'une «bonne ascendance ou d'une bonne influence»; soit au contraire comme un risque, une «tare», un «handicap». La lignée peut être rehaussée ou compromise par l'un de ses membres dont la latéralité est épinglée comme attribut transmissible, valorisant ou dévalorisant. Quant à l'école, elle s'applique selon les cas à donner d'elle une image de tolérance, compréhensive, ou à l'inverse de porte-parole de l'exigence ferme; enfin elle peut apparaître comme d'une neutralité absolue, renvoyant à l'enfant et à sa famille le «choix» à faire, sous-entendant qu'il ne dépend en rien de la pédagogie et qu'il n'y a que le résultat qui compte, qui sera noté. Mais aussi, plus aux prises avec le réel de l'apprentissage, l'enseignant lui-même est engagé, mis en cause, dans sa propre image de maître : le plus souvent, droitier, il ne sait absolument pas écrire de la main gauche, et il est donc incapable d'apprendre à l'élève.

L'appel au «spécialiste» (médecin, pédiatre, pédo-psychiatre, psychologue, psychomotricien) est donc fort embarrassé et fort ambigu, chargé d'espoir et de craintes; le plus souvent loué par quelques-uns et critiqué par de nombreux autres.

Sur quels critères peut-on se permettre de formuler un avis?

Tout ce qui vient d'être dit souligne déjà qu'il doit être prudent, ménager une progressivité de l'application, venir en tous cas assurer qu'il ne s'agit pas d'une urgence ni d'un arrêt : la modestie est de mise; non seulement parce que souvent elle est justifiée, mais parce que les nuances relativisent la réponse et permettent à chacun, parents ou école, de s'interroger sur ses propres certitudes.

Les bases de notre réponse sont d'abord constituées par l'équipement neurobiologique de base de l'enfant.

A travers les qualités du tonus, en effet, on peut établir une latéralité neurologique: l'extensibilité, le ballant pour le tonus de fond et les syncinésies pour le tonus d'action sont recherchés et notés: ils sont le reflet et le soubassement de la latéralisation neurologique.

Celle-ci nous semble pouvoir être divisée en deux grandes régions, d'une part l'axe du corps qui est en harmonie avec la latéralité gestuelle spontanée, et d'autre part la périphérie, les extrémités des membres, qui est en harmonie avec la latéralité usuelle ou d'utilisation. Comme l'a montré une étude statistique (Bergès et coll., 1965), s'établissent ainsi deux ensembles organo-fonctionnels; l'un très lié à une «latéralité archaïque et innée», qui présiderait à la spontanéité, l'élan au sein du déroulement, et s'articule avec le tonus axial, le regard; l'autre en rapport avec la «latéralité socialisée» plus ou moins plastique à la pression sociale et à celle des instruments, habitudes, dirigisme du fait des contraintes des objets fabriqués pour des droitiers et qui est la plupart du temps celle de l'écriture.

Ces deux sortes de latéralités sont harmonieuses soit chez les droitiers, soit chez les gauchers francs ou homogènes. Mais, le point le plus intéressant, semble-t-il, de cette étude réside dans la mise en évidence d'un groupe très notable au sein des droitiers très nets d'utilisation, de sujets tout à fait gauchers quant à leur motricité spontanée (plus de 30 %), tandis que l'inverse n'est retrouvé que chez une infime minorité (1 %). Ainsi la notion de «gaucher contrarié» vient d'être soulignée par les effets de la pression sociale, par le biais de l'interaction sur la latéralité spontanée, de l'élan moteur latéralisé.

Il nous semble que ce double registre de la latéralité doit être marqué en ce qui concerne la genèse de l'apprentissage de l'écriture : celle-ci en effet ne suppose pas seulement la précision, la rapidité, l'adéquation du mouvement à la forme, la netteté et les qualités de freinage (dépendant directement de la fonction motrice sous-tendue par les structures organisées en systèmes anatomiques). Mais elle implique aussi l'initiative, le projet, le déroulement dynamique, l'élan cursif, un certain style d'expression, qui trouvent leur assise et leurs qualités dans une organisation beaucoup plus psychomotrice, concourant avec la précédente, mais parfois contrariée par elle ou s'y opposant, à la réalisation de l'écriture.

Cet aspect de la question, la mise en jeu de ces deux «couples organo-fonctionnels» nous semble devoir être connu et pris en compte de façon au moins aussi nette que les résultats de la latéralité : latéralité manuelle, oculaire, des membres inférieurs; car les notions de «dyslatéralité, latéralité croisée, mauvaise latéralisation» qui découlent de cette perspective ne nous paraissent intéresser que la latéralité socialisée, à travers des épreuves interrogeant des activités usuelles. Ces épreuves ont le mérite d'évaluer la capacité plastique à répondre à la pression de l'extérieur, mais non d'indiquer les éventuelles contradictions au sein même des couples organo-fonctionnels qui viennent d'être décrits. Or, il apparaît fort probable que c'est précisément par la dissociation de ces couples ou de l'un d'eux que se marque le plus fréquemment le «passage de la pathologie».

La question du choix de la main ne se pose pas seulement au moment de l'apprentissage. Elle peut se poser aussi devant les échecs ou les difficultés de cet apprentissage; il faut souligner tout d'abord à quel point il faut être sceptique quant à l'impact de la latéralité ellemême dans les «dysgraphies».

S'il s'agit souvent de l'étiologie alléguée par la famille ou par l'école, on doit avoir présent à l'esprit qu'il s'agit là, le plus souvent, d'une «explication» qui vise d'abord à donner du sens à des difficultés beaucoup plus globales du sujet devant l'apprentissage du langage écrit, et de ne pas perdre de vue que la dysgraphie est très souvent un «symptôme» au sens névrotique du terme, qu'il s'agisse de l'enfant ou de l'adulte.

Certains trouveront peut-être notre position sur ce point quelque peu forcée. Qu'il nous soit simplement permis de la souligner car l'expérience clinique quotidienne et la pratique des «rééducations de l'écriture» nous montrent sans équivoque qu'il s'agit aussi de serrer au plus près la réalité.

II. GAUCHERIE ET ECRITURE

Nombreux sont encore les enfants gauchers, ne présentant aucun trouble, qui viennent consulter au moment de l'apprentissage de l'écriture pour la simple raison qu'ils sont gauchers. Leurs parents formulent en général une question, toujours dans les mêmes termes: «Je vous amène mon enfant pour savoir s'il faut vraiment qu'il écrive de la main gauche».

Souvent une « ambidextrie » est alléguée. L'enfant qui, pour l'ensemble de ses activités, utilise la main gauche se trouve réputé faire telle ou telle chose, très ponctuelle, de la main droite ou du pied droit ou de l'œil droit. Raison suffisante pour que la question de la réalité de la gaucherie soit soulevée. Raison pas toujours nécessaire; certains gauchers francs sans conteste possible, font aussi bien partie des consultants. (Le fait, par exemple, d'utiliser les ciseaux de la main droite ne peut être un signe de droiterie, l'instrument étant fait pour les droitiers, la plupart des petits gauchers s'en aperçoivent très rapidement et s'adaptent). Il n'est fait mention d'aucune maladresse chez ces enfants. Dans certains cas, au contraire, la particulière habileté des deux mains est mise en avant comme argument pour un passage possible et jugé facile à la main droite pour écrire. Il va sans dire que jamais là l'idée n'est venue aux parents de s'inquiéter si l'enfant fait usage de la main gauche dans ses jeux, dans ses activités quotidiennes courantes. Même pour ses graffitis et ses premiers dessins, la main gauche est parfaitement admise.

C'est seulement quand le moment arrive de l'apprentissage de l'écriture, que soudain les adultes s'émeuvent: faut-il ou ne faut-il pas le laisser écrire de la main gauche? La question devient d'importance, trop importante pour que l'initiative en soit laissée à l'enfant seul, ou même à sa famille.

Les critères relevant du bon sens le plus élémentaire sont jugés insuffisamment convaincants. Par exemple, la plus grande débilité de la main droite par rapport à la main gauche, dans ses capacités de contrôle, de coordination, de délié des doigts, toutes qualités pesant bien évidemment très lourd quant à l'orientation d'un choix de main pour écrire, ne peut pas — curieusement — être prise spontanément en considération. Et toutes sortes d'arguments sont avancés comme preuves que la question de l'écriture de la main droite se trouve légitimement posée et avec l'espoir bien sûr qu'elle sera retenue: « Je l'ai vu donner un coup de pied dans un ballon avec le pied droit, alors peut-être n'est-il pas vraiment gaucher et — sous-entendu — peut-il écrire de la main droite ? ».

Si rationalité et bon sens paraissent souvent oubliés dans cette aventure, un autre oublié est l'enfant lui-même. Choisir une main pour écrire est l'affaire des adultes qui l'entourent: les parents, les éducateurs; lourdement ressentie est la responsabilité qui leur incombe: « nous ne voudrions pas faire d'erreur »; « vous me rassurez en me disant que j'ai bien fait de le laisser écrire de la main gauche »; « je ne voudrais pas qu'il me soit reproché plus tard de ne pas avoir agi comme il le fallait ».

L'enfant, conscient en général d'être l'objet d'un enjeu qui le dépasse, réagit de différentes manières, bien que pour lui, le plus souvent, la chose soit simple : si l'adulte n'était pas là avec ses craintes et ses désirs obscurs, lui le plus naïvement du monde et le plus souvent sans s'en apercevoir, écrirait de la main gauche. L'épineuse question d'un choix a été soulevée par les autres.

Ainsi, bien des adultes sont encore tout prêts à mettre un enfant en devoir d'abandonner sa main habile et d'exercer sa main non dominante, ce qui n'est jamais une mince affaire, et pour des raisons pour le moins peu rationnelles, tout autant que peu élucidables dès l'abord.

Il est vrai que, si des assouplissements considérables ont eu lieu dans les attitudes sociales vis-à-vis de la gaucherie, le désarroi suscité par l'enfant gaucher garde toujours son actualité. Nous en prendrons pour preuve les motifs allégués lors de bien des consultations d'enfants, motifs parmi lesquels la gaucherie accroche son grelot inquiétant : difficultés scolaires *et* gaucherie, lenteur *et* gaucherie, mauvaise écriture *et* gaucherie. La gaucherie est l'accusée numéro un en même temps qu'explication définitive et stérilisante, alors même qu'en réalité elle ne fait que donner là son nom à toutes les formes de troubles praxiques et de la latéralisation.

Pourquoi la gaucherie pèse-t-elle d'un poids particulièrement lourd quand elle est associée à l'écriture ? Pourquoi retrouve-t-on si fréquemment chez certains une telle insistance à prôner le bien-fondé de l'écriture avec la main droite ? Pourquoi un tel regain de précautions devient-il impérieusement nécessaire à certains parents avant de laisser à leur enfant le libre accès à l'écriture de la main gauche ? Sur quoi se fonde au fond ce qui apparaît à beaucoup comme un couple antinomique : écriture et gaucherie.

Ecrire est une fonction très spécifique qui va très au-delà de sa fonction de langage écrit, transcription du langage oral. Ecrire est un acte social, acte qui s'acquiert sur la scène publique de l'école. C'est un acte qui engage son auteur : celui-ci doit pouvoir répondre de ce qu'il écrit, y souscrire. Ecrire c'est aussi un acte de publication, tout écrit est exposé à être lu, tout journal intime peut être publié. Dialectique particulière de l'écriture à qui l'on confie le plus intime de soi, alors que dans le même temps tout regard d'étranger y est toujours présent : fonction à la fois de secret et de divulgation de l'écriture, qui cache tout autant qu'elle révèle.

Ce jeu de miroir subtil que met en œuvre l'écriture lui donne un caractère assez dangereusement provocateur pour que des règles extrêmement strictes lui soit toujours associées. L'acte d'écrire s'entoure d'une réglementation précise telle celle qui régit les actes qui s'inscrivent aussi dans la durée. L'écrit qui traverse le temps — fait foi — fait loi. Par rapport aux fantaisies possibles de l'oral, l'écrit de par sa fonction de conservation, pérennise une orientation conservatiste.

Les règles du bien écrire sont toujours présentes même si les apparences en sont plus ou moins sévères. Les écarts sont peu tolérés. La rectitude est de rigueur. Ainsi écrire droit, tenir sa ligne droite sont qualités calligraphiquement valorisées. La graphologie ne préférencie-t-elle pas les formes «dextrogyres» de l'écriture au détriment des formes «sinistrogyres» toujours chargées d'effluves négativantes de fermeture, retenue, manque de dynamisme, etc...? Jusqu'à la marge, cet espace gauche de la feuille qui est confisqué à l'écriture, comme s'il fallait que celle-ci se déploie au plus tôt dans le champ droit.

Et tout autant, se tenir droit, bien tenir son crayon, tenir son papier droit — et droit devant — restent des obligations, véritable Droit-canon du geste et d'attitude corporelle qui garde encore ses lettres de noblesse au détriment parfois même de l'efficience du mouvement. Et même si de nos jours peu de modèles cohérents sont en réalité proposés aux apprentis écrivains, peu d'indications fournies pour guider leurs premières calligraphies, les exigences persistent et l'enfant qui tient mal son crayon peut être encore désigné à l'opprobre publique au même titre que celui qui écrit mal.

L'enfant qui écrit de la main gauche vient faire œuvre de subversion, pervertir l'ordre des choses, attenter par toute sa personne à la rectitude qui se veut à l'œuvre dans l'écriture.

Il ne peut donc que susciter l'inquiétude hostile et les réactions dont il est l'objet en sont le témoignage, de même que les justifications qui sont apportées pour contrer sa présence, tenter de la supprimer, lui faire rendre raison — écrire avec la main droite.

La société, le consensus social sait toujours veiller à mettre en place des systèmes, des théories, des assertions en tous genres à l'encontre de ceux qui viennent l'obliger à penser autrement ou plus loin, ceux qui la dérangent; l'enfant qui écrit de la main gauche est de ceux-là.

Lorsque l'on tente de comprendre les difficultés particulières que rencontrent les gauchers et le rôle de l'entourage et de la société à leur endroit, il est bon d'avoir toujours présent à l'esprit le poids de subversion que représente l'enfant qui écrit de la main gauche, image même de la transgression.

C'est encore au nom d'un statut malfaisant de la gaucherie que d'aucuns verront dans le passage à l'écriture de la main droite pour un enfant gaucher, quel que soit son âge, le moyen de résoudre des problèmes résistant jusque-là à toute thérapeutique : ainsi proposait-on dans son milieu scolaire, à un enfant de 12 ans gaucher d'apprendre à écrire de la main droite, seul moyen lui disait-on de venir à bout d'une dysorthographie rebelle. De telles assertions ne sont pas rares. Aucun argument scientifique bien sûr ne saurait les étayer. C'est bien davantage du côté de la manœuvre conjuratoire qu'il convient d'en rechercher le sens. Recourir à la main droite aurait pour fonction de contrer le mauvais sort, exorciser les démons qui ont toujours peu ou prou partie liée avec la gaucherie. Revenir à la main droite pourrait bien en conséquence aider à rétablir l'ordre.

III. LES CHOIX «FORCES» DE LA MAIN, NOTAMMENT DANS LES LATERALISATIONS PATHOLOGIQUES

Le problème se pose dans deux ordres de domaines assez différents : ou bien chez l'enfant au moment de l'apprentissage, il s'agit d'une gaucherie ou d'une droiterie «pathologique», par incapacité du côté majeur; ou bien chez l'enfant ou chez l'adulte, il s'agit de l'incidence sur une écriture établie d'un facteur lésionnel, central ou périphérique.

Au moment de l'apprentissage, il arrive assez fréquemment qu'on se heurte à une situation apparemment fort paradoxale : l'enfant est droitier ou gaucher, cela ne fait question en aucune manière, ni pour les autres, ni pour lui. Et c'est au moment où, à la fin de la dernière année de maternelle ou au début du cours préparatoire, il commence à devoir écrire, qu'il se sert de sa main mineure, à l'étonnement de chacun : lui-même souvent fait des essais avec sa main préférée pour toute autre activité, mais renonce devant l'échec.

C'est ici que l'incompréhension des proches est la plus vive, particulièrement quand l'enfant se met à écrire de la main gauche : cette écriture, seule activité contraire à la latéralité habituelle est rapidement taxée d'opposition, voire de provocation.

Chez certains enfants, il s'agit tout au contraire d'une suggestibilité exagérée : l'admiration sans borne portée à l'aîné, ou la proximité spéculaire d'un jumeau entraîne la préférence du sujet pour la main qu'il éprouve comme celle de l'autre, la même; et placé en face de son modèle, l'enfant se saisit du crayon et imite le graphisme avec la main symétrique à celle de l'imité. Il exerce sa main gauche car c'est elle qui correspond à la main droite du semblable assis en face de lui de l'autre côté de la table de travail. Cette « imitation servile » est plus fréquente qu'on ne le suppose et souligne l'importance des phénomènes en miroir ou des mimétismes dans lesquels l'imaginaire joue un rôle décisif. Il suffit parfois de placer les deux protagonistes côte à côte et non plus face à face pour que l'énigme soit résolue. Souvent, à l'examen, on se rend compte que la gestualité spontanée et l'organisation tonique axiale qui l'accompagne, facilite, par sa latéralisation contraire à celle de la gestualité usuelle, ce type d'aberration. Un pas de plus dans cette voie de l'impulsion motrice prégnante et l'on entrevoit l'une des dimensions constitutives de l'écriture en miroir.

Certains choix « forcés » ne doivent cependant rien à l'imitation ou à l'identification; l'expérience nous a montré chez ces nombreux enfants à l'écriture opposée à la latéralité par ailleurs, que la main dominante présente de très discrets mouvements anormaux, en particulier des tremblements; ceux-ci sont contrôlés dans les activités de dessin, de peinture, de jeux, notamment par un appui, un effort musculaire exagérés ou même par une rapidité particulière de la réalisation des tâches, fragmentées en brefs épisodes; mais la tenue du crayon, le déplacement du poignet et de l'avant-bras sur le plan de travail viennent s'opposer à cette maîtrise. Ce n'est qu'au prix d'une lenteur et d'un appui excessifs dès lors, que le mouvement anormal peut être tant bien que mal dépassé. Il est des enfants qui éprouvent immédiatement le flottement de la maîtrise du geste dans leur activité d'écriture, et d'emblée se fient plus volontiers à l'autre main. Il en est d'autres qui « apprennent » laborieusement souvent au prix de contractions et d'ébauches de crampes, et qui « passent à gauche » dès lors qu'il n'y a plus seulement une exigence de forme, mais aussi de rapidité dans l'écriture (fin du C.P. ou début du C.E.1). C'est la mise en évidence par l'examen, d'un tremblement souvent très minime qui permet alors d'évaluer les chances respectives de l'écriture d'un côté ou de l'autre. De nombreuses « dysgraphies véritables » sont ainsi une indication majeure de « changement de main », soit spontané de la part de l'enfant, soit proposé dans une rééducation.

A ce sujet, signalons que des écritures très tendues, appuyées, et lentes peuvent faire l'objet de tentatives erronées de rééducations, par appréciation fautive des facteurs en cause. C'est ainsi par exemple que c'est à l'occasion d'exercices de détente ou de relaxation segmentaire, que peuvent apparaître pour la première fois les mouvements anormaux, que l'état de tension masquait jusqu'alors. C'est à l'évaluation des avantages et des inconvénients respectifs des qualités de la maîtrise et de ses contraintes que concourent le savoir et l'expérience du thérapeute.

D'autre part, au cours de ces passages à gauche pour des raisons d'ordre pathologique, l'expérience montre que les difficultés rencontrées au long de la rééducation dépassent très souvent largement le cadre de difficultés d'ordre fonctionnel qu'il est licite d'attendre d'un tel transfert de fonction. Et ceci malgré la bonne volonté apparente du patient et ses efforts soutenus. On s'aperçoit que dans certains cas, la dynamique de la récupération fonctionnelle est comme bloquée, qu'il existe un processus de résistance extrêmement tenace, et qu'alors un travail d'élaboration psychologique est nécessaire, qui met à jour le refus inconscient persistant chez ces sujets de renoncer à leur main droite, l'attachement à l'espoir insensé qu'un jour la récupération sera possible. Il s'agit là d'une incapacité à faire *le deuil* de la main droite.

Deuil de la main droite qui s'inscrit certes dans une symbolique de castration mais qui n'en demeure pas moins très spécifiquement relié aussi aux valeurs de la droite et de la gauche. A la déviance où le précipite son déficit, vient s'ajouter pour le sujet celle de la gaucherie; double dissidence dont l'insupportable ressurgit un jour ou l'autre dans des prises de conscience amères: «et en plus je deviens gaucher». Ce «en plus» est un poids de plus à porter.

C'est dans la perspective de ce travail de deuil nécessaire et problématique que doit se situer aussi bien l'évaluation de la latéralisation que la rééducation de tout trouble du graphisme quelle qu'en soit l'étiologie. En effet, il ne s'agit pas seulement de rendre apte à l'écriture une main qui ainsi accèderait à une dignité, à une efficience nouvelles : la promouvoir ou la valoriser. Il s'agit surtout et c'est à la fois le plus difficile et le plus nécessaire, d'aider le sujet à perdre l'autre main, à faire le deuil d'une main parfois préférée et engagée dans la spontanéité. C'est là une tâche d'autant plus ardue, que souvent dans les déficits organiques en particulier, tout le travail de la rééducation au sens orthopédique du terme a été soutenu par une négation des effets de la lésion et qu'il s'est nourri de l'espoir que le côté atteint pourrait recouvrer son intégrité fonctionnelle : la sanction du graphisme n'est pas seulement dès lors offerte au regard des autres mais bien à celui du patient lui-même contraint à voir les choses en face.

Bibliographie

BERGES, J., HARRISON, A. et STAMBAK, M., Etude sur la latéralité; nouvelles perspectives. *Revue de Neurpsychiatrie Infantile,* 1965, *13*(3), 186-206.

Chapitre IX
Psychopathologie de la latéralisation

H. WINTREBERT

La latéralisation fait partie d'un processus de maturation qui, de l'âge infantile à l'âge adulte, va progressivement établir une asymétrie fonctionnelle au profit de l'un ou l'autre des deux hémisphères cérébraux. Elle mettra très longtemps à s'établir et elle est sous la dépendance de trois facteurs essentiels: le facteur génétique, le développement du système nerveux et le rôle du milieu.

La latéralisation suit plusieurs étapes.

De zéro à cinq ans, elle subit des fluctuations et reste très indéterminée. Dans cette première période, l'avantage pris par une main sur l'autre reste faible, notamment dans toutes les actions où les automatismes jouent un rôle déterminant.

De cinq à sept ans, les progrès dans les acquisitions scolaires et ceux de la maturation fonctionnelle imposent des mécanismes nouveaux, plus précis et qui demandent une meilleure coordination. Mais la malléabilité du cerveau est encore très grande et on peut observer dans certains cas pathologiques les possibilités de suppléance entre les deux hémisphères.

A partir de sept ans, l'importance de la main dominante s'affirme dans les gestes les plus courants. Cette préférence manuelle s'affirme dans un grand nombre d'actions. Toutefois, ces acquisitions restent très malhabiles et, en cas d'accident ou d'empêchement momentané de la main dominante, la main dite «mineure» prend le relais.

Entre douze ans et l'âge adulte, on constate un accroissement des qualités fonctionnelles : vitesse, force, précision. L'organisation neuro et psychomotrice prend peu à peu sa forme définitive et les tentatives de changement de main en vue de l'écriture, chez des enfants dits mal latéralisés, sont vouées à l'échec, les apprentissages ayant créé des montages pratiquement irréversibles.

La préférence manuelle se forme en fonction de deux facteurs principaux du développement : le rôle de la vision et le caractère temporo-spatial des actions.

Les rapports oculo-manuels vont s'établir progressivement après la naissance et c'est la vision qui va permettre de prévoir, d'anticiper, de calculer dans le temps les gestes à accomplir. La vision et la motricité manuelle s'unissent peu à peu, formant une unité fonctionnelle globale qui permet de définir les coordonnées spatiales et de gouverner l'environnement. Cette association vision-motricité va diriger tous les apprentissages et Buser (1975) a montré, sur le plan cortical, les interactions entre les dispositifs mettant en jeu la zone visuelle et la zone motrice.

L'autre facteur important est le caractère temporo-spatial des actions elles-mêmes. C'est, en effet, en tenant compte des objets choisis, de leur mobilité, de leur position dans l'espace que se crée la finalité du geste et le type d'action à accomplir. La plupart de nos actions se déroulent dans le champ spatial situé en avant du corps et ce champ se partage, d'après nos possibilités motrices, en hémi-champ droit et hémi-champ gauche définis par rapport à l'axe médian passant par le plan sagittal de notre corps. Les plans horizontaux, verticaux et obliques vont déterminer les différents axes de nos mouvements, mais ces axes ne sont pas fixes, ils peuvent varier suivant la position de la tête et du tronc.

Selon le milieu dans lequel il vit, l'enfant va être plus ou moins réprimé ou, au contraire, laissé libre d'exercer ses possibilités motrices. Selon les règles socioculturelles, on lui imposera par exemple de donner la main droite pour dire bonjour ou pour utiliser son couvert à table.

C'est à la période scolaire que va se poser le choix de la main pour écrire, choix plein d'imprévu, les avis pouvant être différents suivant les responsables de son éducation.

Les processus d'acquisition restent malléables au début et la main mineure est capable d'exécuter tout ce que fait la main dominante. Mais, au bout d'un temps d'apprentissage plus ou moins long, la validité du passage d'une main à l'autre devient de moins en moins évidente et se heurte à tous les montages opérés dans le système nerveux. C'est pourquoi le choix de la main pour l'écriture est si délicat, et d'autant plus que l'enfant peut se décider sur des critères purement sociaux, par exemple copie d'un membre de la famille ou d'un proche.

I. METHODE D'ETUDE DE LA LATERALITE

Ce travail sur la latéralité va analyser les activités fonctionnellles de la main, de l'œil et du pied.

Cette classification n'est pas tout à fait satisfaisante; il est bien évident que, selon les mouvements et les engagements moteurs complexes, le plus souvent c'est tout le membre qui est concerné. Le tronc, également, participe chez l'enfant à l'ensemble des actions. La rotation de la tête joue un grand rôle, principalement dans la vision. Il semble que chaque mouvement ait sa valeur propre en fonction de l'engagement moteur qu'il détermine. Dans la mesure où l'enfant a de nombreuses syncinésies, c'est tout le corps qui participe à l'action proposée, et les liaisons corticales et sous-corticales favorisent l'extension du mouvement. C'est pourquoi, bien qu'on parle de main, œil et pied, il faut entendre par là latéralité du membre supérieur, du membre inférieur et latéralité visuelle.

L'étude de la latéralité va aboutir à une classification des enfants: les bien latéralisés d'un côté du corps selon les trois niveaux étudiés, ou les mal latéralisés, qui comprennent ceux dont la latéralité est croisée ou non homogène et ceux qui paraissent indécis dans certaines épreuves.

Dans certains cas, nous avons rencontré une tendance à l'ambidextrie qui pose les problèmes de l'immaturation de l'enfant et des troubles qui y sont adjoints.

II. LES EPREUVES EMPLOYEES

La plupart de nos actions sont latéralisées. C'est pourquoi, dans l'examen psychomoteur que nous pratiquons avec chacun des enfants dont nous avons la charge, nous avons une mine de renseignements par la préférence qu'adopte l'enfant dans tel ou tel type de mouvement.

La motricité manuelle est celle qui est la plus mise à contribution dans cette étude; c'est elle qui permet le mieux de suivre l'enfant dans son évolution.

Nous avons l'habitude de refaire l'examen psychomoteur en fin de traitement. Nous suivons les enfants, parfois pendant plusieurs années. Certains ont des rechutes, et ceci nous permet de les examiner à plusieurs époques de leur vie et de suivre leur évolution longitudinale.

A. Latéralité du membre supérieur et de la main

Les épreuves permettant de définir la latéralité manuelle peuvent être classées en :
- Epreuves permettant d'observer l'activité spontanée des deux mains.
- Epreuves permettant de mesurer l'efficacité motrice et mettant en jeu l'adresse, la coordination et la vitesse.
- Epreuves graphiques et spatiales mettant en jeu la motricité fine des doigts de la main et l'orientation du geste.
- Etude des praxies.

1. *Epreuves d'observation de l'activité spontanée*

On met l'enfant en présence d'objets placés au milieu de la pièce : balles, tambourin, cerceau, corde, bâtons, anneaux, triangle, lui permettant de se livrer à des activités variées. L'enfant est prié de faire ce qu'il veut avec ces objets et on observe l'activité des deux mains pendant 10 minutes.

2. *Epreuves d'efficacité motrice*

a) Se relever et aller toucher le mur

L'enfant est allongé sur un tapis, ses pieds à un mètre du mur sur lequel est dessinée une croix. Il doit se relever le plus vite possible pour aller toucher cette croix.

On peut alors observer :
- Soit les réponses immédiates au signal verbal ou sonore.
- Soit les réponses tardives, lorsqu'il attend le mouvement d'un métronome pour partir.

- Soit les réponses anticipées lorsque, surpris par des stimulations parasites venant de son environnement, il est amené à démarrer avant.

On note à chaque séquence la main utilisée pour toucher le mur.

b) *Adresse et coordination*
- Enfiler un fil dans un trou percé au milieu d'une feuille de papier.
- Distribuer des cartes d'une main puis de l'autre.
- Jongler.
- Faire les marionnettes d'une main puis de l'autre.
- Recevoir 10 balles ou 10 anneaux à la distance de 3 mètres, d'une main puis de l'autre.
- Exécuter des mouvements de pro-supination avec un bâton.

3. *Epreuves graphiques et spatiales*

a) *Epreuves graphiques*
- Dans le cas où l'enfant ne connaît pas encore ses lettres, il exécute une dizaine de boucles de chaque main.
- S'il sait écrire, il écrit son prénom et son nom de chaque main.
- On lui demande ensuite de tracer successivement, d'abord avec chaque main séparément, puis des deux mains travaillant ensemble : une ligne, un rond, un carré, un triangle, un losange.

b) *Epreuves d'orientation spatiale*
 Elles sont au nombre de deux.
- Epreuve des 7 objets

L'enfant est assis à une table. Sept objets sont alignés devant lui pendant qu'il a les yeux fermés ou masqués. Les mêmes objets sont placés de façon symétrique de part et d'autre de l'objet central, par exemple : anneau, crayon, pâte à modeler, pot, pâte à modeler, crayon, anneau. On demande à l'enfant de découvrir ces objets successivement avec la main, les yeux fermés, les yeux ouverts, de les montrer et de les appeler par leur nom.

On observe le choix de la main et l'orientation spatiale de droite à gauche ou de gauche à droite.

- Epreuve des 10 pots et des 10 jetons

L'enfant est assis à une table. Dix pots identiques (genre pots de yaourt en verre) sont alignés devant lui. Il dispose de dix jetons qu'il doit placer le plus rapidement possible dans ces pots, à raison d'un par pot.

c) Epreuves d'organisation spatiale

Au nombre de deux, elles sont bimanuelles. Elles montrent comment les deux mains vont coopérer, les yeux étant soit ouverts, soit fermés, pour analyser et synthétiser l'espace dans ses deux formes figurale et non figurale.

- Les puzzles

Chaque puzzle, constitué de 9 morceaux, va être construit par l'enfant, soit côté recto décoré et colorié, soit côté verso neutre.

Le temps est mesuré.

- La planche et l'encastrement

L'enfant, les yeux fermés ou masqués, doit encastrer des formes géométriques simples dans la planche où ces mêmes formes sont découpées en creux : rond, carré, rectangle, triangle, ovale, losange.

4. Praxies

On demande à l'enfant de faire semblant de :
- Taper avec un marteau sur un clou.
- Taper avec une baguette sur un tambour.
- Découper du papier avec des ciseaux.
- Verser de l'eau avec une bouteille dans un verre.
- Boire au verre.
- Repasser.
- Couper du pain.
- Tirer avec un fusil.
- Ouvrir un parapluie.
- Distribuer les cartes à jouer.
- Tâter de l'eau dans un verre pour savoir si elle est froide ou chaude.
- Jouer du violon.
- Ecrire.
- Compter.
- Ouvrir un robinet.
- Craquer une allumette et allumer une bougie.
- Faire le salut militaire.

- Dire au revoir avec la main.
- Envoyer un baiser.
- Serrer la main.
- Lancer une balle.

A la séance suivante, huit jours après, on demande à l'enfant d'exécuter les mêmes gestes, non en faisant semblant, mais cette fois en utilisant les objets.

B. Latéralité oculaire

Elle peut se définir à l'aide de trois épreuves :

- La visée

Elle se fait à travers un carton percé d'un trou. L'enfant garde les yeux ouverts pour s'approcher du carton et regarder à travers.

- La coordination oculaire

L'enfant essaie de fermer un œil, puis l'autre; puis, les yeux fermés, d'ouvrir l'un, puis l'autre.

- La coordination oculo-manuelle

On détermine la préférence oculaire et manuelle lorsque l'enfant tire au fusil à flèches sur une cible placée à trois mètres.

C. Latéralité du membre inférieur

Trois épreuves ici aussi :
- Shooter dans un ballon.
- Sauter à cloche-pied de l'un, puis de l'autre pied.
- Prendre appel du pied en vue d'un saut.

III. LES ENFANTS OBSERVES

Les enfants que nous avons examinés et dont nous avons dépouillé les résultats en vue de notre étude de la latéralisation sont au nombre de 171 et leur âge va de cinq à douze ans.

Ils font partie de la population habituelle des Centres d'Action

Médico-Sociale Précoce (CAMP) et des Centres Médico-Psycho-Pédagogiques (CMPP[1]).

Ils sont envoyés à la consulation de ces Centres pour troubles scolaires ou familiaux. Nous avons mis à part ceux qui présentent des troubles organiques à la suite de maladies ou d'accidents. Certains ont été revus après leur passage au Centre et ont fait l'objet d'une étude longitudinale.

La durée de leur traitement varie l'une à trois années scolaires consécutives. Certains font une rechute et doivent être repris plusieurs années après. D'autres viennent uniquement pour examen de la latéralité afin de déterminer le choix de la main pour l'écriture.

La répartition par âge est la suivante :

Ages	Garçons	Filles
5 ans	16	5
6 ans	21	1
7 ans	21	4
8 ans	21	5
9 ans	16	4
10 ans	18	2
11 ans	19	3
12 ans	13	2
	145	26

A. Latéralité homogène

Sur 171 enfants :

   63 sont des droitiers homogènes pour l'œil, la main, le pied.

   10 sont des gauchers homogènes.

- Droitiers de la main

   23 droitiers de la main et du pied sont gauchers de l'œil.

   3 droitiers de la main sont gauchers de l'œil et du pied.

   2 droitiers de la main et de l'œil sont gauchers du pied.

---

[1] Centre Psycho-Pédagogique Claude Bernard, Paris.
Centre Médico-Psycho-Pédagogique, Tours.
Centre d'Action Médico-Sociale Précoce, Tours.

- Gauchers de la main

   7 gauchers de la main sont gauchers de l'œil et droitiers du pied.
   1 gaucher de la main est droitier de l'œil et gaucher du pied.
   3 gauchers de la main sont droitiers de l'œil et droitiers du pied.

- Indéterminés

   59 enfants ont des résultats ambigus et ne peuvent être déterminés. Quelques-uns se servent indifféremment de l'une ou l'autre main pour faire les mêmes tâches demandées : ils ont une tendance ambidextre. Les autres changent de main au fil des épreuves et ne peuvent être classés dans les catégories ci-dessus.

B. L'efficacité motrice

Le geste de se relever et d'aller toucher le mur le plus vite possible, alors qu'on est couché sur le dos, va nous permettre d'observer le choix de la main. Cet exercice est intéressant, car il ne demande pas d'apprentissage, le seul paramètre recherché étant la vitesse d'exécution, et la finalité du geste permet de choisir librement la main de façon très spontanée.

Les réactions immédiates permettent d'établir le tableau du choix de la main pour trois types d'enfants : droitiers, mal latéralisés, gauchers.

Age	Nombre de cas étudiés	Droitiers		Mal latéralisés		Gauchers	
		MD	MG	MD	MG	MD	MG
5 ans	6	3	0	0	0	0	3
6 ans	12	10	0	0	0	0	2
7 ans	14	10	0	1	0	0	3
8 ans	11	9	1	0	1	0	0
9 ans	12	9	1	0	0	0	2
10 ans	10	6	0	0	2	0	2
11 ans	10	5	0	0	3	0	2
12 ans	7	4	2	0	0	0	1
	82	56	4	1	6	0	15

Nous voyons sur ce tableau que cinquante-six droitiers sur soixante ont été toucher le mur de la main droite.

Quinze gauchers sur quinze ont été le toucher de la main gauche.

Sur sept enfants à latéralité indéterminée, six touchent le mur de la main droite, et un seul de la main gauche.

Il s'agit de réaction immédiate, les enfants obéissant à la première stimulation verbale: Aller toucher le mur.

Les réactions différées permettent de voir si la main choisie dans la réaction immédiate continue de servir.

Pour vingt-sept enfants, le choix de la main va varier au cours des séquences motrices suivantes:
- Ils attendent pour toucher le mur le bruit d'un coup de bâton.
- Ils attendent pour toucher le mur l'arrêt d'un métronome.

Le plus souvent, lorsqu'ils changent de main, ils le font après avoir eu une réaction anticipée: Nathalie, surprise, va faire «oh» en se mettant la main sur la bouche, et ensuite changera de main pour toucher le mur. Alain, dix ans, au cours d'une anticipation complète liée à la vision d'un mouvement du thérapeute, va changer de main à la fin de sa séquence motrice.

Ceci montre les rapports entre la latéralité des enfants et leur excitabilité. Ils sont très sensibles aux modifications de l'environnement. Leur latéralité varie en fonction de l'émotion qui perturbe la fonction motrice en inversant le rôle des deux hémisphères.

L'effet de surprise joue au maximum lorsque, après des séquences d'attente de plus en plus longues (10, 20, 40, 90 secondes), on ramène la durée de l'attente à 10 secondes, et entraîne la possibilité du changement de main.

C. Distribution des cartes et utilisation du pouce

Dans cette épreuve, l'une des plus anciennes, destinée à étudier la latéralité (Galifret-Granjon, cf. chapitre III), on distribue trente-deux cartes de la main droite, puis de la main gauche, en tenant le paquet de l'autre main. La rapidité de cette distribution dépend de l'action du pouce de la main qui tient le paquet.

Chez nos trente-six enfants de cinq et six ans, nous ne trouvons que deux enfants qui utilisent ce pouce; ces deux enfants ont un quotient intellectuel de 130. A cinq ans, les enfants sont encore le plus souvent ambidextres vis-à-vis de cette épreuve, et les différences de vitesse entre les deux mains sont peu importantes.

Ages	Nombre d'enfants testés	Utilisation d'un pouce droit ou gauche	Utilisation des deux pouces
5 ans	16	1	0
6 ans	20	1	0
7 ans	20	5	1
8 ans	21	15	3
9 ans	13	8	1
10 ans	14	11	3
11 ans	15	10	3
12 ans	13	8	3

A sept ans, l'utilisation du pouce est encore rare, mais à partir de huit ans, elle devient nettement plus importante, dix-huit sur vingt et un.

La non-utilisation d'un pouce à partir de l'âge de huit ans pose un problème d'immaturation et de déficit psychomoteur.

Le droitier, spontanément, peut attribuer la prépondérance à la main droite, et il va distribuer de la main droite dans le sens gauche-droite, ou l'attribuer au pouce droit, ce qui provoque l'inversion du sens de distribution.

C'est l'inverse chez le gaucher.

Après avoir laissé l'enfant libre de son choix, on lui demande de procéder à la distribution de l'autre main, afin de comparer les temps.

Dans cette seconde distribution, très peu d'enfants utilisent le pouce de la main qui tient le paquet.

D. Coordination des deux mains

Elle demande une coordination parfaite inter-hémisphérique pour régler des mouvements complexes comme la pro-supination simple (les deux mains tournent en même temps l'une vers l'autre), et la pro-supination complexe (une main tourne en pronation pendant que l'autre tourne en supination), ces gestes étant exécutés avec un bâton lancé en l'air pendant que les mains tournent.

Ages	Nombre d'enfants testés	Réussites P.S. simple	Réussites P.S. complexe
5 ans	11	5	0
6 ans	19	5	1
7 ans	21	16	11
8 ans	25	23	20
9 ans	15	11	8
10 ans	19	19	14
11 ans	15	15	12
12 ans	10	10	10

Ce tableau montre, comme celui de la distribution des cartes, la difficulté qu'ont les jeunes enfants de cinq et six ans pour réaliser ces mouvements, surtout la pro-supination complexe. A l'âge de sept ans, la maturation neuro-psychomotrice fait un bond en avant spectaculaire. A douze ans, tous les enfants examinés dans ce tableau réussissent les deux exercices. Par contre, des enfants de quinze ans, déficitaires, n'ont pu les réussir.

Ce qui est intéressant, sur le plan de la latéralité, c'est lorsqu'une main ne tourne pas ou est en retard tandis que l'autre tourne normalement dans le cours de l'épreuve. Tout à coup, il y a un blocage et le mouvement repart, ou non.

Il apparaît qu'il y a une main directrice dans ce mouvement de pro-supination, la main droite si l'enfant est droitier, la main gauche si l'enfant est gaucher, et c'est elle qui poursuit le mouvement.

Dans certains cas, tantôt une main, tantôt l'autre s'arrête; ce cas est souvent celui d'enfants qui ont des difficultés de latéralisation.

Ainsi, Hubert, onze ans, gaucher contrarié par sa mère, qui écrit et dessine des deux mains et parfois en miroir, se trompe, dit un mot pour un autre en voyant un objet, est dyslexique, et instable au point que sa mère le fasse descendre de voiture, complètement excédée, au cours des longs trajets. La distribution des cartes est ambidextre (main droite : 20 secondes, main gauche : 23 secondes) et sans utilisation des pouces.

Deux sortes d'enfants peuvent échouer à cette épreuve de pro-supination : les enfants trop anxieux ou trop intellectualisés pour suivre un rythme régulier.

Le premier cas est illustré par Denis, onze ans, qui a peur des chiens, vérifie les portes avant de se coucher, a besoin de lumière pour dormir.

Au Centre, il remet son tapis en ordre s'il est de travers, efface toujours, dès qu'il arrive, le tableau dans le coin droit. Il est le dernier de sa classe et son instituteur le montre à ses camarades en disant : « Voyez celui-là, il redouble et fait seize fautes à sa dictée ». Il a une latéralité très mal définie : il se sert des deux mains aux fléchettes, a une main spontanée gauche pour toucher le mur. Dans le mouvement de pro-supination, c'est tantôt une main tantôt l'autre qui s'arrête.

Dans le second cas, c'est une trop grande analyse du geste et de ce qu'il y a à faire qui entraîne le blocage.

Cette action des deux mains avec le bâton va se trouver compromise si, pendant son déroulement, on pose une question à l'enfant qui doit y répondre sans arrêter le mouvement des deux mains.

Sébastien, huit ans, droitier, marque un arrêt complet de la main gauche après chaque question posée et poursuit le mouvement de sa main droite pendant qu'il cherche sa réponse.

Sacha, sept ans, donne une réponse immédiate, mais arrête le mouvement de sa main droite.

Vincent, sept ans, bègue, arrête le mouvement de ses deux mains pendant qu'il cherche sa réponse.

Lee, quinze ans, au cours de l'exercice où les deux mains sont en opposition, passe à celui où les deux mains travaillent symétriquement l'une vers l'autre.

Ces exemples illustrent la difficulté des rapports entre les centres chargés des automatismes et ceux qui sont chargés des significations.

On peut noter que c'est l'hémisphère gauche, chargé du langage et de la motricité de la main droite, qui n'est pas perturbé par la signification du message, alors que les mouvements de la main gauche, commandés par l'hémisphère droit sont bloqués. C'est l'inverse chez le gaucher. Dans le cas de difficultés de latéralisation, les deux mains sont bloquées.

E. Le geste graphique

Le dessin d'un trait, d'un rond ou d'une autre figure géométrique montre quatre caractères principaux qui peuvent servir à comparer les deux mains : la force du trait, visible par son épaisseur sur la feuille ; la dimension de la forme ; l'orientation gestuelle ; la vitesse d'exécution.

Les premières ébauches graphiques de l'enfant de cinq ans sont encore peu latéralisées, comme on le voit sur la page d'Arnaud (figure 1).

L'apprentissage scolaire de l'écriture va provoquer une différenciation de plus en plus importante entre les deux mains. Cette latéralisation n'est pas forcément en rapport avec la latéralité spontanée. C'est pourquoi il est prudent de ne pas se servir de l'exercice d'écriture pour définir la latéralité globale.

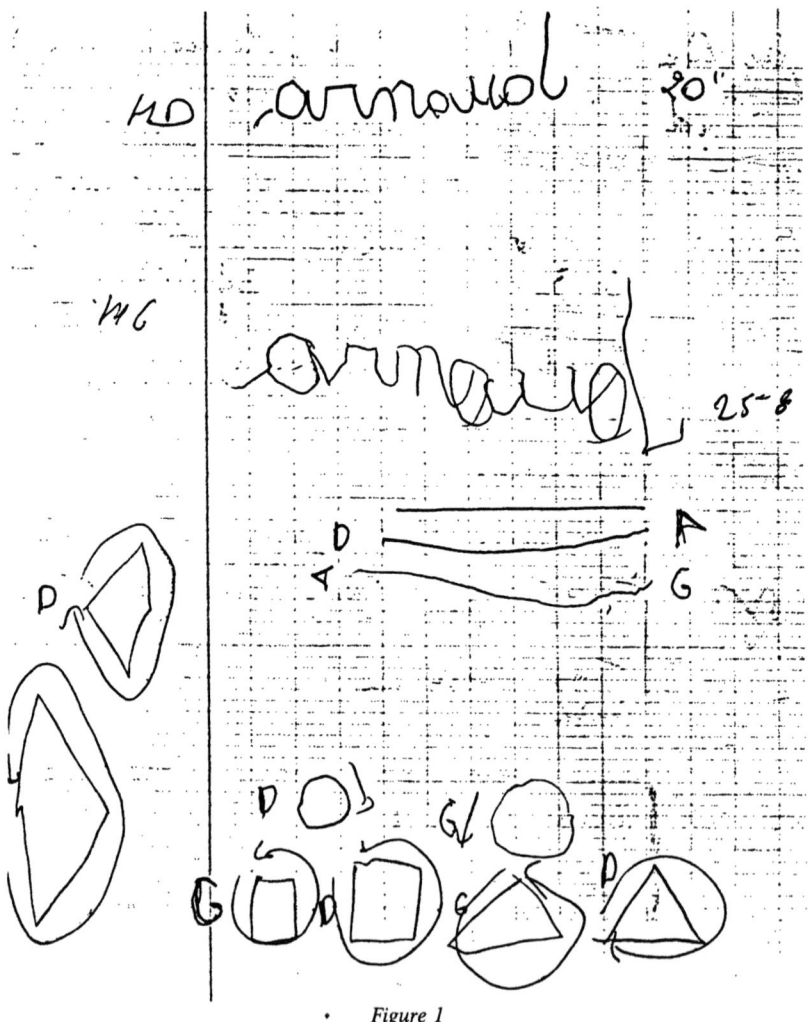

Figure 1

Certains enfants, d'un âge plus avancé, conservent un équilibre entre les deux mains pour le graphisme, ce qui rend compte des difficultés à établir une asymétrie fonctionnelle entre les deux hémisphères.

C'est le cas de Thomas, neuf ans, qui présente des signes d'immaturation, un retard dans la préhension pouce-index, une hypotonie très marquée, une incapacité complète de construire des puzzles simples, un retard dans les épreuves de conservation de type cognitif, une agnosie digitale, des troubles du calcul et une méconnaissance droite-gauche. Cet enfant, outre son retard scolaire, présente des projections imaginaires inquiétantes, dessinant habituellement des scènes d'incendie, de catastrophes, d'avions en feu se livrant des combats dans le ciel (figure 2). Il construit également, à l'occasion de Noël, à l'atelier de poterie, un Père Noël qui ressemble à un squelette. Il désire être clown plus tard, ce qui correspond bien aux pirouettes qu'il fait sur la table. Dans ses relations avec l'adulte, il approche son visage tout près, en le regardant dans les yeux, comme s'il voulait fusionner avec lui. Même lorsqu'il se montre particulièrment adroit pour attraper les balles, et coordonné pour les mouvements de pro-supination avec le bâton, Thomas reste incapable d'organiser une figure avec les morceaux du puzzle. Son écriture présente un équilibre remarquable entre les deux mains, de vitesse, d'écriture et de trait (figure 3). On ne peut manquer d'établir un rapprochement entre les difficultés de latéralisation et le caractère psychotique de ces manifestations.

D'autres enfants sont ambigus et mettent en cause notre recherche de typologie latérale bien déterminée.

C'est le cas d'Aymeric, sept ans, qui se montre très à l'aise dans les épreuves graphiques de la main gauche, excellent de cette main dans les dessins en perspective (figure 4) et tout à fait à l'aise et supérieur de la main droite dans les épreuves classiques, notamment pour lancer et attraper. Il est droitier de l'œil et du pied, et pourtant il se dit «gaucher», «ça me gêne beaucoup»; en fait, il a refusé d'écrire de la main droite et s'est trouvé valorisé par son statut de gaucher. Comme l'écrit l'une de nos enfants, Anne-Sophie, douze ans, gauchère, «Je suis exceptionnelle». Aymeric est très hypotonique, très couvé par sa mère à la suite de l'inhalation, à l'âge de deux ans, d'une cacahuète ayant pénétré dans les bronches, ce qui lui a valu des perturbations respiratoires jusqu'à ce que cette cacahuète remonte et soit évacuée brusquement à l'occasion d'un voyage en avion. En outre, c'est «le petit dernier». Il consulte pour difficultés graphiques. Il présente des séquelles de dyslexie et de dysorthographie; a eu une énurésie secon-

Figure 2

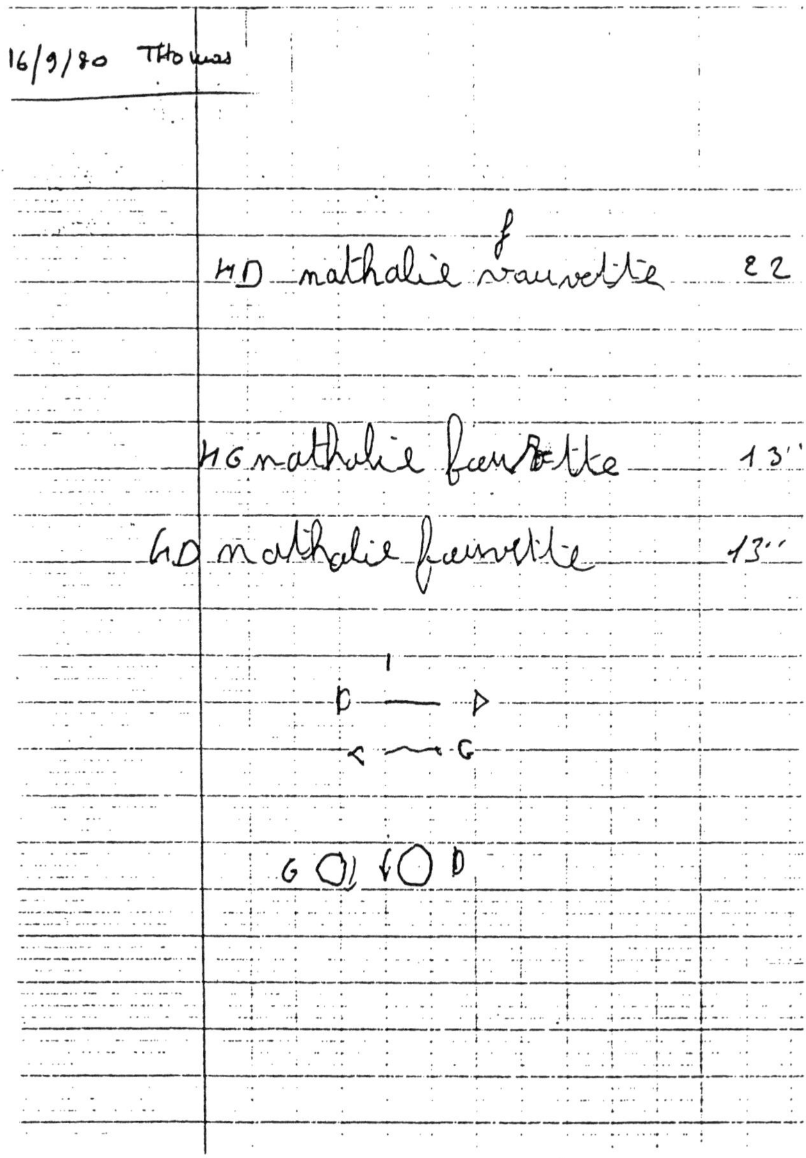

16/9/80 Thomas

MD nathalie vauvette   22

MG nathalie fauvette   13''
MD nathalie fauvette   13''

G ◯ ◯ D

Figure 3

Figure 4

daire à la période scolaire; il a des difficultés de reconnaissance droite-gauche. Les troubles de latéralité sont liés, chez lui, à une méconnaissance droite-gauche.

F. Rapports entre latéralité et orientation spatiale gestuelle

Les jeunes enfants présentent une plasticité cérébrale remarquable. Certains écrivent en miroir. Il y a donc, au début de l'écriture, une double potentialité spatiale. On découvre chez eux la possibilité de renverser spontanément le sens de la copie qu'on leur présente, possibilité plus fréquente chez les gauchers.

Dans le cas de Fouad, cinq ans, venu au Centre pour une détermination de la latéralité, nous retrouvons ces oscillations entre le sens gauche-droite et le sens droite-gauche pour l'écriture, chaque main ayant son sens préférentiel. Au mois de juin, la main gauche écrit en miroir droite-gauche et est plus affirmée pour le trait et la forme des O, en retard pour la vitesse (figure 5), alors que la main droite écrit gauche-droite. Au mois de décembre (figure 6), la main gauche écrit dans le sens gauche-droite et c'est la main droite qui écrit en miroir et qui a perdu sa supériorité pour la vitesse. Ce choix de la main gauche correspond à la latéralité globale du corps. Fouad est un gaucher homogène, sauf pour la distribution des cartes; il faut noter une amélioration de la vitesse de distribution dans les six mois qui suivront en faveur de la main droite. Par contre, les traits horizontaux et les traits ronds ont gardé la même orientation. La coordination oculaire ne permet d'ouvrir que le seul œil droit.

G. Utilisation de l'espace

On peut considérer qu'il y a un hémi-champ droit et un hémi-champ gauche en face de chaque main. Le tout jeune enfant commence à attraper les objets de la main droite dans l'hémi-champ droit et de la main gauche dans l'hémi-champ gauche. A partir d'une certaine étape de maturation, la main dominante va croiser et envahir plus facilement l'hémi-champ opposé que la main la moins latéralisée.

Les relations oculo-motrices ainsi que les mouvements de la tête déterminent le champ spatial.

Certains de nos enfants n'utilisent qu'une partie de l'espace.

Raphael, quatre ans et demi, qui dessine de la main droite n'utilise

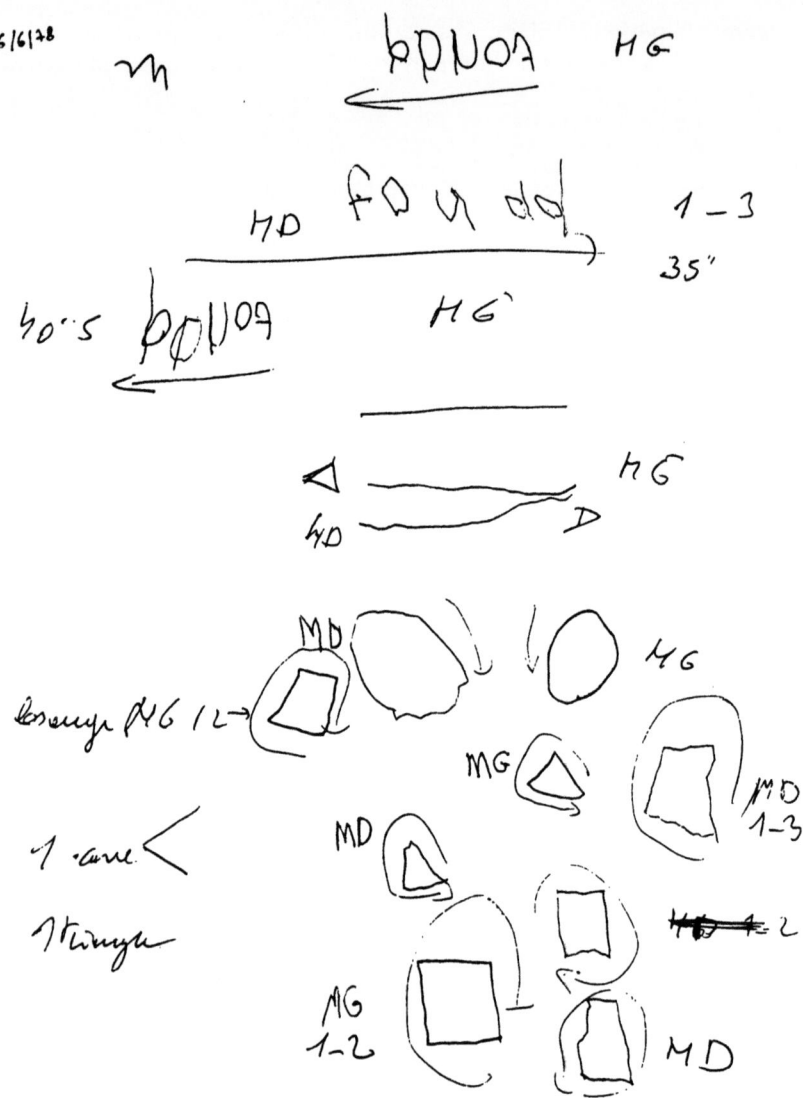

Figure 5

PSYCHOPATHOLOGIE DE LA LATERALISATION 231

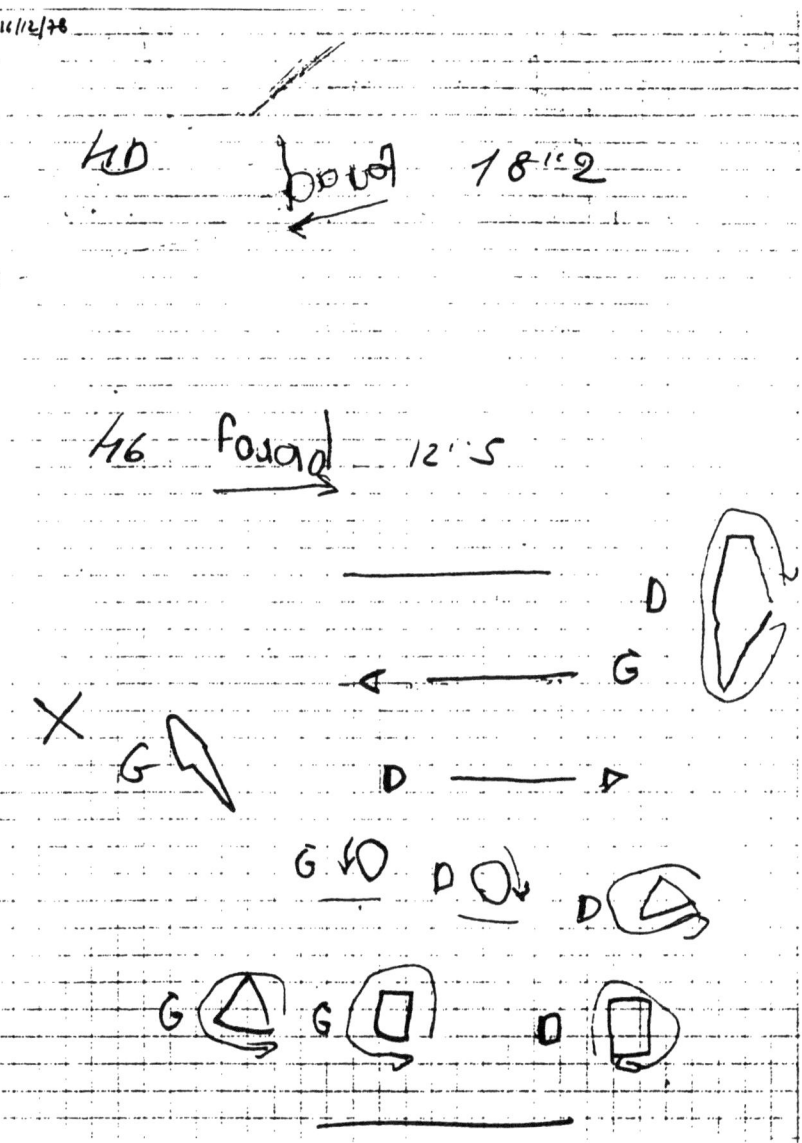

Figure 6

Figure 7

que la partie gauche de la feuille pour faire un bonhomme, une maison ou une fleur (figure 7), c'est un enfant surdoué qui a appris tout seul à lire au jeu des chiffres et des lettres (QI = 140). Il écrit en miroir dans certains cas, de gauche à droite dans d'autres cas. Il ne sait jamais dans quel sens vont les choses : il s'habille parfois à l'envers et il lit les lettres et les chiffres dans l'autre sens, il va à la salle vingt et un au lieu de la salle douze, par exemple. Raphael a été envoyé en psychomotricité afin de mieux structurer son propre corps.

La construction des figures va permettre de mieux connaître la prédominance latérale.

Chez des enfants bien latéralisés, on constate une différence nette entre la construction du rond droit et celle du rond gauche, qui s'accentue avec l'âge. La main dominante montre une précision supérieure et un raccourcissement de la forme par rapport à l'autre main.

Lorsque les ronds sont exécutés simultanément, il se produit une rééquilibration gestuelle, la main la mieux latéralisée entraînant l'autre main dans une certaine symétrie et égalisation des surfaces (figure 8),

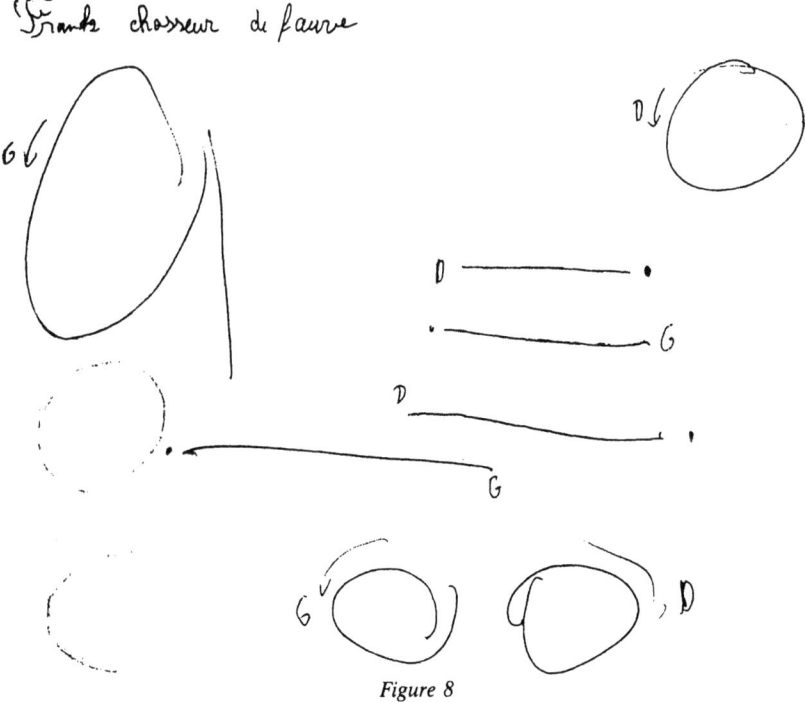

Figure 8

la main dominante maintient la forme de la composition et sa dimension.

H. Epreuves d'orientation spatiale

Elles ont pour but de reconnaître de quelle main et dans quel sens l'enfant, les yeux fermés, puis les yeux ouverts, va découvrir les objets alignés sur la table, en les désignant de la main, puis en les appelant par leur nom, et enfin en les montrant et les appelant simultanément l'un après l'autre.

Sur soixante-dix enfants, dix-neuf sur vingt-huit droitiers de la main vont reconnaître les objets dans le sens préférentiel droite-gauche, et six sur huit gauchers de la main vont reconnaître les objets dans le sens gauche-droit.

Deux enfants se servent des deux mains en changeant de main au passage de l'un des hémi-champ à l'autre.

Enfin, quatorze enfants utilisent une main dans un sens, puis l'autre main dans l'autre sens.

Deux enfants seulement croisent une main de l'autre côté.

Si l'enfant a un sens préférentiel, des difficultés surviennent lorsqu'on inverse le sens spontané en lui demandant de commencer de l'autre côté, par exemple dans l'appellation des objets : l'enfant va appeler un objet par le nom de celui qui se trouve à côté en revenant au sens préférentiel. Corinne, neuf ans, dont le bégaiement a redoublé lorsqu'on a essayé de la faire écrire de la main droite, est dans ce cas : elle se sert de la main gauche dans le sens préférentiel gauche-droite, mais si on lui demande d'appeler les objets en les montrant de la main droite et de droite à gauche on a une série d'erreurs et un retour vers le sens gauche-droite.

Certains enfants ne paraissent pas avoir un sens bien déterminé, ainsi Frédéric, huit ans, qui change d'orientation chaque fois qu'il montre ou appelle les objets. Il change aussi de main sans cesse pour écrire ou dessiner. Il est particulièrement instable et lent pour tout. Cet enfant, examiné à la consultation hospitalière[2] et envoyé à Claude Bernard manque totalement de repérage temporo-spatial.

---

[2] Saint-Vincent de Paul, Dr F. Seligmann, psychiatre et Sœur Marie Bernard, psychologue.

PSYCHOPATHOLOGIE DE LA LATERALISATION

MOP	MDD-G	MGG-D	MDD-G / MGG-D	MDD-G / MGD-G	MGG-D / MDG-D	Symét. ---	MG MD G-D	MD MG D-G
DDD	11	6	4	1	1	1	1	
DGD	7	2	4				1	
DGG	0	1	0					
DDG	1							
GGG	0	4	0					
GGD	0	1	1					
GDG	0	1	1					
Ind.	9	7	4					1

M = Main
Œ = Œil
P = Pied
D = Droit
G = Gauche
Ind. = Indéterminés

Enfin, pour un petit nombre d'enfants, il y a comme un plan de symétrie devant le corps qui sépare les objets. Ces enfants changent de main chaque fois qu'ils dépassent l'objet placé au milieu. Ce sont des enfants ambidextres ou à latéralité mal définie.

La deuxième épreuve d'orientation spatiale est celle des jetons au nombre de dix à placer dans dix pots alignés sur la table. Elle montre quel choix fera l'enfant, main droite ou main gauche, l'orientation qu'il adoptera pour la distribution des jetons et la vitesse comparative des deux mains. Bien que portant sur un petit nombre d'enfants, dix-sept, elle confirme les résultats de l'épreuve précédente. La main droite est utilisée préférentiellement de droite à gauche pour placer les jetons douze fois et la main gauche préférentiellement pour le sens gauche-droite douze fois sur les trentre-quatre essais.

On note, pour Aymeric, l'enfant qui écrit et dessine de la main gauche alors qu'il est droitier pour les épreuves d'habileté motrice, la supériorité de la vitesse de la main droite, onze secondes pour trente-trois secondes de la main gauche.

L'un des enfants, Michael, sept ans, montre une parfaite égalité dans les temps d'exécution des deux mains. Il a montré une symétrie de l'intérieur vers l'extérieur pour exécuter les lignes horizontales; il change de main pour toucher le mur; il distribue mieux les cartes de la main droite alors qu'il est gaucher pour écrire. On peut en conclure que c'est un enfant mal latéralisé.

I. Epreuves d'organisation spatiale

Ce sont les puzzles et la planche d'encastrement.

1. Les puzzles

Il s'agit de reconstituer deux puzzles de neuf morceaux chacun dans un carré formé par un cadre de bois, chaque puzzle étant fait sans aucun modèle.

Au départ, les morceaux sont placés devant l'enfant en prenant soin de bien les centrer devant lui de façon à ne pas les mettre plus à la portée d'une main que de l'autre. Les deux puzzles sont exécutés à l'endroit (côté décoré) et à l'envers, et ils sont considérés comme réussis s'ils sont terminés dans un temps qui n'excède pas cinq minutes.

Cent vingt-huit enfants de cinq à douze ans ont été examinés.

PSYCHOPATHOLOGIE DE LA LATERALISATION 237

	5 ans N=11			6 ans N=15			7 ans N=17			8 ans N=19			9 ans N=14			10 ans N=18			11 ans N=16			12 ans N=12		
	D	G	I	D	G	I	D	G	I	D	G	I	D	G	I	D	G	I	D	G	I	D	G	I
I	1		1		1		3	2	3	5	1	3	6	1	3	11	2	2	8	1	5	7	1	2
II	4	1		3	1	6	3	1		1		4	2			2			1					
III				1			1						2											
IV	1		3	1	1	1	2	1	1	2		2						1	1			1	1	

N = Nombre d'enfants
D = Droitiers
G = Gauchers
I = Indéterminés

Les résultats peuvent se diviser en quatre catégories :
I. Réussite aux deux puzzles, à l'endroit et à l'envers en moins de cinq minutes pour chacun.
II. Réussite aux deux puzzles à l'endroit seulement en moins de cinq minutes pour chacun.
III. Réussite aux deux puzzles à l'envers seulement en moins de cinq minutes pour chacun.
IV. Echec aux deux puzzles en cinq minutes chacun.

Cette épreuve permet d'évaluer les facultés d'analyse et de synthèse de l'enfant qui dépendent de la maturation neuro-psychique.

Les deux puzzles non figuratifs sont présentés en premier; ils demandent une analyse logique des formes et des contours; il n'y a pas de signification d'ensemble.

Les deux puzzles figuratifs aboutissent à la formation d'un chat et d'un ours. Ils augmentent l'intérêt de l'enfant et demandent une synthèse; l'enfant, plus ou moins vite et en tâtonnant, ou non, va se représenter la place des morceaux.

La proportion d'enfants qui réussissent aux quatre épreuves (catégorie I) augmente avec l'âge. A douze ans, les échecs sont rares.

La réussite des deux puzzles endroit et l'échec pour les deux puzzles envers (catégorie II) se retrouve surtout à l'âge de cinq-six ans.

Dans la catégorie III (réussite aux puzzles envers et échec aux puzzles endroit), quatre enfants sont perturbés par la signification de l'image, dont Michael L., six ans, gaucher homogène, qui met deux minutes trente-cinq secondes pour le puzzle non figuratif et cinq minutes cinquante-deux secondes pour le même puzzle figuratif.

Pour la catégorie IV (échec complet aux quatre épreuves) le nombre d'enfants qui échouent est maximum entre cinq et huit ans. Puis, les progrès sont manifestes.

Pour procéder à la construction des puzzles, les enfants prennent les morceaux placés en face d'eux, les essayent et, en cas d'insuccès, les reposent à droite ou à gauche du cadre. Chaque enfant, au cours de l'épreuve a sa propre manière d'utiliser ses mains et l'espace. Le sujet qui réussit son épreuve très vite est concentré, ne bavarde pas, ne fait pas d'associations imaginaires; il est également bien latéralisé.

Frédéric, huit ans, mal latéralisé, illustre le cas inverse.

Il échoue aux épreuves non figurales et à la première des deux figurales. Il se sert de sa seule main droite pour le premier puzzle à l'envers et met tous les morceaux qui ne vont pas à droite du cadre après les avoir essayés. Au bout de cinq minutes, il n'a placé que huit morceaux. Pour le puzzle suivant, toujours à l'envers, il se sert de sa seule main gauche et met les morceaux qui ne vont pas à gauche du cadre. Au bout de cinq minutes, il n'a placé que cinq morceaux. Pour les puzzles représentant une figure, il va se servir de ses deux mains, mettant les morceaux à droite et à gauche. Il réussira, à partir de ce moment, mais seulement pour la seconde épreuve, à faire le puzzle dans le temps imparti.

Pendant toute la durée de ses essais, Frédéric bavarde, dit «la mangeaille», puis «c'était une plaisanterie» tout en assemblant l'ours qui a une serviette au cou. «C'est un oiseau, ah oui, c'est un oiseau», se met à siffler, puis dit «celui qui a montré que la terre était ronde, c'était Christophe Colomb» et demande si son père est né avant Christophe Colomb. Enfin, il se met à dessiner le «Santa Maria» du navigateur.

Il apparaît que le travail des deux mains est indispensable pour réussir rapidement un puzzle et l'enfant qui n'en emploie qu'une est particulièrement défavorisé.

Céline, neuf ans, qui utilise seulement sa main droite, échoue aux quatre épreuves. Cette enfant, droitière, a des troubles de la reconnaissance droite-gauche sur elle et sur autrui, des difficultés de coordination (sa main gauche ne tourne pas dans l'épreuve de pro-supination complexe), une arythmie complète aux rythmes simples. Elle fait les gestes en miroir. Elle est dyslexique, lit châteaux pour gâteaux, rentraient pour rampaient, etc. Le problème des inversions et confusions spatiales du langage écrit est lié aux troubles temporo-spatiaux et à ceux de la latéralité.

2. *L'épreuve d'encastrement*

Elle se fait les yeux fermés ou bandés. Elle a pour but de placer des figures géométriques simples dans les espaces correspondant creusés dans une planche.

Cette épreuve met normalement en jeu l'action des deux mains. Les enfants les plus habiles sont ceux qui se servent de l'index de la main tactile pour reconnaître l'emplacement tout en tenant l'objet de la main la plus latéralisée, après avoir reconnu l'objet des deux mains, puis l'encastrent avec la main qui le tenait. Cette action, qui met en jeu la combinaison des deux mains est perturbée chez certains enfants, qui utilisent, par exemple, la même main pour tenir l'objet et pour reconnaître le trou, ou qui changent de main pour analyser l'emplacement du creux où encastrer.

L'index de la main tactile n'est pas toujours utilisé. Dans le cas d'immaturation, l'enfant se sert de tous les doigts, ce qui ne lui permet pas d'avoir une bonne reconnaissance de la figure présentée par le trou de la planche.

Michael C., gaucher, sept ans, utilise tous les doigts de la main droite ou de la main gauche. Il ne réussit pas non plus au puzzle à l'envers, ne sait pas compter. Il a un retard scolaire très important et des troubles caractériels en relation avec le rejet des parents.

J. Les praxies

Nous avons fait l'étude des praxies chez trente et un enfants de cinq à douze ans, dix-huit droitiers, sept gauchers et six indéterminés. Les dix-sept exercices énumérés plus haut servent à tous, d'abord en « faisant semblant », puis, à la séance suivante huit jours après, en utilisant les objets.

Pour les droitiers, nous notons une nette augmentation des passages à la main opposée lorsqu'ils font semblant, par rapport aux gestes exécutés avec l'objet : vingt et un au lieu de quatorze sur treize droitiers homogènes et les dix-sept exercices.

Lilian, dix ans, lorsqu'il fait semblant, se sert de la main gauche pour cinq exercices : couper le pain, ouvrir un robinet, ouvrir un parapluie, boire un verre, tâter l'eau pour voir si elle est froide ou chaude, alors que s'il dispose des objets, tous les exercices sont faits de la main droite. Son schème moteur n'est pas stable pour ces gestes qui sont des plus courants. Enfant débordant d'idées, il ne réussit pas à les faire passer à l'expression écrite car, outre ses nombreuses fautes d'orthographe : s'*affence* pour s'*avance*, *gracièse* pour *gracieuse*, etc. il ne peut exprimer clairement sa pensée.

Pour les enfants qui ont une latéralité indéterminée, le nombre de changements de main augmente, mais, c'est avec les gauchers qu'on trouve le plus d'exercices exécutés tantôt de la main gauche, tantôt de la main droite, que ce soit en « faisant semblant » ou avec les objets. Dans les praxies idéatoires, sur sept gauchers homogènes quarante-cinq exercices sont exécutés à droite sur un total de cent treize. Dans les praxies idéomotrices, trente-huit sont exécutés à droite pour quatre-vingt et un à gauche. Nos gauchers nous semblent donc beaucoup moins stables pour le choix de la main que nos droitiers. Ceci confirme les difficultés d'une latéralisation complète à gauche chez tous les enfants du type gaucher.

Lorsqu'il a oublié le nom de l'objet, c'est-à-dire du symbole direct qui s'y rattache, l'enfant peut le définir par l'usage qu'on en fait et ressusciter le schème moteur qui lui est lié. Eric, dix ans, gaucher avec des troubles du langage, dit, pour le marteau : ça sert à taper et fait le geste.

On trouve fréquemment cette substitution chez des enfants qui ont des troubles du langage. Les praxies idéatoires sont alors l'intermédiaire indispensable pour retrouver les chaînons absents de l'expression parlée et montrent qu'il existe une liaison étroite entre le gestuel et le verbal.

Chez Xavier, sept ans, il n'y a plus de liaisons du tout. L'imaginaire l'emporte. Il fait semblant de se verser le verre sur la tête au lieu de la boire, disant « je fais semblant de le boire, je le mets sur la tête ». Pour le mime du coup du marteau, après avoir fait le geste de taper des deux mains en avant, il tombe par terre. On lui demande pourquoi, il dit qu'il s'est tapé sur le doigt et qu'il se lave la main dans le ruisseau. En faisant semblant de lancer le ballon, il dit : « c'est comme le jeu de la mouche, tu lances une balle, tu fermes les mains, les mouches s'envolent si tu ouvres les mains. » Ce thème de la mouche est souvent retrouvé chez Xavier. Si on lui demande de représenter la maison de ses rêves, « c'est une amanite tue-mouches, les fenêtres c'est les points blancs, elle est pas empoisonnée, il y vingt, cent, deux cents pièces, j'aimerais bien avoir une maison comme ça » (figure 9) « Pourquoi ? » « ... car les mouches ne peuvent pas rentrer chez moi, mon père, il est de la nature, mon père, il a des drosophiles, c'est son travail, ça, les mouches ». (Le père est chercheur en biologie génétique). Cet enfant échoue aux puzzles non figuraux (« on n'est pas là pour être les vainqueurs, on est là pour essayer »), il échoue aussi à l'encastrement, car il confond toutes les formes.

K. Latéralité oculaire

Le sujet bien latéralisé a un œil directeur du même côté que la main et le pied dominants. Dans notre population d'enfants, la latéralité

Figure 9

oculaire est souvent croisée par rapport à la main. La proportion d'enfants droitiers de la main qui se servent de l'œil gauche est élevée : vingt-trois sur quatre-vingt-six. Ce croisement crée des problèmes pour certains exercices; par exemple, pour tirer au fusil, il est très fréquent de les voir épauler le fusil à droite et rater la cible, la flèche dévie à gauche. Parmi ces enfants, certains ont des difficultés d'apprentissage de la lecture et de l'écriture, ainsi qu'un déficit de la reconnaissance des formes géométriques les yeux fermés.

Sur vingt et un gauchers de la main, quatre utilisent l'œil droit. L'un d'eux fait des inversions en écrivant, le 3 par exemple est en miroir. Les gestes sont également en miroir.

La coordination oculaire est un signe de maturation. S'ils ont un retard, les enfants ne peuvent à la demande, fermer un seul œil à droite ou à gauche, d'autres ne réussissent à ouvrir l'œil que d'un seul côté.

L. Latéralité du pied

Le cloche-pied met en jeu l'équilibre du corps. Le coup de pied sollicite l'adresse pour taper dans le ballon. Chez les droitiers, on rencontre le plus fréquemment le cloche-pied gauche et le coup de pied droit.

La latéralité croisée est beaucoup plus rare. Nous ne trouvons que cinq gauchers du pied sur quatre-vingt-dix et un droitiers de la main.

Par contre, dix gauchers de la main sur vingt et un sont droitiers du pied.

IV. CONCLUSION

La motricité dépend d'organisations de plus en plus complexes au fur et à mesure qu'on s'élève dans l'échelle phylogénétique.

Il est normal que les fonctions présidant aux automatismes globaux et entraînant les déplacements des membres, par exemple la marche, soient peu latéralisées.

Par contre, chaque fois que l'indépendance du mouvement est requise pour effectuer un geste plus précis, la latéralité s'affirme en liaison avec la corticalisation, par exemple s'il s'agit d'un mouvement fin des extrémités.

Toutes les zones, corticale, sous-corticale, hypothalamus, rhinencéphale, etc., forment une unité fonctionnelle motrice déterminant l'action de l'un, de l'autre ou des deux côtés du corps. Comme l'individu a deux hémisphères unis par des organes de liaison comme le corps calleux, on peut supposer que l'unité somato-psychique est due à un rapport de forces s'établissant peu à peu et entraînant le déséquilibre fonctionnel latéral. Un retard dans l'établissement de cette dominance peut s'accompagner de différents troubles moteurs. Pendant les premières années de la vie, et jusque vers douze ans, il y a une période d'ambivalence fonctionnelle. Les mouvements se propagent aux autres parties du corps (syncinésies). Ce n'est qu'ensuite que les mouvements deviennent plus précis.

La latéralisation, indispensable pour appliquer immédiatement, rapidement et habilement les décisions se développe de plus en plus.

Nous avons vu que, dans la distribution des cartes, l'usage du pouce ne se faisait que tardivement et constituait un appoint important pour la vitesse d'exécution.

La période d'ambivalence et d'indétermination peut durer chez certains enfants et créer une confusion et elle est une source de conflits entre les deux schèmes d'organisation motrice, à droite et à gauche. Ceci peut compromettre des acquisitions très bien structurées dans le temps et l'espace comme la lecture et l'écriture. Nous avons vu les difficultés créées par l'écriture en miroir ainsi que par la mauvaise orientation ou la confusion des lettres et des mots dans la dyslexie et la dysorthographie.

Le mouvement est lié au champ dans lequel il s'oriente en fonction des contraintes temporo-spatiales dues à la présence des objets, aux conditions physiologiques et à la maturation des structures psychomotrices, au facteur social qui imprime certaines valeurs à la fonction de la gauche et de la droite. Il est lié également aux modifications de l'environnement qui, lorsqu'elles interviennent, risquent d'augmenter l'excitabilité et d'inverser la séquence motrice, comme nous l'avons vu lorsque l'enfant doit aller toucher le mur. L'émotivité de l'enfant perturbe le comportement moteur et provoque le changement de main. Quant l'enfant est doté d'une stabilité suffisante, il garde la même main.

L'intervention d'un message sous la forme d'une question, comme nous l'avons vu pour Sébastien, droitier, peut provoquer le blocage de la main gauche dans la coordination bimanuelle avec le bâton. L'hémisphère gauche dominant à la fois pour le langage et pour la motricité droite se dissocie alors de l'hémisphère droit. Celui-ci se trouve bloqué et ne peut accomplir sa fonction motrice de la main gauche.

Les enfants les mieux doués dans le domaine spatial sont bien concentrés, ne parlent pas, sont capables d'anticipation, par exemple ils anticipent la place des morceaux du puzzle, de visualisation, mémorisation et association des formes (espace euclidien, Piaget).

Par contre, d'autres enfants ont une pensée vagabonde. L'imaginaire déborde. Frédéric, chaque fois qu'il voit un morceau du puzzle, brode et pense à autre chose. Il voit une partie et en fait un tout imaginaire. Cette déconnection est plus facile chez les enfants mal latéralisés.

Le retard, dans l'établissement de la latéralité, est lié à l'immaturation. Chez les mal latéralisés et aussi chez les gauchers, on trouve fréquemment des troubles du schéma corporel, des troubles temporospatiaux et parfois un déficit psychomoteur global.

L'enfant présentant ces troubles se trouve aussi contredit dans sa façon d'agir par son entourage; il peut avoir un manque d'asurance, un sentiment d'infériorité. Parfois, il manifeste des réactions caractérielles vis-à-vis du milieu. L'attitude des parents et des instituteurs peut jouer un rôle capital.

La personnalité a deux côtés, l'un fictif qui permet la créativité et l'autre réaliste et opérationnel qui permet de passer aux actes. Il est nécessaire que le côté opérationnel s'affirme. Toutefois, l'excès de pragmatisme pourrait compromettre la faculté imaginaire nécessaire pour créer.

Léonard de Vinci, homme à l'imagination fertile, gaucher et écrivant en miroir probablement pour ne pas divulguer ses secrets scientifiques, concrétisant cet imaginaire par les plans et les dessins, outre son œuvre picturale, semble avoir trouvé l'équilibre entre ces deux faces de la personnalité.

Bibliographie

AJURIAGUERRA, J. de, AUZIAS, M. et DENNER A., *L'écriture de l'enfant*, Neuchâtel, Delachaux et Niestlé.
BARBIZET, J., Introduction à la notion de latéralité, *6ᵉ Journée du GRASP*, 1980.
BUSER, P., Mécanismes neurophysiologiques de la coordination visuo-motrice. In « *Neuropsychologie de la perception visuelle* », sous la direction de H. Hécaen, Masson, Paris, 1972.
GALIFRET-GRANJON, N., *Naissance et développement de la représentation chez l'enfant*, Paris, PUF.
KOUPERNIK, C., et DAILLY, R., *Développement neuro-psychique du nourrisson*, PUF, Paris, 1980 (4ᵉ édition).
LEHALLE, H., Le langage de l'espace, dans Azemar, G. et al., *Approches psychopathologiques de l'espace et de sa structuration*, Paris, PUF (Publications de l'Université de Rouen), 1978.
MOSCATO, M., Remarque sur le choix de la main pour écrire, *La Médecine Infantile*, 1983, 3, 339-341.
PIAGET, J., *La formation du symbole chez l'enfant*, Neuchâtel, Delachaux et Niestlé, 1968.
TAJAN, A., *La graphomotricité*, PUF, 1982.
WALLON, H., *Les origines du caractère chez l'enfant*, Paris, PUF, 1948.
WINTREBERT, H., L'examen psychomoteur de l'enfant, *Rev. de Neuropsychiatrie Infant.*, Av-mai, 1966.
WINTREBERT, H. et BEAUDUFE P., Examen d'enfants gauchers et étude de l'expérience destinée à permettre chez certains l'écriture de la main droite, *Rev. de Neuropsychiatrie Infant.*, 1975, n° 23.
ZAZZO, R., *Manuel pour l'examen psychologique de l'enfant*, Neuchâtel, Delachaux et Niestlé (1969).

Chapitre X
Avenir professionnel des mal latéralisés

J.F. CAILLARD

Quelles qu'aient été les attitudes du milieu familial, du corps enseignant, de l'enfant lui-même devenu adolescent, vis-à-vis des problèmes que posent une mauvaise latéralisation, force est de constater que, bien plus encore que dans cette première partie de l'existence, c'est surtout à l'âge adulte que, du fait de l'entrée dans le monde du travail, vont s'imposer les contraintes d'une organisation de l'environnement exclusivement prévue pour les droitiers.

Il est devenu habituel de considérer que l'état de « bonne santé » est l'expression d'un équilibre harmonieux de la personne, tant sur le plan physique, psychologique que social, et que cet équilibre est le fruit d'une permanente adaptation entre l'individu et le milieu dans lequel il évolue, milieu qui est lui-même, et de plus en plus, entièrement façonné par l'homme.

La maladie, la différence d'avec la norme représentée par le plus grand nombre, la diminution de la capacité fonctionnelle ou l'incapacité peuvent ne pas être de véritables handicaps pour peu que les adaptations nécessaires de l'environnement soient réalisées.

Dans la vie courante, et surtout au cours de l'activité professionnelle, le mal latéralisé et le gaucher sont à priori considérés comme atteints d'une diminution de leur capacité fonctionnelle, par rapport aux capacités du plus grand nombre, dans un environnement qui est, du fait de la pérennité des choses et de la pression sociale, conçu pour le droitier présumé bien latéralisé.

Qu'en est-il exactement ?

Y a-t-il véritablement perte d'efficacité, aggravation du risque d'accident, handicap?

Ce sont les questions auxquelles l'expérience des mal latéralisés eux-mêmes, de leurs employeurs, de leurs camarades de travail, des médecins chargés de les surveiller dans leurs entreprises, leurs bureaux, leurs ateliers, permettent de répondre.

I. REPARTITION DE LA DYSLATERALITE DANS LA POPULATION AU TRAVAIL

Si la pratique, pour certains emplois, des tests de sélection à l'embauche, amène habituellement à apprécier, certes grossièrement la latéralité du candidat et son homogénéité, il y a lieu d'observer qu'aucune évaluation systématique n'en est faite, la question n'étant d'ailleurs qu'assez rarement soulevée à l'occasion de l'examen systématique à l'embauche.

C'est tout le mérite du VIIe Congrès Français de Médecine du Travail (1963) d'avoir proposé comme thème l'étude des gauchers et des mal latéralisés au travail, permettant ainsi d'apprécier, outre leur répartition dans la population des salariés en France, l'ensemble des caractéristiques et des particularités de leur adaptation au travail.

A. Méthodes d'appréciation de la latéralité en milieu de travail

La pratique médicale en entreprise, quelle que soit la nature de celle-ci, est régie par un certain nombre de contraintes empêchant, sauf rares exceptions, la réalisation de bilans aussi complets que ne le souhaite le spécialiste, pour qui une analyse sémiologique rigoureuse, appréhendant la latéralité d'usage, la latéralité fonctionnelle, la latéralité neurologique (Roudil, Moscato, Henocq, Dailly, 1983) impliquent l'association, à l'interrogation, d'un examen clinique minutieux, de tests spécialisés nombreux, et d'un bilan psychologique complet.

Le plus souvent, la question posée par le médecin du travail se borne à connaître la main dominante, plus rarement, le pied et l'œil dominants.

Ce n'est qu'à l'occasion d'enquêtes ponctuelles, telles que celles réalisées à l'occasion du Congrès cité plus haut, que l'appréciation de la latéralité se fait plus fine, empruntant quatre modes d'investigation, que l'on peut schématiser ainsi :

a) L'interrogation simple portant sur les notions de :
- droitier,
- gaucher,
- mal latéralisé.

Cette méthode est certes très incomplète, mais a le mérite d'apprécier la perception qu'a le sujet de sa latéralité, c'est-à-dire en fait bien souvent le résultat de son adaptation.

b) L'enquête par questionnaire, interview explicatif et critique, les questions portant sur :
- l'enfance et le rôle de la pression socio-éducative,
- l'écriture,
- la main utilisée dans une batterie de gestes courants tels que, déboucher une bouteille, frotter une allumette, frapper avec un marteau, manier des ciseaux, etc.,
- l'œil utilisé pour des actes tels que le tir au fusil, la prise de photographies...,
- le pied utilisé pour frapper un ballon,
- la gêne ressentie au poste de travail,
- le degré de compensation, la dyslatéralité,
- les troubles qui ont éventuellement été associés ou qui persistent.

c) La confrontation d'un tel type d'enquête avec la réalisation de tests sous la surveillance d'un examinateur qualifié :

1. Simple reproduction des gestes faisant l'objet des items du questionnaire.

2. Tests de précision visant à déterminer l'habileté manuelle :
- épreuve de pointillage,
- tachydigitimétrie,
- dextérimétrie,
- trémométrie,
- orthokinésimétrie,
- épreuve des rondelles de Piorkowski.

d) L'association, à la recherche de la latéralité de :
- tests de niveau intellectuel, de performance, d'attention diffusée,

- tests de personnalité: de Rorschach, de Murray, etc.

Ces protocoles ont été utilisés en tout ou partie, dans les enquêtes dont les résultats sont exposés ci-dessous.

B. Résultats des enquêtes

a) Un premier groupe d'enquêtes rapportées par Christiaens, Bize, Maurin (1963) a étudié 1 170 sujets. Y étaient définies les notions de:
- droiterie manuelle franche,
- droiterie manuelle partielle,
- équimanie à prédominance droite,
- équimanie à prédominance gauche,
- gaucherie manuelle franche,
- gaucherie manuelle partielle,
- homogénéité ou hétérogénéité de la latéralisation (exemple: œil gauche - pied droit, œil droit - pied gauche, œil gauche - pied gauche pour les droitiers, œil droit - pied droit pour les gauchers),
- équilatéralisation (équipodie-équiopie-équipodie + équiopie).

Les résultats font apparaître que les gauchers complets représentent 6,8 % des hommes et 6,2 % des femmes, les dominances gauches générales 11,2 % des hommes et 9,1 % des femmes.

La proportion d'équimanes est la plus élevée chez les chirurgiens et les odontologistes.

b) Un second groupe d'enquêtes, rapporté par Christiaens, et al. (1963) a porté sur 16 777 sujets, répartis dans de nombreux et divers secteurs d'activité:
- houillères,
- compagnies de transport,
- industrie du textile, de la confection,
- postes et télécommunications,
- constructions mécaniques,
- médecine, chirurgie, dentisterie...

Les moyens d'investigation différant sensiblement dans l'une ou l'autre des études, les résultats ne peuvent être homogénéisés. Les chiffres établissant les quotients de dyslatéralité ne diffèrent cependant pas des appréciations indiquées plus haut.

II. ASSOCIATION DE LA DYSLATERALITE A D'AUTRES TROUBLES

Un cortège de troubles susceptibles de s'associer à la dyslatéralité est habituellement décrit chez l'enfant et l'adolescent: altérations de la lecture et de l'écriture, trouble de l'organisation spatiale, perturbations du caractère et du comportement... (cf. chapitres précédents).

Bien que les rôles respectifs de la dyslatéralisation elle-même, et l'effet des contraintes socio-éducatives soient encore actuellement discutés, la question se pose de savoir si ces troubles, dans le cas où ils persistent à l'âge adulte, peuvent avoir une influence sur l'adaptation au travail.

Quelques éléments de réponse peuvent être donnés.

A. Perturbations de la représentation spatiale

112 chirurgiens et 162 odontologistes ont été interrogés par Christiaens, Bize et Maurin sur leur difficulté de représentation droite-gauche dans la compréhension et l'explication d'un itinéraire.

39 sujets sur les 274 attestent de difficultés mais il n'y a pas de différence nette entre les gauchers (20 %) et les droitiers (19 %).

B. Bégaiement

Les mêmes auteurs ont recherché une relation entre bégaiement et diverses formes de latéralisation. Là non plus, aucune différence nette n'apparaît:
- 4,4 % de bègues chez les hommes droitiers,
- 6,7 % de bègues chez les hommes gauchers.

La proportion de femmes atteintes de bégaiement est trop faible (0,70 %) pour autoriser la recherche d'un lien avec la dyslatéralité.

C. Onychophagie, tics, énurésie

Deux populations dans la même enquête ont été étudiées :
- 100 adolescents délinquants dans un centre d'observation,
- 394 employés des postes et télécommunications.

Aucune différence significative entre droitiers et gauches n'apparaît.

D. Autres perturbations

La recherche de dyslexie et de dysorthographie dans une population d'ouvriers n'a pas montré que les gauchers en étaient plus atteints.

La recherche des troubles de l'attention et des réflexes, à l'aide de stimulations visuelles et auditives appelant une réponse motrice a donné des résultats différents entre les deux groupes de sujets exerçant la même profession, les sujets à dominance latérale gauche se distinguant des autres par des réponses, tantôt nettement supérieures (deux tiers des cas), tantôt nettement inférieures (un tiers des cas). Les auteurs attribuent cette différence à des phénomènes émotionnels : une réaction de surcompensation ou une plus grande confiance en soi chez les gauchers réussissant le mieux; une réaction de démission ou de désarroi pour les moins performants.

Quelques caractéristiques de la personnalité des sujets à dominance latérale gauche ont été mises en évidence par Maurin, à l'occasion d'une étude faisant appel au psychodiagnostic de Rorscharch sur un large échantillon de sujets représentant des professions aussi diverses que chirurgiens, médecins, dentistes, peintres, musiciens, cadres, ingénieurs, métallurgistes, mineurs, mécaniciens en confection.

Quelques traits particuliers aux individus à dominance latérale gauche se dessinent, tendant à faire apparaître le gaucher comme un être plutôt favorisé par une pensée conceptuelle excellente, un sens élevé des nuances, une pensée méticuleuse, subtile, originale, tandis que se découvrent chez certains gauchers, des phénomènes névrotiques évoluant non pas sur le mode agressif mais sous la forme d'une inhibition, d'une opposition intérieure, d'une tendance excessive à l'autocritique.

Il n'apparaît donc pas que l'on retrouve, à l'âge adulte, les anomalies traditionnellement décrites chez les enfants adolescents dont la latéralité diffère du plus grand nombre. Ces anomalies existent tout autant chez les droitiers et sont sans doute plus en rapport avec d'autres perturbations de la personnalité. Les difficultés qu'elles peuvent entraîner quant à l'efficacité professionnelle ne sont donc pas l'apanage des gauchers ou des mal latéralisés.

III. ADAPTATION AU TRAVAIL

A. Caractères généraux de cette adaptation

Une première constatation est que les mal latéralisés, s'ils sont parfois amenés à renoncer spontanément à certaines professions, ce phénomène d'autosélection étant d'ailleurs difficle à apprécier, tant en ce qui concerne sa fréquence que les raisons qui l'expliquent (crainte d'être moins efficaces, mal considérés, plus exposés aux accidents, ou simple conformisme à l'idée qui associe dyslatéralité et handicap), sont présents dans toutes les catégories professionnelles. Un rapport direct est parfois noté entre la dyslatéralité et le haut niveau de qualification professionnel (Christiaens, Lenormand), certaines professions particulièrement exigeantes sur le plan de l'habileté manuelle (chirurgiens, dentistes) accueillant une proportion de gauchers égale à celle rencontrée dans l'ensemble des catégories professionnelles et comptant parmi ceux-ci les praticiens les plus éminents.

Des investigations ont été pratiquées dans un très grand nombre de secteurs d'activité professionnelle. De la majorité, il ressort que le sujet à dominance latérale gauche ne présente pas de particulière difficulté d'adaptation et d'insertion.

Ainsi, chez les mineurs de plusieurs bassins houillers du Nord-Pas-de-Calais et d'Aquitaine, étudiés par Maurin et par Delon, les sujets à dominance gauche ne se signalent en rien des autres : aucun poste de travail ne leur est refusé, leur rendement est identique, leur comportement sans particularité.

Chez les conducteurs d'autobus, aucun problème n'est soulevé malgré des postes de conduite exclusivement conçus pour les droitiers (Carpentier, Calvet).

Bize, cité par Christiaens, étudiant les ouvrières en confection, montre que les gauchères peuvent être utilisées dans la plupart des emplois, qui pourtant nécessitent une bonne habileté manuelle.

Cette absence de différence s'explique par le fait qu'il existe des outils pour gauchers (ciseaux) et surtout par la nécessité d'une dextérité égale des deux mains, ce qui tend même alors à favoriser le mal latéralisé.

Dans une entreprise fabriquant les machines à laver, il est indiqué que les gauchers ont des difficultés pour travailler sur la partie droite de la cuve, tandis que ces mêmes difficultés sont signalées par les droitiers sur la partie gauche.

Ce type de phénomène se retrouve dans plusieurs études, la remarque étant fréquemment faite de l'avantage qu'ont beaucoup de mal latéralisés qui, pour lutter contre leurs difficultés, ont dû surentraîner leur membre controlatéral, leur donnant alors, beaucoup plus qu'aux droitiers bien latéralisés, une relative équimanie.

Ainsi, dans certaines professions, le sujet à dominance latérale gauche en vient à être recherché pour son habileté manuelle : dans une aciérie, le médecin du travail (Masselot) signale que les gauchers sont particulièrement aptes à certains travaux de soudure; dans le bâtiment, il est dit que l'ouvrier capable de pelleter à gauche accélère la vitesse de rotation des camions; dans l'industrie électronique (Micaud, Faure et Cau), certaines opérations de soudage en corniche sont beaucoup plus aisées pour le gaucher.

Les mêmes auteurs indiquent que chez des dessinateurs à dominance gauche, la main droite, du fait de la conception des tables à dessins qui portent le pantographe à gauche, est le plus souvent utilisée pour le dessin habituel, la main gauche n'intervenant que pour le dessin d'extrême précision.

Dans d'autres postes de travail, 20 % des gauchers se voient confier plus ou moins régulièrement des tâches particulières en raison de leur meilleure aptitude.

C'est souvent lorsque l'accessibilité du poste de travail, de la pièce à souder, à peindre ou à marteler est difficile que s'exprime cette supériorité qui se retrouve aussi dans les professions les plus exigeantes sur le plan de l'habileté manuelle.

Ainsi, Bize et Christiaens, chez les chirurgiens, estiment très souhaitable le fait d'être équimane, tout en signalant de plus que l'activité motrice manuelle, la sensibilité et le coup d'œil sont des atouts indispensables à la maîtrise chirurgicale.

B. Les difficultés

S'il se dégage donc de nombreux arguments en faveur de la bonne adaptation au travail du sujet à dominance latérale gauche, voire même d'une certaine supériorité, il n'en existe pas moins un certain nombre de difficultés qui ne constituent que rarement des obstacles majeurs mais doivent être signalées.

La plupart sont observées au moment de l'apprentissage de la profession, elles disparaissent ensuite mais certaines peuvent persister.

a) Un ensemble de difficultés tient à la conception de l'outil ou de la machine. Un tiers des gauchers francs se plaignent d'une gêne persistante sans que cette gêne soit majeure ou cause de changement d'emploi.

Plusieurs cas sont à considérer :

- Celui de l'outil ou de la machine qui nécessite, pour fonctionner, l'usage des deux mains : les problèmes ne sont alors pas majeurs, la compensation par la main non dominante étant vite obtenue.

- Celui de l'outil lui-même «latéralisé», c'est-à-dire, en fait, conçu pour être tenu par un droitier. Les exemples sont nombreux, les outils «ménagers» (ciseaux, ouvre-boîtes, éplucheurs de légumes...) étant tout autant représentés que le pied à coulisse, le trusquin, la règle à calcul, la varlope, la pince à dénuder, la faux...

Certaines machines ont leurs commandes ou pédales placées uniquement à droite (perceuses, poinçonneuses...), elles sont peu commodes pour les mal latéralisés qui doivent cependant s'y adapter, parfois au moyen d'un artifice conçu par eux-mêmes (montage d'une barre en «U» pour commander du pied gauche une machine dont la pédale est située à droite).

Un instrument comme le pied à coulisse est signalé dans plusieurs cas comme de lecture difficile pour un gaucher, les chiffres étant pour lui tournés à l'envers.

Lorsque la pression qui s'exerce sur la manette ou la touche est faible, le geste pour le mal latéralisé est plus aisé que lorsqu'il est nécessaire, de la main la moins habile, d'exercer un effort et surtout de doser cet effort (Amoudru, cité par Christiaens).

Patin, Beauvallet et Beaugrand, opposent l'outil simple à l'outil complexe, pour signaler que plus un outil est complexe, moins les rôles imposés à la main droite et à la main gauche sont différenciés, ce qui facilite le dyslatéralisé, tandis qu'un outil simple fabriqué pour un droitier, de maniement nécessairement dissymétrique, oblige le sujet à dominance gauche à une pratique plus incommode.

Ainsi, l'apprentissage des tourneurs ou des fraiseurs gauchers, concluent-ils, contrairement à l'opinion répandue, est-il plus facile que celui des jardiniers gauchers pour lesquels encore aujourd'hui, de nombreux outils sont inadaptés. La même chose est signalée par Champigneux.

Dans d'autres cas, c'est l'aménagement topographique du poste de travail qui crée la difficulté, notamment dans le travail à la chaîne lorsque les postes sont très proches les uns des autres, ou lorsque la séquence des opérations, la disposition des outils et des approvisionnements en pièces sont figés dans un sens unique.

Un exemple est donné par Nadiras, Remy et Ricossay, dans une fabrique de matériel électronique : les ouvrières de la section de peinture au pistolet doivent, devant leur cabine, tenir le pistolet à peinture de la main droite et évacuer les pièces sur un chariot placé à leur gauche. Les gauchères seraient obligées de croiser leurs gestes, d'où un important ralentissement du rythme de travail.

Un autre exemple est donné par Lataste et Justin, cité par Christiaens, aux Postes et Télécommunications. Au tri manuel des lettres (procédé en voie de disparition), compte tenu de la vitesse du geste, il est impossible d'inclure un gaucher parmi une équipe de droitiers car ses gestes sont diamétralement opposés et les lettres se mélangent.

Ici, comme dans beaucoup d'autres circonstances, la difficulté résulte essentiellement de la vitesse d'exécution imposée par les nécessités de la productivité.

C. L'apprentissage du métier

Beaucoup des difficultés des mal latéralisés s'atténuent après la phase d'apprentissage, mais celle-ci est parfois malaisée.

Tous les auteurs qui se sont penchés sur ce problème, signalent que l'apprentissage se fait plus lentement et plus difficilement : il faut s'habituer à l'outil, à l'aménagement du poste, ce qui peut se faire après un délai assez court. Lorsque le travail nécessite une succession d'opérations plus ou moins complexes devant être effectuées dans un sens donné, la difficulté de compréhension de la séquence peut être grande, et le délai long avant d'atteindre une vitesse de réalisation comparable à celle des droitiers.

Le gaucher doit répéter «en miroir» le geste montré par le moniteur droitier: certains ont plus de mal et il semble que ce soit ceux dont les capacités de compréhension générale soient les plus faibles (Lenormand).

Il va sans dire que la durée de l'apprentissage est d'autant plus courte que l'enseignement est lui-même adapté. Des exemples existent de moniteurs qui acceptent d'éduquer, avec le savoir et la patience nécessaires, leurs élèves à dominance latérale gauche.

A l'inverse certains élèves, bien latéralisés à droite, éprouvent des difficultés lorsque c'est le moniteur lui-même qui est gaucher.

Micoud signale, quant à lui, le cas d'un moniteur gaucher effectuant toutes les démonstrations à la manière d'un droitier, tout en faisant profiter les gauchers de sa propre expérience.

Cette période d'apprentissage est peut-être plus difficile et plus longue mais dans la majorité des cas, le résultat obtenu est comparable à celui observé chez les droitiers, quitte à ce que le mal latéralisé réinvente pour lui-même un processus sensiblement différent de celui qu'il aura appris.

Champigneux, médecin d'une entreprise de construction automobile, indique dans son enquête que sur 75 dyslatéralisés interrogés sur leur apprentissage à un travail sur machine, 7 seulement signalent avoir éprouvé une adaptation difficile à certains travaux, mais pas à leur poste actuel; 8 affirment que leur dyslatéralité fut un avantage.

D. Le risque d'accidents

L'inadaptation des outils et des postes de travail, compensée par un apprentissage plus long, est-elle pour les mal latéralisés un facteur supplémentaire de risque d'accident de travail?

Des résultats divergents apparaissent selon les enquêtes.

Dans la plupart des secteurs d'activité cités à l'occasion des journées nationales de Médecine du Travail, il n'est pas fait état d'une particulière proportion des dyslatéralisés aux accidents, tant en ce qui concerne la fréquence que la gravité.

Masselot, par contre, dans une grande aciérie, dépouillant 1 503 fiches d'accident de travail avec arrêts survenus sur une période de sept ans au personnel objet de l'étude, constate une fréquence plus grande chez les gauchers, sans nette prédominance pour les lésions, d'un côté ou de l'autre.

Taux de fréquence globaux des accidents de travail

Chez les 324 sujets	4,638 %
Chez les 299 droitiers	4,494 %
Chez les 25 gauchers	6,320 %

Donc les gauchers se blessent plus fréquemment que les droitiers.

Taux de fréquence selon la localisation des accidents de travail

a) *Lésions siégeant à droite:*

Taux de fréquence global	1,904 %
Taux de fréquence chez les droitiers	1,838 %
Taux de fréquence chez les gauchers	2,680 %

b) *Lésions siégeant à gauche:*

Taux de fréquence global	1,804 %
Taux de fréquence chez les droitiers	1,775 %
Taux de fréquence chez les gauchers	2,120 %

c) *Lésions bilatérales:*

Taux de fréquence global	0,128 %
Taux de fréquence chez les droitiers	0,123 %
Taux de fréquence chez les gauchers	0,200 %

d) *Lésions médianes ou profondes:*

Taux de fréquence global	0,802 %
Taux de fréquence chez les droitiers	0,758 %
Taux de fréquence chez les gauchers	1,320 %

Cette question de la prédominance des lésions à droite ou a gauche n'a pas de réponse définitive.

Delon, cité par Christiaens, observe chez les mineurs, que la plupart des accidents, qui ne sont pas plus nombreux chez les gauchers, intéressent chez eux la main gauche.

A l'inverse, Micoud observe, parmi le groupe des gauchers travaillant dans l'électronique, que la main droite subit trois fois plus d'accidents que la main gauche mais que les lésions de la main gauche sont plus sévères. Le temps d'arrêt de travail n'est cependant pas allongé : la reprise du travail s'effectue sans difficulté, mais les gauchers semblent rejeter certaines acquisitions qui avaient été faites au profit de la main droite.

Chez les conducteurs de transports en commun, la dyslatéralité n'est pas considérée comme un facteur de risque d'accident (Carpentier cité par Christiaens).

Calvet, sur un groupe de 50 conducteurs (trois gauchers, deux mal latéralisés, quarante-cinq droitiers) observe un rapport nombre d'accidents/nombre de sujets égal à 0,88 pour les gauchers et mal latéralisés et 1,20 pour les droitiers, ces chiffres étant cependant peu significatifs compte tenu de la faiblesse de l'échantillon.

Enfin, Mehl, cité par Christiaens, rapporte que le gaucher, lorsqu'il lime ou polit une pièce montée sur un tour parallèle, est avantagé du point de vue de la sécurité car il peut regarder le plateau, ce que ne peut faire le droitier, à tel point qu'à l'atelier d'apprentissage, on enseigne aux jeunes droitiers, à tenir la manche de lime avec la main gauche.

IV. LA PERCEPTION DU TRAVAILLEUR MAL LATERALISE PAR LUI-MEME ET AU SEIN DU GROUPE

L'infériorité, voire la conviction qu'un certain nombre de carrières leur sont interdites, du fait de leur différence, explique à coup sûr, les difficultés d'insertion professionnelle de certains sujets mal latéralisés.

Lorsqu'à l'occasion d'interrogatoires médicaux, ou de tests d'aptitude professionnelle, la question de la latéralisation est posée, nombreux sont ceux qui ne signalent pas spontanément leur dyslatéralité, que l'on peut cependant mettre en évidence par les tests appropriés.

Ce fait est signalé tout particulièrement par Christiaens, Bize et Maurin dans un centre de formation professionnelle, par Oberlin et Ravez, à la S.N.C.F. et par Bize, dans une entreprise de confection de 117 personnes, où deux gauchers seulement s'étaient déclarés alors que l'enquête approfondie en a révélé huit.

Les raisons à cela sont multiples : honte de ce que l'éducation a présenté come déficience, crainte de ne pas être jugé apte au travail, désir de masquer ce que des années de réentraînement sont plus ou moins complètement parvenues à faire oublier, peur d'un accident dû à la maladresse mais également méconnaissance réelle d'une dyslatéralité incomplète, révélée par des épreuves fines, mais n'ayant jamais été perçue comme une gêne.

Ces difficultés d'insertion cependant, ne touchent qu'une minorité d'individus mal latéralisés. La plupart en effet, une fois la phase d'apprentissage passée, déclarent ne plus en éprouver.

Micoud, dans son groupe de 150 gauchers de l'électronique, signale que 90 % d'entre eux sont satisfaits de leur emploi et que 12 % s'estiment même avantagés par rapport aux autres, grâce à leur aptitude bimanuelle (huit employés de bureau ou agent de maîtrise, cinq tourneurs, trois peintres, deux dessinateurs).

Cette constation est volontiers observée chez des dyslatéralisés qui n'ont pas, dans l'enfance, été victimes de tentatives maladroites de rééducation, mais qui ont su développer harmonieusement des aptitudes bimanuelles. Le sentiment de victoire ainsi remporté sur soi-même peut même se muer en véritable complexe de supériorité (Maurin).

Ce sentiment habituel d'insertion professionnelle réussi qu'a le mal latéralisé est partagé par son entourage de travail. Dans quelques-unes des enquêtes réalisées en entreprises, l'idée que les gauchers pouvaient être à l'origine de difficultés, n'avait jamais été évoquée auparavant (Champigneux). Dans la plupart, les compagnons de travail, l'encadrement, ne signalent pas de caractéristique particulière des mal latéralisés, exception faite du moment de l'apprentissage à un nouveau poste, de la montée en cadence, de l'utilisation de certains outils, où le défaut de patience et de compréhension de la part de la maîtrise, s'il existe, peut être à l'origine de conflits.

De nombreuses exemples existent où le gaucher est au contraire un individu recherché pour certains travaux difficiles pour les droitiers ou tout simplement en raison de sa plus grande habileté résultant de son équimanie.

Il peut cependant y avoir des cas où l'insertion dans un groupe sera difficile, rarement impossible : certains travaux à la chaîne, à cadence élevée, nécessitent une synchronisation parfaite des mouvements de l'équipe; le mal latéralisé peut être source de perte de rendement, voire de risques d'accidents ou d'incidents.

Tout est fonction alors du degré de compensation obtenu par le sujet, ou bien encore des efforts d'adaptation réalisés par ses compagnons de travail.

Le choix de la profession peut éventuellement être guidé par de telles considérations, les mal latéralisés révélant des aspirations particulières pour les métiers autorisant une certaine autonomie, une initiative créatrice. Mais un tel souhait n'est-il pas partagé par tous?

V. CONCLUSION

L'avenir professionnel des mal latéralisés ne peut s'apprécier que par l'examen de ce qui existe chez ceux qui sont déjà au travail.

Aujourd'hui, l'expérience des travailleurs, de leurs médecins d'entreprise, de l'encadrement, confirme ce que les rapporteurs des journées de Médecine du Travail avaient avancé en 1963.

Les mal latéralisés, une fois vaincues les difficultés de la phase d'apprentissage du métier, sont pour le plus grand nombre, des individus qui ne se distinguent pas des autres quant à leur insertion professionnelle.

Certains d'entre eux continuent et continueront sans doute d'éprouver des difficultés, essentiellement à cause des outils et de la topographie des postes de travail qui leur sont offerts, difficultés que l'accélération des rythmes de travail imposés par les nécessités de la compétitivité peuvent parfois accroître.

Il en résulte la nécessité d'un effort de la part de ceux qui conçoivent ces outils et ces postes de travail, vers un souci ergonomique d'adaptation aux capacités et aux aptitudes des travailleurs, de ces 8 à 11 % de travailleurs mal latéralisés qui pourraient bénéficier, sinon toujours d'un environnement de travail qui leur soit spécifique, du moins d'un environnement conçu indifféremment pour l'un ou l'autre des types de latéralisation, dans lequel ils se retrouveraient sur le même plan que les autres.

On peut aussi estimer que la nette diminution des tâches manuelles au profit des tâches de conduite et de surveillance des processus automatisés, jointe à une attitude plus compréhensive, sur le plan de l'éducation vis-à-vis de la dyslatéralité, seront de nature à diminuer l'importance de ces difficultés.

Bibliographie

CHAMPIGNEUX, P., Différenciation et adaptation des gauchers dans une usine de mécanique. *Archives des Maladies Professionnelles*, 1963, *24*/1.2.3., page 259 à 266.

CHRISTIAENS, L., BIZE, R., MAURIN, P. et PLANQUES, J., Les gauchers au travail. Rapport aux VIIes Journées Nationales de Médecine du Travail. *Archives des Maladies Professionnelles*, 1963, *24*/1.2.3., page 47 à 100.

GRANDJEAN, E., *Précis d'Ergonomie*. Les éditions d'organisation, 1983, 416 pages.

LENORMAND, F., Les gauchers en apprentissage dans trois écoles des métiers E.D.F-G.D.F. *Archives des Maladies Professionnelles*, 1963, *24*/1.2.3., page 235 à 237.

MASSELOT, I. et MASSELOT, A., Incidences de la senestralité sur le travail. *Archives des Maladies Professionnelles*, 1963, *24*/1.2.3., page 267 à 274.

MICOUD, M., FAURE, J. et CAU, G., Résultats d'une étude portant sur 150 travailleurs gauchers. *Archives des Maladies Professionnelles*, 1963, *24*/1.2.3., page 231 à 234.

MITCHELL, J., Use requirements and the development of products which are suitable for the broad spectrum of user capacities. *Ergonomics*, 1981, *24*(11), page 863 à 869.

NADIRAS, M., REMY et RICOSSAY, Conditions d'emploi des gauchers à la construction de matériel électronique. *Archives des Maladies Professionnelles*, 1963, *24*/1.2.3., page 275 à 277.

NOGUEIRA, D.P., Les gauchers et le travail industriel. *Archives des maladies professionnelles*, 1963, *24*/1.2.3., page 286 à 288.

OBERTIN, S. et RAVEZ, M., De quelques réflexions sur les gauchers au travail. *Archives des Maladies Professionnelles*, 1963, *24*/1.2.3., page 256 à 259.

PATIN, J., BEAUVALLET et J., BEAUGRAND, M., Utilisation, fabrication et vente des outils pour gauchers. *Archives des Maladies Professionnelles*, 1963, *24*/1.2.3., page 255 à 256.

ROUDIL, C., MOSCATO, M., HENOCQ, A. et DAILLY, R., Evaluation clinique de la latéralité chez l'enfant d'âge scolaire. *La Médecine Infantile*, 1983, *3*, page 291 à 306.

SCHERRER, J., *Précis de physiologie du travail. Elément d'Ergonomie*. Masson, 1981, page 585.

L'ergonomie au service de l'homme au travail? Société Française de Psychologie. Entreprise Moderne d'édition, 1978, page 187.

La main. Travail et Sécurité - Institut National de Recherche et Sécurité, n° spécial février-mars, 1980.

Table des matières

PREFACE
par *Cyrille Koupernick* 7

AVANT-PROPOS
par *Jean Costentin* 11

INTRODUCTION
par *R. Dailly* et *M. Moscato* 21

CHAPITRE I: LATERALITE ET EXPRESSIONS SYMBOLIQUES:
ASPECTS HISTORIQUES
par *R. Dailly* et *M. Moscato* 33

I. Niveaux de valeurs dans la latéralité du corps 33
   A. Impératifs auguraux et religieux 33
   B. Valeurs des désignations de la latéralisation du corps dans les langues occidentales 37
   C. La notion de couple main doite-main gauche 41
   D. Mais la gaucherie n'est pas qu'une mauvaise habitude 44

II. Latéralisation du corps et espace graphique 45
   A. Peintres, dessinateurs et latéralisation manuelle 46
      1. Le port de l'enfant sur le bras gauche 47
      2. Le portrait de profil ou de trois quarts orientés vers la gauche de l'artiste 51
      3. La lumière orientée 54
      4. L'utilisation du miroir 56

B. Ecriture et latéralisation du scripteur	56
1. L'écriture chinoise	62
2. L'écriture mésopotamique ancienne	63
3. L'écriture égyptienne ancienne	65
4. Les écritures consonantiques sémitiques	66
5. L'alphabet grec	68
6. L'écriture latine	69
7. Les jeux d'écriture	69
III. En manière de conclusion	78
Bibliographie	81

CHAPITRE II. LA DOMINANCE HEMISPHERIQUE: PREVALENCE MANUELLE ET LANGAGE
par *M. Moscato* et *D. Parain* 85

I. Aspects anatomiques chez l'enfant	86
II. Caractéristiques de l'aphasie acquise chez l'enfant	87
III. Aphasie et hémisphérectomies précoces	88
IV. Approche neurolinguistique des aphasies	89
A. Intérêt de la linguistique pour l'étude des aphasies	89
B. La classification proposée par Hécaen	90
1. Les aphasies d'expression	91
2. Les aphasies de réception	92
3. Les aphasies amnésiques	93
C. Caractéristiques neurolinguistiques de l'aphasie chez le gaucher	94
1. Comparaison entre aphasiques gauchers et aphasiques droitiers	94
2. Comparaison entre aphasiques gauchers atteints de lésions gauches et aphasiques gauchers atteints de lésions droites	94
D. Conduite à tenir pour l'examen neurolinguistique des aphasiques	96
V. Latéralisation et troubles du langage autres que l'aphasie	96
A. Le baigaiement	96
B. La dyslexie	97
C. Les troubles de l'écriture	98
Bibliographie	101

CHAPITRE III. EVALUATION SEMIOLOGIQUE DE LA LATERALISATION MANUELLE DE L'ENFANT D'ÂGE SCOLAIRE
par *R. Dailly* et *M. Moscato* 103

I. L'évaluation de la latéralité d'usage	104
A. But et nature des épreuves	105
B. Présentation des épreuves aux enfants et consignes	106
C. Notation des résultats	106
D. Distribution des QL en fonction de l'âge	107
E. Intérêt de l'épreuve de latéralité usuelle	109
F. Les épreuves de latéralité usuelle relatives au corps propre	110

II. L'évaluation de la latéralité fonctionnelle 111
   A. La batterie de dominance latérale de N. Galifret-Granjon 111
   B. Analyse des possibilités de chaque main 113
      1. L'épreuve de pointillage 113
      2. Construction de tours 114
      3. Découpage des cercles d'*Ozeretzki* 114

III. L'évaluation neurologique de la latéralité 115
   A. Le tonus de fond 115
   B. Le tonus d'action 118
   C. L'étude segmentaire du contrôle moteur 120

IV. Sur quelques problèmes soulevés par l'évaluation clinique de la latéralité . 121

Bibliographie 124

CHAPITRE IV. LE DEVELOPPEMENT DES DISSYMETRIES HEMISPHERIQUES ET COMPORTEMENTALES AU COURS DE LA PREMIERE ANNEE
par *F. Bresson* et *S. de Schonen* 127

   I. Différences morphologiques 128

   II. Différences fonctionnelles 130
      A. Le langage 130
      B. Les expressions physionomiques 132
      C. Vision 133

   III. Dissymétries comportementales 134
      A. L'atteinte manuelle 135
      B. Le positionnement du pied 135
      C. L'orientation de la tête 136

   IV. Les causes 136

   V. Conclusion 137

Bibliographie 138

CHAPITRE V. LATERALISATION ET ORGANISATION CEREBRALE
par *D. Parain* et *M. Moscato* 143

   I. Aspect neuro-psychologiques 144
      A. Hémisphère gauche et apraxie 145
         1. L'apraxie idéatoire 145
         2. L'apraxie idéo-motrice 145
         3. L'apraxie constructive 146
         4. L'apraxie de l'habillage 146
      B. Importance de l'hémisphère droit 146
         1. L'agnosie visuo-spatiale 148
         2. Les troubles du schéma corporel 148
         3. Les troubles de la reconnaissance musicale et de l'expression mélodique 148
      C. Dominance cérébrale et gaucherie 149
      D. Les mouvements en miroir 150
      E. Sexe et dominance cérébrale 150

II. Aspects expérimentaux 151
   A. Les commissurotomies 152
   B. Le test de Wada 153
   C. L'écoute dichotique 153

III. Apects électroencéphalographiques 154

Bibliographie 155

CHAPITRE VI. LATERALISATION ET REPRESENTATION SPATIALE, N'Y AURAIT-IL QUE LA GAUCHE ET LA DROITE?
par *H. Lehalle* 157
   I. Analyse des propositions de Clark (1973) 158

   II. Les représentations verbales de positions spatiales .. 161
      A. Questions de méthode 161
      B. «Dans», «sur», «sous» (in, on, under) 163
      C. «Devant», «derrière», «à côté de» 165
      D. Distance et proximité: «près de», «loin de», «contre» 166
      E. La droite et la gauche 166
      F. Interprétations générales et hypothèses 167

   III. A propos des représentations graphiques 169

   IV. Conclusion 170

Bibliographie 171

CHAPITRE VII. LATERALISATION ET CONTRÔLE BIMANUEL
par *J. Fagard* 173

   I. Généralités 173
      A. De la main-outil à la main-presse-bouton 173
      B. Contrôle manuel ou contrôle bimanuel? 176
      C. Bimanualité et latéralité 177
      D. Coordination bimanuelle et contrôle moteur volontaire 178

   II. Ontogenèse du contrôle bimanuel 179

   III. Comprendre le contrôle bimanuel 186
      A. Des activités bimanuelles 186
      B. Quelle indépendance? 187
      C. Quelques modèles 190

   IV. Conclusion 194

Bibliographie 195

CHAPITRE VIII. CONDITIONS PSYCHOSOCIALES DE LA LATERALISATION: LE CHOIX DE LA MAIN POUR ECRIRE
par *J. Bergès* et *M.A. du Pasquier* 199

   I. Le choix de la main et l'apprentissage de l'écriture .. 200
   II. Gaucherie et écriture 202

III. Les choix «forcés» de la main, notamment dans les latéralisations pathologiques 206

Bibliographie 209

CHAPITRE IX. PSYCHOPATHOLOGIE DE LA LATERALISATION
par *H. Wintrebert* 211

I. Méthode d'étude de la latéralité 213

II. Les épreuves employées 213
   A. Latéralité du membre supérieur et de la main 214
      1. Epreuves d'observation de l'activité spontanée 214
      2. Epreuves d'efficience motrice 214
      3. Epreuves graphiques et spatiales 215
      4. Praxies 216
   B. Latéralité oculaire 217
   C. Latéralité du membre inférieur 217

III. Les enfants observés 217
   A. Latéralité homogène 218
   B. L'efficience motrice 219
   C. Distribution des cartes et utilisation du pouce 220
   D. Coordination des deux mains 221
   E. Le geste graphique 223
   F. Rapports entre latéralité et orientation spatiale gestuelle 229
   G. Utilisation de l'espace 229
   H. Epreuves d'orientation spatiale 234
   I. Epreuves d'organisation spatiale 236
   J. Les praxies 240
   K. Latéralité oculaire 241
   L. Latéralité du pied 243

IV. Conclusion 243

Bibliographie 246

CHAPITRE X. AVENIR PROFESSIONNEL DES MAL LATERALISES
par *J.F. Caillard* 247

I. Répartition de la dyslatéralité dans la population au travail 248
   A. Méthodes d'appréciation de la latéralité en milieu de travail . 248
   B. Résultats des enquêtes 250

II. Association de la dyslatéralité à d'autres troubles 251
   A. Perturbations de la représentation spatiale 251
   B. Bégaiement 251
   C. Onychophagie, tics, énurésie 252
   D. Autres perturbations 252

III. Adaptation au travail 253
   A. Caractères généraux de cette adaptation 253
   B. Les difficultés 255

C. L'apprentissage du métier 256
   D. Le risque d'accidents 257
IV. La perception du travailleur mal latéralisé par lui-même et au sein du groupe 259
 V. Conclusion 261
Bibliographie 262

PSYCHOLOGIE ET SCIENCES HUMAINES
collection publiée sous la direction de MARC RICHELLE

1. Dr Paul Chauchard
   LA MAITRISE DE SOI, 9ᵉ éd.
5. François Duyckaerts
   LA FORMATION DU LIEN SEXUEL, 9ᵉ éd.
7. Paul-A. Osterrieth
   FAIRE DES ADULTES, 16ᵉ éd.
9. Daniel Widlöcher
   L'INTERPRETATION DES DESSINS D'ENFANTS, 9ᵉ éd.
11. Berthe Reymond-Rivier
    LE DEVELOPPEMENT SOCIAL DE L'ENFANT ET DE L'ADOLESCENT, 9ᵉ éd.
12. Maurice Dongier
    NEVROSES ET TROUBLES PSYCHOSOMATIQUES, 7ᵉ éd.
15. Roger Mucchielli
    INTRODUCTION A LA PSYCHOLOGIE STRUCTURALE, 3ᵉ éd.
16. Claude Köhler
    JEUNES DEFICIENTS MENTAUX, 4ᵉ éd.
21. Dr P. Geissmann et Dr R. Durand
    LES METHODES DE RELAXATION, 4ᵉ éd.
22. H. T. Klinkhamer-Steketée
    PSYCHOTHERAPIE PAR LE JEU, 3ᵉ éd.
23. Louis Corman
    L'EXAMEN PSYCHOLOGIQUE D'UN ENFANT, 3ᵉ éd.
24. Marc Richelle
    POURQUOI LES PSYCHOLOGUES?, 6ᵉ éd.
25. Lucien Israel
    LE MEDECIN FACE AU MALADE, 5ᵉ éd.
26. Francine Robaye-Geelen
    L'ENFANT AU CERVEAU BLESSE, 2ᵉ éd.
27. B.F. Skinner
    LA REVOLUTION SCIENTIFIQUE DE L'ENSEIGNEMENT, 3ᵉ éd.
28. Colette Durieu
    LA REEDUCATION DES APHASIQUES
29. J.C. Ruwet
    ETHOLOGIE: BIOLOGIE DU COMPORTEMENT, 3ᵉ éd.
30. Eugénie De Keyser
    ART ET MESURE DE L'ESPACE
32. Ernest Natalis
    CARREFOURS PSYCHOPEDAGOGIQUES
33. E. Hartmann
    BIOLOGIE DU REVE
34. Georges Bastin
    DICTIONNAIRE DE LA PSYCHOLOGIE SEXUELLE
35. Louis Corman
    PSYCHO-PATHOLOGIE DE LA RIVALITE FRATERNELLE
36. Dr G. Varenne
    L'ABUS DES DROGUES
37. Christian Debuyst, Julienne Joos
    L'ENFANT ET L'ADOLESCENT VOLEURS
38. B.-F. Skinner
    L'ANALYSE EXPERIMENTALE DU COMPORTEMENT, 2ᵉ éd.
39. D.J. West
    HOMOSEXUALITE
40. R. Droz et M. Rahmy
    LIRE PIAGET, 3ᵉ éd.
41. José M.R. Delgado
    LE CONDITIONNEMENT DU CERVEAU ET LA LIBERTE DE L'ESPRIT
42. Denis Szabo, Denis Gagné, Alice Parizeau
    L'ADOLESCENT ET LA SOCIETE, 2ᵉ éd.
43. Pierre Oléron
    LANGAGE ET DEVELOPPEMENT MENTAL, 2ᵉ éd.
44. Roger Mucchielli
    ANALYSE EXISTENTIELLE ET PSYCHOTHERAPIE PHENOMENO-STRUCTURALE

45 Gertrud L. Wyatt
LA RELATION MERE-ENFANT ET L'ACQUISITION DU LANGAGE, 2ᵉ éd.
46 Dr Etienne De Greeff
AMOUR ET CRIMES D'AMOUR
47 Louis Corman
L'EDUCATION ECLAIREE PAR LA PSYCHANALYSE
48 Jean-Claude Benoit et Mario Berta
L'ACTIVATION PSYCHOTHERAPIQUE
49 T. Ayllon et N. Azrin
TRAITEMENT COMPORTEMENTAL EN INSTITUTION PSYCHIATRIQUE
50 G. Rucquoy
LA CONSULTATION CONJUGALE
51 R. Titone
LE BILINGUISME PRECOCE
52 G. Kellens
BANQUEROUTE ET BANQUEROUTIERS
53 François Duyckaerts
CONSCIENCE ET PRISE DE CONSCIENCE
54 Jacques Launay, Jacques Levine et Gilbert Maurey
LE REVE EVEILLE-DIRIGE ET L'INCONSCIENT
55 Alain Lieury
LA MEMOIRE
56 Louis Corman
NARCISSISME ET FRUSTRATION D'AMOUR
57 E. Hartmann
LES FONCTIONS DU SOMMEIL
58 Jean-Marie Paisse
L'UNIVERS SYMBOLIQUE DE L'ENFANT ARRIERE MENTAL
59 Jacques Van Rillaer
L'AGRESSIVITE HUMAINE
60 Georges Mounin
LINGUISTIQUE ET TRADUCTION
61 Jérôme Kagan
COMPRENDRE L'ENFANT
62 Michael S. Gazzaniga
LE CERVEAU DEDOUBLE
63 Paul Cazayus
L'APHASIE
64 X. Seron, J.L. Lambert, M. Van der Linden
LA MODIFICATION DU COMPORTEMENT
65 W. Huber
INTRODUCTION A LA PSYCHOLOGIE DE LA PERSONNALITE, 2ᵉ éd.
66 Emile Meurice
PSYCHIATRIE ET VIE SOCIALE
67 J. Château, H. Gratiot-Alphandéry, R. Doron et P. Cazayus
LES GRANDES PSYCHOLOGIES MODERNES
68 P. Sifnéos
PSYCHOTHERAPIE BREVE ET CRISE EMOTIONNELLE
69 Marc Richelle
B.F. SKINNER OU LE PERIL BEHAVIORISTE
70 J.P. Bronckart
THEORIES DU LANGAGE
71 Anika Lemaire
JACQUES LACAN, 2ᵉ éd. revue et augmentée
72 J.L. Lambert
INTRODUCTION A L'ARRIERATION MENTALE
73 T.G.R. Bower
DEVELOPPEMENT PSYCHOLOGIQUE DE LA PREMIERE ENFANCE
74 J. Rondal
LANGAGE ET EDUCATION
75 Sheila Kitzinger
PREPARER A L'ACCOUCHEMENT
76 Ovide Fontaine
INTRODUCTION AUX THERAPIES COMPORTEMENTALES
77 Jacques-Philippe Leyens
PSYCHOLOGIE SOCIALE, 2ᵉ éd.

78 Jean Rondal
VOTRE ENFANT APPREND A PARLER
79 Michel Legrand
LE TEST DE SZONDI
80 H.J. Eysenck
LA NEVROSE ET VOUS
81 Albert Demaret
ETHOLOGIE ET PSYCHIATRIE
82 Jean-Luc Lambert et Jean A. Rondal
LE MONGOLISME
83 Albert Bandura
L'APPRENTISSAGE SOCIAL
84 Xavier Seron
APHASIE ET NEUROPSYCHOLOGIE
85 Roger Rondeau
LES GROUPES EN CRISE?
86 J. Danset-Léger
L'ENFANT ET LES IMAGES DE LA LITTERATURE ENFANTINE
87 Herbert S. Terrace
NIM, UN CHIMPANZE QUI A APPRIS LE LANGAGE GESTUEL
88 Roger Gilbert
BON POUR ENSEIGNER?
89 Wing, Cooper et Sartorius
GUIDE POUR UN EXAMEN PSYCHIATRIQUE
90 Jean Costermans
PSYCHOLOGIE DU LANGAGE
91 Françoise Macar
LE TEMPS, PERSPECTIVES PSYCHOPHYSIOLOGIQUES
92 Jacques Van Rillaer
LES ILLUSIONS DE LA PSYCHANALYSE, 2ᵉ éd.
93 Alain Lieury
LES PROCEDES MNEMOTECHNIQUES
94 Georges Thinès
PHENOMENOLOGIE ET SCIENCE DU COMPORTEMENT
95 Rudolph Schaffer
COMPORTEMENT MATERNEL
96 Daniel Stern
MERE ET ENFANT, LES PREMIERES RELATIONS
97 R. Kempe & C. Kempe
L'ENFACE TORTUREE
98 Jean-Luc Lambert
ENSEIGNEMENT SPECIAL ET HANDICAP MENTAL
99 Jean Morval
INTRODUCTION A LA PSYCHOLOGIE DE L'ENVIRONNEMENT
100 Pierre Oleron et al.
SAVOIRS ET SAVOIR-FAIRE PSYCHOLOGIQUES CHEZ L'ENFANT
101 Bernard I. Murstein
STYLES DE VIE INTIME
102 Rondal/Lambert/Chipman
PSYCHOLINGUISTIQUE ET HANDICAP MENTAL
103 Brédart/Rondal
L'ANALYSE DU LANGAGE CHEZ L'ENFANT
104 David Malan
PSYCHODYNAMIQUE & PSYCHOTHERAPIE INDIVIDUELLE
105 Philippe Muller
WAGNER PAR SES REVES
106 John Eccles
LE MYSTERE HUMAIN
107 Xavier Seron
REEDUQUER LE CERVEAU
108 Moreau/Richelle
L'ACQUISITION DU LANGAGE
109 Georges Nizard
ANALYSE TRANSACTIONNELLE ET SOIN INFIRMIER
110 Howard Gardner
GRIBOUILLAGES ET DESSINS D'ENFANTS, LEUR SIGNIFICATION

111 Wilson/Otto
LA FEMME MODERNE ET L'ALCOOL
112 Edwards
DESSINER GRACE AU CERVEAU DROIT
113 Rondal
L'INTERACTION ADULTE-ENFANT
114 Blancheteau
L'APPRENTISSAGE CHEZ L'ANIMAL
115 Boutin
FORMATION ET DEVELOPPEMENTS
116 Húsen
L'ECOLE EN QUESTION
117 Ferrero/Besse
L'ENFANT ET SES COMPLEXES
118 R. Bruyer
LE VISAGE ET L'EXPRESSION FACIALE
119 J.P. Leyens
SOMMES-NOUS TOUS DES PSYCHOLOGUES?
120 J. Château
L'INTELLIGENCE OU LES INTELLIGENCES?
121 M. Claes
L'EXPERIENCE ADOLESCENTE
122 J. Hayes et P. Nutman
COMPRENDRE LES CHOMEURS
123 S. Sturdivant
LES FEMMES ET LA PSYCHOTHERAPIE
124 A. Pomerleau et G. Malcuit
L'ENFANT ET SON ENVIRONNEMENT
125 A. Van Hout et X. Seron
L'APHASIE DE L'ENFANT
126 A. Vergote
RELIGION, FOI, INCROYANCE

Hors collection

Paisse
PSYCHOPEDAGOGIE DE LA LUCIDITE
Paisse
ESSENCE DU PLATONISME
Collectif
SYSTEME AMDP
Boulangé/Lambert
LES AUTRES, L'EXPRESSION ARTISTIQUE CHEZ LES HANDICAPES MENTAUX

Manuels et Traités

2 Thinès
PSYCHOLOGIE DES ANIMAUX
3 Paulus
LA FONCTION SYMBOLIQUE ET LE LANGAGE
4 Richelle
L'ACQUISITION DU LANGAGE
5 Paulus
REFLEXES-EMOTIONS-INSTINCTS
Droz-Richelle
MANUEL DE PSYCHOLOGIE
Hurtig-Rondal
MANUEL DE PSYCHOLOGIE DE L'ENFANT (Tome 1)
Hurtig-Rondal
MANUEL DE PSYCHOLOGIE DE L'ENFANT (Tome 2)
Hurtig-Rondal
MANUEL DE PSYCHOLOGIE DE L'ENFANT (Tome 3)
Rondal-Seron
LES TROUBLES DU LANGAGE (DIAGNOSTIC ET REEDUCATION)